Das große Buch vom

Stricken

Das Grundlagenwerk ▪ Techniken

Foto-Kurse ▪ Strickideen ▪ Muster

OZ creativ

Vorwort

Janne Graf, Herausgeberin der „Strickmuster"

Gundula Steinert, Herausgeberin der „Strickschule"

Liebe Leserinnen, liebe Leser,

in Ihren Händen halten Sie DAS große Grundlagenbuch zum Stricken. Ein Muss für Ihre persönliche Handarbeitsbibliothek! Im ersten Teil des Buches führt Sie unsere „Strickschule" in alle grundlegenden Techniken zum Stricken ein. Im zweiten Teil präsentieren wir Ihnen eine Vielzahl an schönen Strickmustern mit schicken Modellvorschlägen – Pullover, Jacken, Socken und mehr – für Sie, für Ihn und natürlich für die Kleinen.

Wenn Sie Strickeinsteiger sind, üben Sie die ersten Schritte mehrmals, bis Sie mit dem Ergebnis zufrieden sind. Fangen Sie mit einfachen Modellen an. Schon bald werden Sie merken, wie Ihnen das Stricken flott von der Hand geht. Nutzen Sie dieses Buch für sich als Stricklehrbuch oder Nachschlagewerk. Aber auch geübte Strickerinnen werden hier so manch guten Tipp zu speziellen Themen finden.

Maschengenaue Abbildungen und leicht verständliche Anleitungen machen das Nachstricken zum Vergnügen. Darüber hinaus liefern wir Ihnen viele Hintergrundinformationen zu Pflegesymbolen, Werkzeug und Materialien sowie Maschenprobe und vielem mehr, inklusive Maßtabellen. Selbstverständlich erklären wir Ihnen auch, wie Sie unsere Strickschriften und Zählmuster lesen, und das ist auch eigentlich schon alles, was Sie brauchen, um in den Nadelspaß zu starten!

Leisten Sie sich in unserer schnelllebigen Zeit den Luxus von Mußestunden für dieses schöne, kreative Hobby. Stricken ist das neue Yoga, heißt es in Amerika, und Schauspielerinnen und Models sieht man immer häufiger mit Stricknadeln. Sie werden merken, wie es entspannend zu Ihrem eigenen Wohlgefühl beiträgt. Stricken tut einfach gut! Und nicht nur das Ergebnis, sondern der Weg dahin, mit seinem schöpferischen Tun und der Freude daran, etwas selbst herzustellen, sollte Ihnen wichtig sein. Auf diesem Weg wird Sie dieses Buch begleiten.

Viel Spaß und gutes Gelingen wünschen Ihnen

Janne Graf &
Gundula Steinert

Inhalt Strickschule

Das hat Hand und Fuß!

Modellauswahl

Inhalt Strickmuster

Patentmuster

Ajourmuster

Jacquardmuster

Tipps, Tricks & Infos

Strickschule

Grundlagen
Techniken
Modelle

Das ABC des Materials

Sie wollen sich wohl fühlen in Ihrer zweiten Haut, Ihrem selbst gestrickten Modell? Wählen Sie deshalb für Ihr Strickstück das richtige Garn aus. Sie können sich dabei natürlich nach den Angaben in den Anleitungen unseres Buches oder diverser Zeitschriften richten. Denken Sie dabei unbedingt an Ihr eigenes Empfinden.

Möchten Sie einen kuscheligen Pullover für die kalte Jahreszeit, wählen Sie ein weiches Woll- oder Wollmischgarn. Ein gleichmäßig gut gedrehtes Garn ist besser geeignet für plastische Muster. Ein flauschiges nur locker gedrehtes Garn, eventuell auch mit Effekten, ist perfekt für Kuschelpullover mit wenig Struktur.

Für leichte Sommermodelle ist Baumwoll- oder Viskosegarn ideal. Es fühlt sich auf der Haut angenehm kühl an. Auch hier gilt, luftige Ajourmuster kommen mit glatten Garnen am deutlichsten zur Geltung. Material mit Effekten lässt sich auch gut glatt verstricken, weil es so die schönste Wirkung als Fläche hat. Wenn Sie noch Garnreste haben, probieren Sie es doch einfach aus.

Die Entscheidung für Ihre Lieblingsfarbe kommt natürlich noch dazu. Lassen Sie sich dazu auch im Fachhandel beraten. In guten Fachgeschäften gibt es zu den angebotenen Garnen oft auch kleine Strickproben, die das Maschenbild zeigen. Die Vielfalt der angebotenen Handstrickgarne kennt beim derzeitigen Strickboom fast keine Grenzen. Deshalb beschreiben wir im Folgenden ein paar gebräuchliche Qualitäten, um Ihnen die Entscheidung zu erleichtern.

Alpakawolle ist ein Garn aus feinem, weichem, fast glattem Tierhaar. Es stammt vom Alpaka, einem Tier aus der Familie der Lamas, die in Südamerika leben. Das Garn ist sehr hochwertig, da die Tiere nur wenig Rohmaterial liefern.

Angorawolle gewinnt man durch Schur der Angorakaninchen. Angoragarn hat ein sehr hohes Aufnahmevermögen für Feuchtigkeit. Die Fasern sind sehr fein und leicht. Das Garn ist empfindlich und deshalb in der Pflege sehr anspruchsvoll.

Bändchengarn ist ein flaches Garn z. B. aus Viskose oder Baumwolle. Es ist in unterschiedlicher Ausstattung und Breite erhältlich.

Baumwolle ist unbehandelt ein reines Naturprodukt. Sie gedeiht im subtropischen und tropischen Klima. Sie ist luftdurchlässig, feuchtigkeitsaufnehmend, temperaturausgleichend. Dadurch ist sie auch bei Hitze gut zu tragen und besonders für leichte Sommerpullis geeignet. Baumwollgarn kann durch besondere chemische oder mechanische Ausrüstung besonders strapazierfähig oder glatt gemacht werden. Ganz neu sind farbig wachsende Baumwollfasern. Sanfte Pastellfarbtöne in braunen, roten, gelben und grünen Nuancen werden angeboten.

Bouclégarn entsteht, wenn ein glatter, dünner Faden zusätzlich mit einem ungleichmäßig starken Effektfaden mit Schlingen verzwirnt wird. Das Garn kann sehr voluminös ausfallen und lässt neben unifarbenen Varianten auch viele Farbzusammenstellungen zu.

Cablégarn ist am Erscheinungsbild eines sehr gleichmäßigen Fadens zu erkennen. Dieser entsteht durch Verzwirnung mehrerer Spinnfäden, von denen mehrere wiederum miteinander verzwirnt (verdreht) werden. Diese Garne sind strapazierfähig und plastische Muster, wie Zöpfe oder Noppen, kommen besonders gut zur Geltung.

Dochtgarn ist ein weiches Garn, das nur sehr locker gedreht wurde. Es ist als einfarbiges oder Multicolor-Garn im Angebot. Außerdem können Sie zwischen Dochtgarn mit gleichmäßig starkem Faden oder Flammengarn mit Fadenverdickungen auswählen.

Flauschgarne sind sehr voluminös. Sie erscheinen ähnlich wie Angora oder Mohair, werden jedoch in unterschiedlichen Verfahren ausschließlich aus Kunstfasern hergestellt.

Kaschmirgarn besteht aus sehr edlen, seltenen Rohstoffen. Das Auskämmen des Haarkleides der Kaschmirziege bringt je Saison nur wenig Wolle. Es ist daher ein exklusives Material mit hervorragenden Trageeigenschaften, das allerdings seinen Preis hat.

Lammwolle ist besonders weich und wärmend. So darf nur Wolle bezeichnet werden, die der ersten Schur eines jungen Schafes entstammt.

Lurexgarn ist metallisiertes Polyestergarn. Eine hauchdünne Metallschicht wird auf einen Polyesterfaden aufgebracht. Für festliche Modelle oder Accessoires ist dieses Material besonders geeignet. Man kann auch Glanzfäden mit nicht glänzenden verzwirnen, dann ist der Effekt etwas sanfter.

Mohairgarn stammt von der Angoraziege. Die Fasern sind lang und lockig. Das Garn filzt kaum, ist sehr voluminös und deshalb nicht sehr robust. Als Kid Mohair darf nur die Wolle von Jungtieren bezeichnet werden.

Shetlandwolle wird durch Schafschur gewonnen. Sie ist sehr widerstandsfähig und robust. Für rustikale Garne und entsprechende Modelle ist sie besonders geeignet.

Tweedgarn gibt dem Gestrick das typische Erscheinungsbild, wie wir es auch vom gewebten Tweedstoff kennen. Der Faden hat noppige Effekte, die entsprechend bunt oder dezent gefärbt sind.

Viskosegarn ist glatt und relativ schwer. Deshalb hat das Gestrick auch einen guten Fall. Der Rohstoff für Viskose ist Zellstoff, der während der Produktion chemisch bearbeitet und veredelt wird.

Pflege-Tipps

Maschinenwäsche ist wegen der mechanischen Beanspruchung nicht geeignet – nach dem ersten Versuch kann es zu spät sein und Ihr schöner Pulli ist nicht mehr zu retten.

Handgestricktes sollten Sie möglichst immer von Hand waschen, weil das weich verarbeitete Garn empfindlich ist. Nehmen Sie kaltes bis lauwarmes Wasser und benutzen Sie wenig Wollwaschmittel. Auf keinen Fall dürfen Sie zu heißes Wasser und zu viel Waschmittel nehmen und das gute Stück nicht kräftig reiben oder bürsten, sonst wird es verfilzen. Wenden Sie vor dem Waschen das Strickteil mit der linken Seite nach außen, das schont die Oberfläche.

Gutes Spülen, bis das Wasser klar bleibt, ist besonders wichtig. Waschmittelrückstände schaden dem Material. Beim Spülen die schweren Teile jeweils vorsichtig mit beiden Händen aus dem Wasser nehmen. Drücken Sie die Stricksachen, gegebenenfalls in Frotteetüchern, aus. Die Teile stets liegend trocknen und vorher gut in Form ziehen.

Bei buntem Gestrick können Sie zusätzlich noch Tücher in die Ärmel und zwischen Vorder- und Rückenteil legen, damit sie nicht aneinander abfärben.

Das 1x1 des Werkzeugs

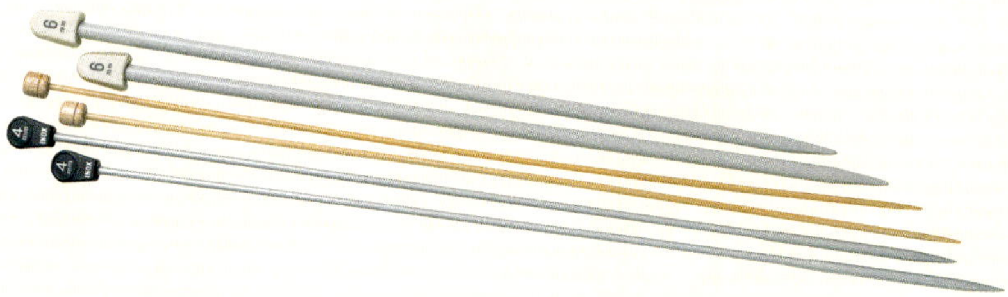

Stricknadeln
Damit wird in Reihen gestrickt. Stopper am Ende verhindern das Herunterrutschen der Maschen. Es gibt Jackenstricknadeln mit gleich starkem Schaft und Schnellstricknadeln, bei denen nach der Spitze in entsprechender Nadelstärke ein dünnerer Schaft folgt, damit die Maschen leichter abzustricken sind. Sie können wählen zwischen Nadeln aus Kunststoff, Metall, Bambus oder Holz.

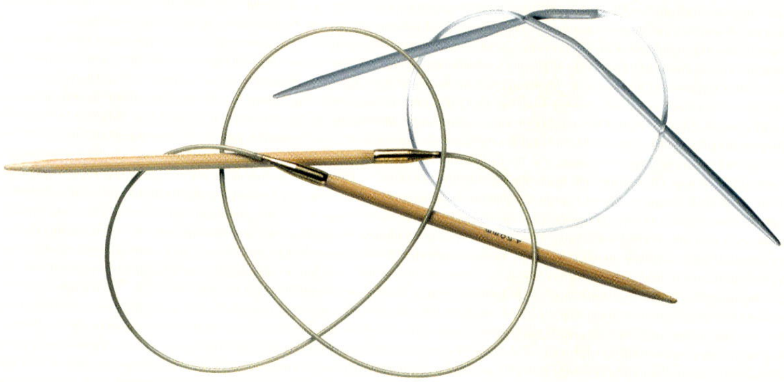

Rundstricknadeln
Damit können Sie in Runden stricken. Starre Nadelenden aus Metall, Kunststoff oder Bambus sind mit einem flexiblen Perlondraht verbunden. Je nach Größe der Strickerei können Sie Nadeln von 40 bis 150 cm Länge kaufen. Übrigens werden Rundstricknadeln auch gern für große Strickteile, die in Reihen gestrickt werden, verwendet. Dann ist die 2. Nadel immer griffbereit.

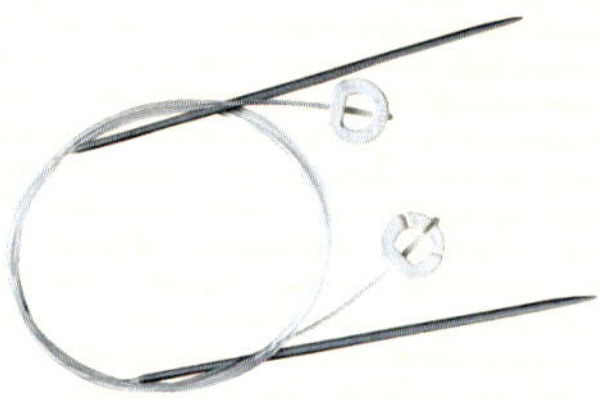

Flex-Stricknadeln
Sie sind besonders geeignet zum Stricken großer Teile. An jedem Nadelende befindet sich eine flexible Verlängerung mit Stopper.

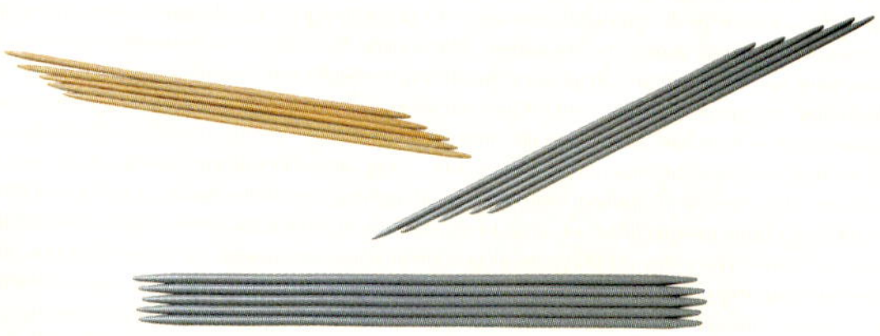

Nadelspiel
Es besteht immer aus fünf Nadeln von 20 oder 15 cm Länge mit Spitzen an beiden Seiten. Für das Strikken von Socken oder Handschuhen sind sie unerlässlich. Es gibt sie aus Metall, Kunststoff oder Bambus.

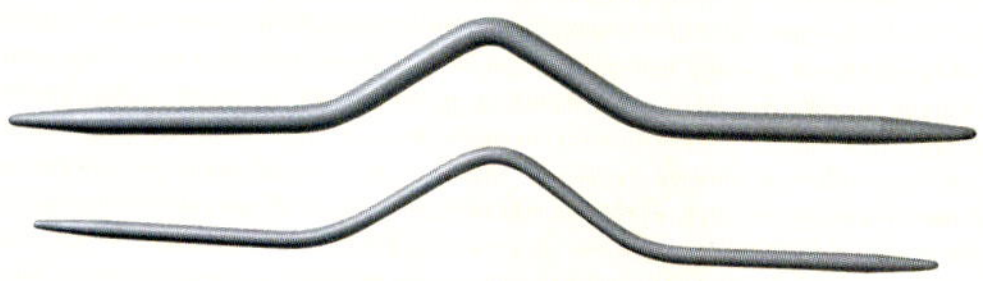

Zopfnadeln
Mit diesen Hilfsnadeln lassen sich breite Zöpfe leichter verkreuzen. Sie haben einen kleinen Bogen in der Mitte, damit die darauf befindlichen Maschen nicht herunter rutschen.

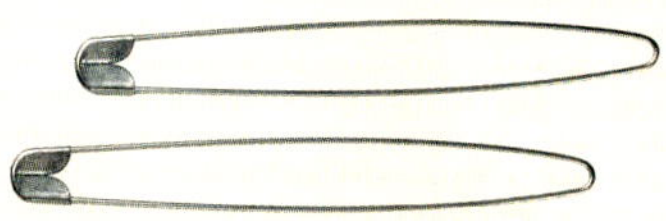

Maschenraffer
Darauf können Sie Maschen ziehen, die für die Strickerei gerade nicht gebraucht werden. Sie funktionieren wie große Sicherheitsnadeln.

Maschenstopper
Aus weichem Gummi, sogar in Bärchenform, sind sie nützlich, wenn Sie Ihre Strickarbeit mal beiseite legen. Die Maschen können dann nicht von den Nadeln rutschen. Auch einen Transport übersteht Ihre Strickarbeit so ohne „Maschensalat". Die nützlichen Helfer sind ebenso schnell entfernt, wenn Sie wieder weiter stricken möchten. Die Maschenstopper sind in verschiedenen Größen im Angebot, fragen Sie im Fachhandel nach.

Wollspulen
Auf diese Garnspulen können Sie kürzere Garnstücke aufwickeln. Besonders bei mehrfarbigen Mustern müssen Sie dann nicht mit den großen Knäueln hantieren.

Strickfingerhut
Er ist nützlich, wenn Sie bei Jacquardmustern mit mehreren Farbfäden in einer Reihe stricken. Der Fingerhut wird auf den linken Zeigefinger gesteckt. Durch die kleinen Ösen können Sie 2 bis 4 Fäden gleichzeitig führen.

Reihenzähler
Sie werden auf die Nadelenden aufgesteckt. Durch das Drehen am kleinen Zählwerk nach jeder Reihe wissen Sie immer, wie weit Sie an Ihrem Strickteil gerade sind.

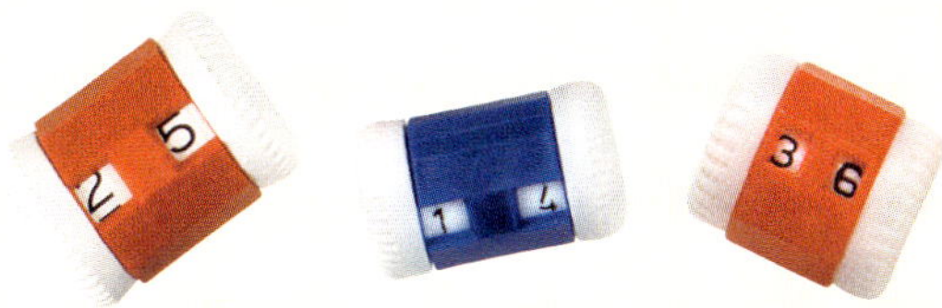

Maschenmarkierer
Diese kleinen Teile können Sie während der Arbeit in Maschen einhängen. Damit können Sie z. B. Mustersätze, Knopflöcher, Rundenübergänge oder andere markante Stellen kennzeichnen.

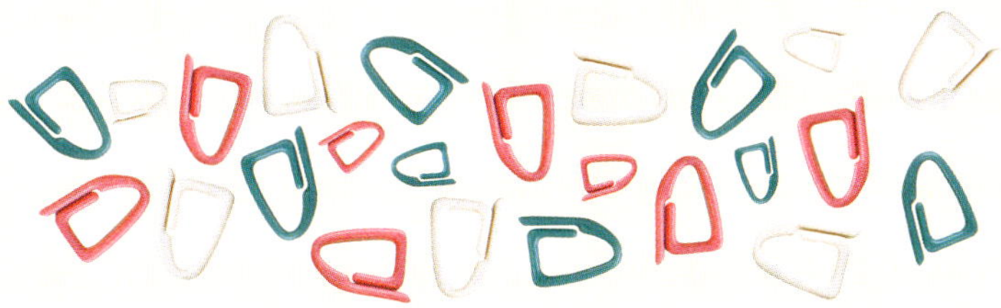

Nadelmaß
Bei Nadeln ohne Stärkenangabe können Sie damit die genaue Nadelstärke ermitteln. An unserem Exemplar ist eine kleine Maßleiste in mm dran und auf der Rückseite lässt sich ein kleines Trennmesser ausschieben.

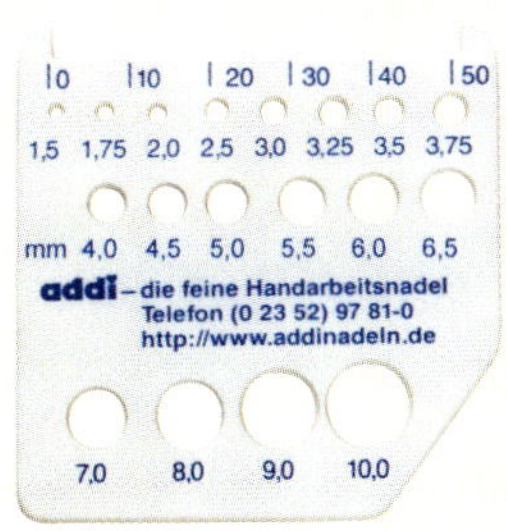

Die Maschenprobe

Das „Herz“ jeder Strickarbeit ist die Maschenprobe. Leider ist sie oft nicht sehr beliebt bei den Strickern, schließlich möchte man sofort mit dem Stricken des Modells beginnen und sich nicht mit der lästigen Maschenprobe aufhalten. Dennoch ist sie unerlässlich, selbst Strickprofis kommen nicht umhin, eine Maschenprobe anzufertigen. Nur wenn die in den Anleitungen angegebenen Maschen- und Reihenzahlen mit Ihrer Probe übereinstimmen, können Sie sicher sein, dass der Pulli auch den Maßen entspricht. Im Übrigen ist die Maschenprobe bei vielen Mustern auch eine wunderbare Übung, um sich in das Muster „einzustricken“.

Stricken Sie zunächst ein 12 x 12 cm großes Stück, damit die Maschen und Reihen gut gezählt werden können. Schlagen Sie deshalb einige Maschen mehr an, als in der Anleitung für 10 cm angegeben sind, und stricken Sie 12 cm hoch.
Nach dem Maschenanschlag, den wir Ihnen auf Seite 18/19 beschreiben, halten Sie dafür beim Weiterstricken Ihre Strickarbeit wie folgt: Mit der linken Hand halten Sie die linke Nadel, auf der sich die Maschen der vorherigen Reihe befinden, mit der rechten Hand die rechte Nadel, auf der sich die bereits gestrickten Maschen der neuen Reihe befinden.
Mit beiden Nadelspitzen wird die neue Masche gebildet, wobei die rechte Hand mit der rechten Nadel dabei den aktiven Part übernimmt. Beim Stricken führen Sie den Faden, der von der Masche kommt, von vorn nach hinten um den linken Zeigefinger und innen am Fingeransatz des Handtellers entlang am kleinen Finger wieder nach außen. Ob Sie den Faden ein- oder mehrmals um den Zeigefinger wickeln, hängt von der Fadenspannung ab, die Sie persönlich bevorzugen. Das werden Sie nach den ersten Versuchen schnell feststellen.

Legen Sie gerade zum Maschenverlauf ein Lineal oder Maßband auf das Probestück und zählen Sie die Maschen, die 10 cm ergeben. In unserem Beispiel sind es 21 Maschen auf 10 cm.

Ebenso verfahren Sie mit den Reihen. Achten Sie darauf, dass das Lineal gerade zum Reihenverlauf liegt, und zählen Sie sorgfältig. An unserem Probestück sind es 28 Reihen auf 10 cm.

Stimmt Ihre Probe mit der in der Anleitung, nach der Sie stricken möchten, überein, können Sie sofort mit dem Stricken des Modells beginnen. Ist dies nicht der Fall, haben Sie zwei Möglichkeiten:

1. Sie versuchen auf die Maschenzahl des Probestücks zu kommen, indem Sie die Nadelstärke ändern. Nehmen Sie eine dünnere Nadel, werden es bei gleichem Maschenanschlag mehr Maschen bzw. Reihen auf 10 cm, nehmen Sie eine dickere Nadel, werden es weniger Maschen bzw. Reihen.

2. Sie berechnen das Strickteil neu;
   z. B.: 21 Maschen = 10 cm, 105 M (21 x 5) = 50 cm, 126 Maschen = 60 cm usw.
   Ebenso verfahren Sie mit den Reihen.

Es gibt auch eine Formel, nach der Sie die Maschenzahl für jede beliebige cm-Zahl errechnen können: gezählte Maschenzahl auf 10 cm, mal gewünschte cm, dividiert durch 10 cm = benötigte Maschenzahl (Beispiel: 21 x 56 dividiert durch 10 = 117,6, aufgerundet 118 Maschen). Dies gilt auch für die Reihenberechnungen. Berücksichtigen Sie bei der neuen Maschenzahl gegebenenfalls den Mustersatz und die Maschen, die davor oder danach zu stricken sind. Fügen Sie auch die 2 Randmaschen hinzu (diese „verschwinden“ später in der Naht). Beachten Sie dafür auch die Angaben in den Anleitungen, die Ihnen Auskunft darüber geben, durch welchen Mustersatz-bedingten Faktor die Maschenzahl teilbar sein muss und wie viele Maschen hinzugefügt werden müssen.

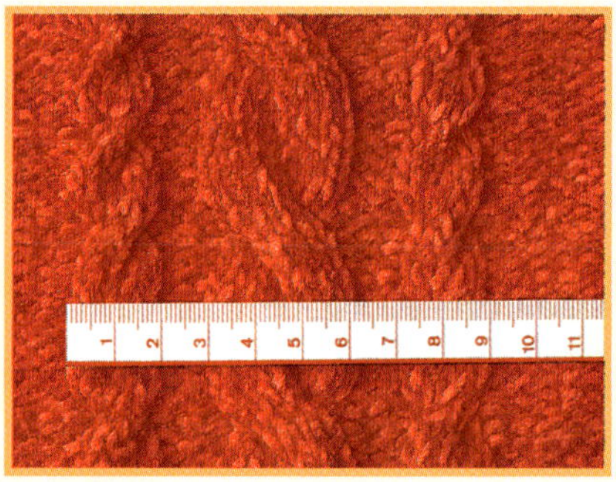

Bei Zopfmustern, die z. B. in einer glatt linken Fläche liegen, messen Sie die Zöpfe und die dazwischen liegenden linken Maschen. Da Zöpfe im Allgemeinen mehr Maschen auf 10 cm ergeben als glatt gestrickte Teile, werden sie extra abgemessen und berechnet; dann die restlichen Muster, für die eine gesonderte Probe gestrickt werden muss, ergänzen.

Häufig ist es bei Ajourmustern nicht ganz so einfach, Maschen oder Reihen einzeln genau abzuzählen. Hier orientieren Sie sich am besten an den ganzen Mustersätzen. In diesem Fall ist ein Mustersatz (= 16 Maschen) 8 cm breit, das entspricht umgerechnet 20 Maschen auf 10 cm. Ebenso verfahren Sie mit den Reihen, die zu wiederholen sind.

Strickschriften lesen und Abkürzungen

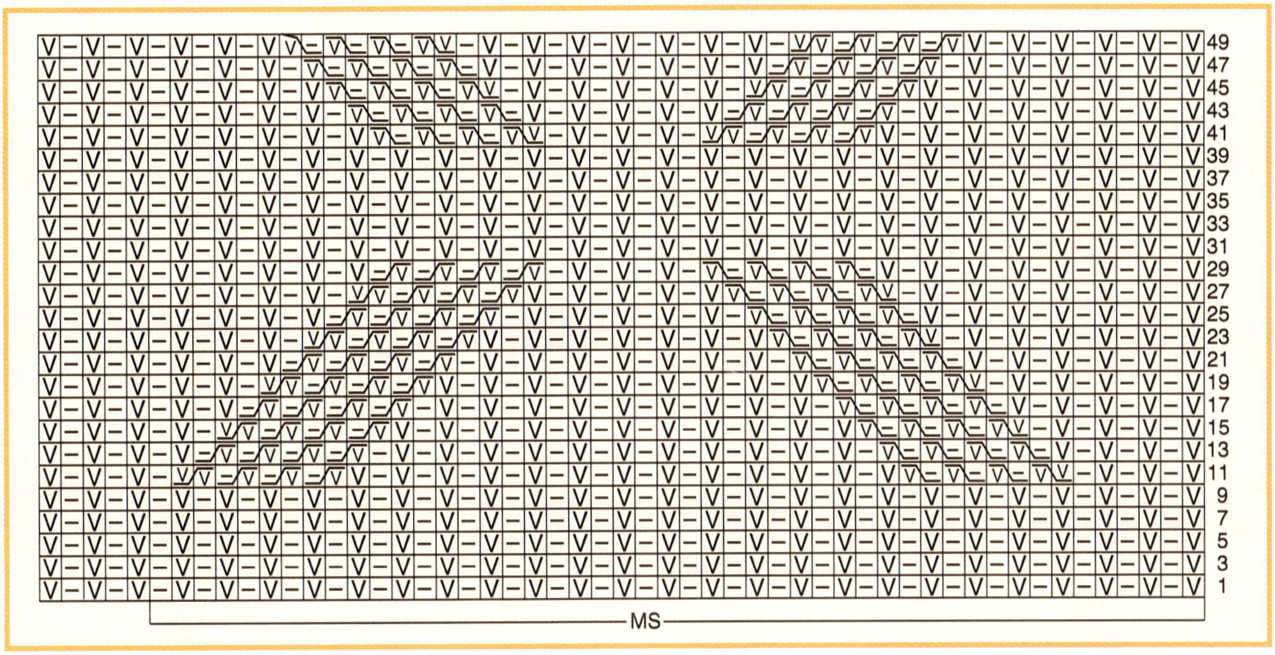

Lesen von Strickschriften

Bevor es richtig losgehen kann, ist hier noch zu erfahren, was Sie beim Stricken nach unseren Strickschriften im hinteren Buchteil beachten sollten. Lesen Sie Strickschriften (auch Zählmuster) immer von unten nach oben ab.
Sind nur die Hin-Reihen gegeben (wie Sie an unserem Beispiel sehen), die Reihen von rechts, wo auch die Reihenzahl steht, nach links ablesen.
In den nichtgegebenen Rück-Reihen die Maschen so stricken, wie sie erscheinen. Das steht auch jeweils in der entsprechenden Anleitung.
Sind zusätzlich auch die Rück-Reihen gegeben, diese von links nach rechts ablesen. Die Reihenzahl dafür steht dann auch links.
Wird ein Modell in Runden gestrickt, jede Runde der Strickschrift von rechts ablesen.
Den angegebenen Mustersatz (MS an unserem Beispiel) in der Breite stets wiederholen. Die Maschen außerhalb des Mustersatzes nur am Anfang und Ende der Reihen arbeiten. Für den Mustersatz in der Höhe steht die entsprechende Reihenwiederholung jeweils in der Anleitung.
Die Strickschriften-Symbole sind jeweils bei der Anleitung erklärt.

Abkürzungen

Abb= Abbildung,
arb = arbeiten,
abk= abketten,
abh= abheben,
abn= abnehmen,
abw= abwechselnd,
anschl= anschlagen,
beids= beidseitig,
ca.= circa,
cm= Zentimeter,
d.h.= das heißt,
dopp= doppelt,
dopp Stb= Doppelstäbchen,
Ø= Durchmesser,
einf= einfach,
Fb= Farbe,
feM +FM= feste Masche,
folg= folgende,
g= Gramm,
ggl + gegengl= gegengleich,
gl= glatt,
Gr= Größe bzw. Großes,
hStb= halbe Stäbchen,
Kettm= Kettmasche,
kl= klein(es),
Knl= Knäuel,
kr= kraus,
Lftm= Luftmasche,
li= links,
LL= Lauflänge,
lt= laut,
m= Meter,
M= Masche,
mittl= mittlere(r),
MS= Mustersatz,
N + Nd= Nadel,
Nr= Nummer,
Qual= Qualität,
R= Reihe,
restl= restliche,
rückw= rückwärtige(n)s,
Rd= Runde,
Rdm= Randmasche,
re= rechts,
seitl= seitlich,
s= siehe,
Stb= Stäbchen,
str= stricken,
tM= tiefergestochene Masche,
U= Umschlag,
verkr= verkreuzen,
verschr= verschränkt,
vert= verteilt,
vord= vordere(n)s,
wdh= wiederholen,
X= mal,
zun= zunehmen,
zus= zusammen,
zusstr= zusammenstricken.
Ab*wdh heißt: eine größere Maschengruppe (Mustersatz) so oft wiederholen, wie angegeben.

Der einfache Maschenanschlag

Er eignet sich für alle Strickmuster. Für einen elastischen Rand wird er mit 2 Nadeln gearbeitet, die 2. Nadel nach dem Anschlag herausziehen; bei sehr dicker Wolle reicht eine Nadel aus.

Der Faden, den Sie für den Anschlag benötigen und vom Knäuel abwickeln, sollte ca. 1,5–2 cm pro Anschlagmasche plus ca. 20 cm Zugabe lang sein.

Bei dieser Berechnung eher großzügig sein, den übrigen Faden können Sie später beim Zusammennähen der Teile verwenden.

Das Fadenende 1-mal von vorne nach hinten um den Zeigefinger, dann von vorne nach hinten um den Daumen der linken Hand führen.

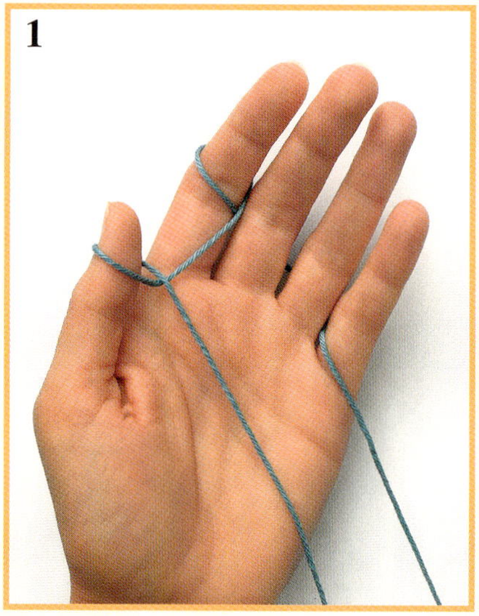

Die Abbildung zeigt den Anschlag und ein Krausrechts-Muster, hier ist die 1. gestrickte Reihe eine Rückreihe.

Mit den Nadeln zunächst die Daumenschlinge des Fadens erfassen.

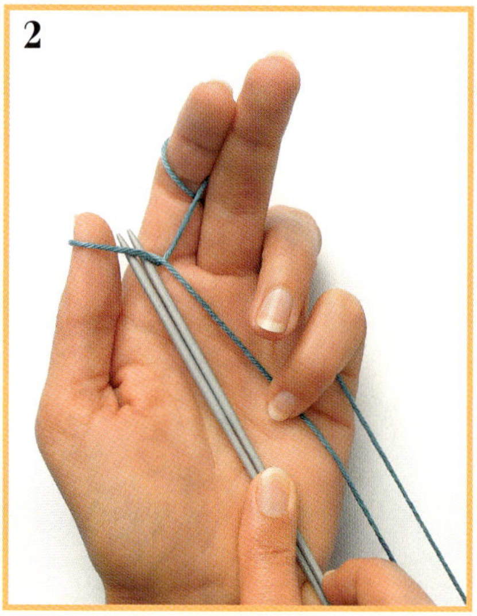

Auf diesem Foto sehen Sie den Anschlag und das folgende Rippenmuster, die 1. gestrickte Reihe ist eine Rückreihe.

Dann mit den Nadeln die Zeigefingerschlinge des Fadens erfassen.

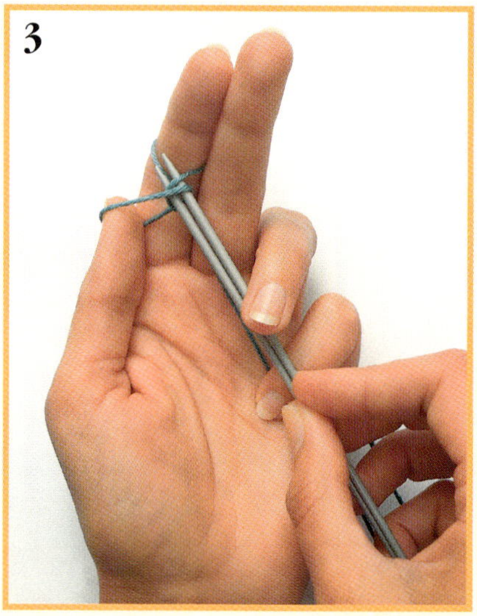

4

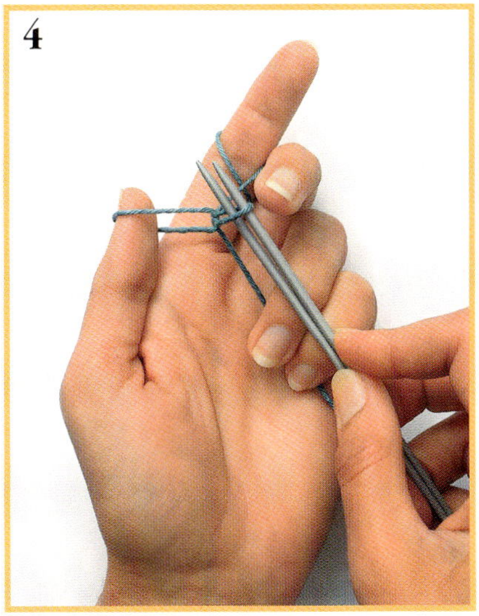

Die Zeigefingerschlinge durch die Daumenschlinge ziehen, den Daumen aus der Schlinge ziehen, unter den vorderen Faden führen und mit dem Daumen die Schlinge festziehen.

Die Zeigefingerschlinge erfassen und durch die Daumenschlinge führen.

7

5

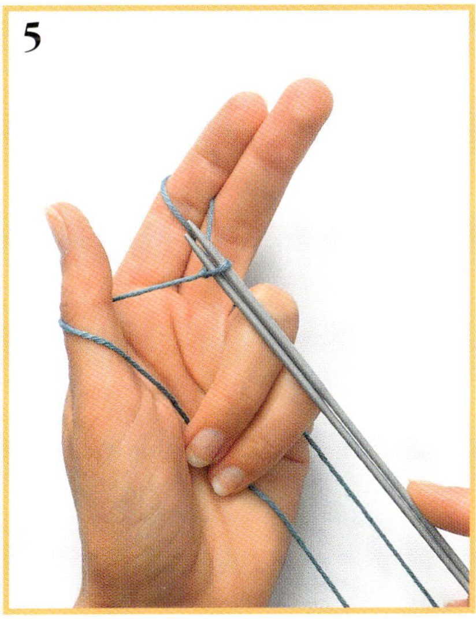

Die 1. Masche ist nun auf den Stricknadeln.

Schlinge anziehen, die 2. Masche ist entstanden.

8

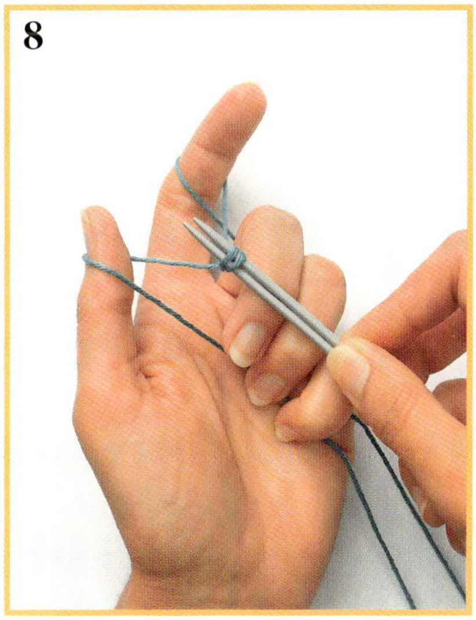

6

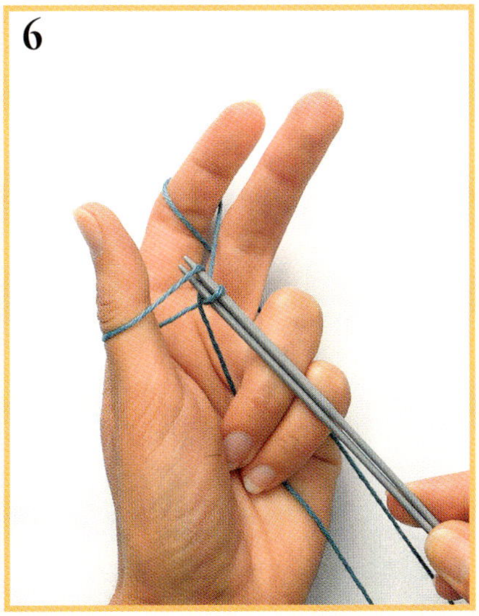

Wieder die Daumenschlinge des Fadens erfassen.

Die Arbeitsschritte 6-8 solange wiederholen, bis die gewünschte Maschenzahl erreicht ist.

Der Kreuzanschlag

Wenn Sie mal eine andere Optik für den Beginn oder einen besonders stabilen Rand für ein Strickstück suchen, möchten wir Ihnen den Kreuzanschlag mit doppeltem Faden empfehlen. Er eignet sich vor allem auch dann, wenn nach dem Anschlag kein „klassisches" Bündchen im Rippenmuster folgt.

Der Kreuzanschlag wird mit einer, bzw. je nach Garnstärke mit zwei Nadeln gearbeitet. Anschlag- und Zusatzfaden müssen gleich lang sein (siehe auch Seite 18 beim einfachen Maschenanschlag).

Sie führen den Faden wie gewohnt um den Zeigefinger und Daumen und arbeiten genau wie beim einfachen Maschenanschlag eine Anfangsschlinge.

Hier sehen Sie, wie die Maschen beim Kreuzanschlag paarweise auf den doppelten Anschlagnadeln liegen.

Nun legen Sie den Zusatzfaden um den Daumen, das kürzere Ende hält der kleine Finger fest. Nur zur besseren Darstellung haben wir einen grünen Kontrastfaden als Zusatzfaden gewählt. Sie verwenden nur Garn einer Farbe.

In der folgenden Reihe nach dem Anschlag (=Rück-Reihe) stets nur linke Maschen stricken. Dann im angegebenen Muster, hier im Längsstreifenmuster, weiterstricken.

Mit den Nadeln die beiden äußeren Fäden der Daumenschlinge erfassen.

Den blauen Zeigerfingerfaden erfassen und durch die Daumenschlinge ziehen, Daumen aus der Schlinge nehmen und die Maschen anziehen.

Nun wieder den Zeigefingerfaden erfassen und durch die Daumenschlinge ziehen. Daumen aus der Schlinge nehmen und die Masche anziehen.

Jetzt den doppelten Daumenfaden so um den Daumen legen, dass die von der Masche kommenden Fäden vor dem Daumen liegen.

Mit den Nadeln die beiden hinteren Fäden der Daumenschlinge erfassen.

Den Vorgang 3–7 stets wiederholen, dabei vor Vorgang 3 die Fäden der Daumenschlinge wieder so um den Daumen führen, dass die von der Masche kommenden beiden Fäden hinter dem Daumen liegen.

Grundmuster und Randmaschen

Jetzt geht es an die ersten Maschen, aus denen jede Strickerei besteht. Das sind grundsätzlich rechte und linke Maschen sowie rechts und links verschränkte Maschen als Variante. In unseren Stepps sehen Sie auch zwei der gebräuchlichsten Randmaschen.

Glatt rechts: in Hinreihen rechte Maschen, in Rückreihen linke Maschen stricken.

Kraus rechts: in Hin- und Rückreihen rechte Maschen stricken.

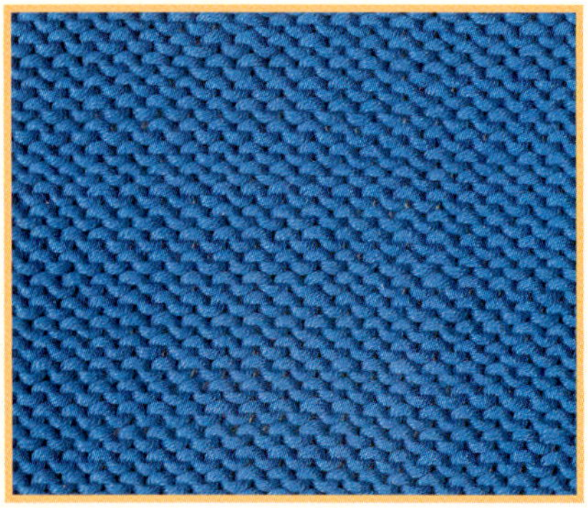

Glatt links: in Hinreihen linke Maschen, in Rückreihen rechte Maschen stricken.

1 Masche rechts:
Von vorne in die Masche einstechen, der Faden liegt hinter der Arbeit, Faden durchholen und die Masche der Vorreihe von der linken Nadel gleiten lassen.

1 Masche links:
Faden vor die Arbeit legen und abbildungsgemäß in die Masche einstechen.

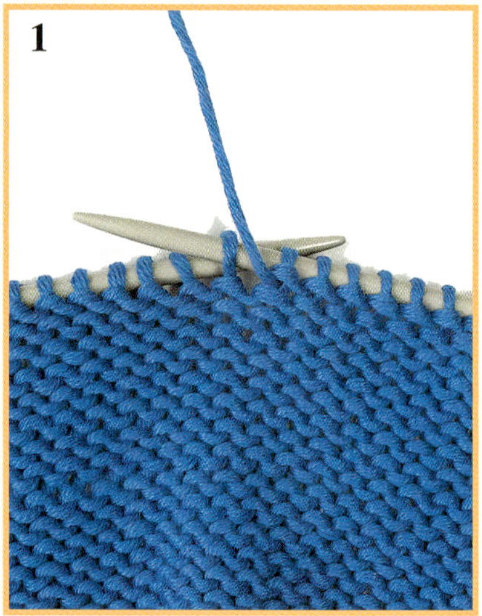

Faden mit der Nadel greifen, durchholen und die Masche der Vorreihe von der linken Nadel gleiten lassen.

Verschränkte Maschen:
Diese Abbildung zeigt 1 Masche rechts verschränkt in der Hinreihe, die in der Rückreihe links verschränkt gestrickt wird, und zwei Maschen glatt links im Wechsel.

Hier sehen Sie verschränke Maschen. Für **1 Masche rechts verschränkt** in das hintere Maschenglied einstechen und den Faden durchholen.

Für **1 Masche links verschränkt** den Faden vorlegen, abbildungsgemäß das hintere Maschenglied erfassen und den Faden durchholen.

Randmaschen:
Für den **Kettenrand** am Reihenende den Faden vorlegen und die letzte Masche abheben. Am Reihenanfang die 1. Masche rechts stricken.

An diesem Stück sehen Sie, beim Kettenrand erhält man 1 Randmasche pro Hin- und Rückreihe.

Für den **Knötchenrand** die 1. Masche jeder Reihe wie beim Rechtsstricken abheben, der Faden liegt hinter der Arbeit. In jeder Reihe die letzte Masche rechts stricken. Auch hier erhält man 1 Randmasche pro Hin- und Rückreihe.

Zunahmen am Rand

Bald werden Ihre Strickkünste soweit fortgeschritten sein, dass Sie nicht nur Schals mit geraden Rändern stricken möchten.

Sie wollen Ihrem Strickstück eine Form geben? Kein Problem, die folgenden Stepps zeigen Ihnen in Wort und Bild, wie Sie am rechten und linken Rand Maschen zunehmen können.

Dafür werden Schlingen gebildet, die man auf die Nadel hebt und festzieht. So können Sie auf einmal ganz gerade eine bestimmte Anzahl Maschen in gewünschter Breite zunehmen. Oder auch in jeder zweiten Reihe Ihrem Schnitt entsprechend jeweils nur einige Maschen, um eine schräge oder geschwungene Form zu erreichen.

Das können Sie z. B. an seitlichen Pulloverrändern oder auch für Ärmelschrägungen brauchen. Achten Sie immer darauf, dass Sie die neu gebildeten Schlingen gleichmäßig festziehen, damit die Ränder weder zu fest noch zu locker werden.

Zunahmen am rechten Rand:
Dafür in die 1. Masche wie zum Rechtsstricken einstechen, den Faden zur Schlinge durchholen, die Schlinge dabei nicht von der rechten Nadel gleiten lassen.

Mit der linken Nadel die Schlinge von vorne nach hinten erfassen und als Masche auf die linke Nadel nehmen, Masche von der rechten Nadel gleiten lassen. Den Vorgang 1 und 2 solange wiederholen, bis die gewünschte Maschenzahl erreicht ist.

Diese Form der Zunahmen wird immer dann angewandt, wenn mehrere Maschen auf einmal zugenommen werden müssen, am rechten Rand wird dies auch als „Aufstricken“ bezeichnet.

Zunahmen am linken Rand:
Dafür den Faden von der Nadel kommend von hinten nach vorne um den Daumen legen. Mit dem kleinen Finger etwas festhalten.

Zunahmen am linken Rand werden auch mit „dazuanschlagen" bezeichnet. Damit kann man zum Beispiel auch zuvor abgekettete Maschen „überbrücken".

Mit der rechten Nadel den vorderen Faden abbildungsgemäß erfassen.

Den hinteren Faden erfassen und zur Schlinge durchziehen, den Daumen aus der Schlinge nehmen und den Faden anziehen, so dass eine neue Masche entsteht. Den Vorgang 1–3 stets wiederholen.

Zunahmen innerhalb der Arbeit

Mit den Zunahmen, die wir Ihnen auf diesen Seiten zeigen, haben Sie noch viel mehr Möglichkeiten Ihre Strickerei in die richtige Form zu bringen. Für körpernah gearbeitete Modelle ist diese Technik unverzichtbar. Sie können wählen zwischen zwei Varianten.
Wir zeigen Ihnen, wie man Maschen rechts oder links aus dem Querfaden herausstrickt. Dabei entstehen kleine Löcher, die Sie ganz bewusst in die Gestaltung Ihres Strickmodells einbeziehen können, wie z. B. in ausdrucksvolle Taillenbetonungen. Außerdem sehen Sie, wie verschränkt herausgestrickte Maschen gearbeitet werden. Dabei wird mit der Nadel so in den Querfaden eingestochen, dass eine festere Masche entsteht. Diese fast unsichtbare Art eignet sich besonders, wenn die Zunahmen nicht hervortreten sollen, wie z. B. bei Zunahmen in der letzten Bundreihe oder bei Ärmelschrägungen.

1 Masche rechts aus dem Querfaden herausstricken: Den Querfaden, der die Verbindung zwischen zwei Maschen der Vorreihe ist, auf die linke Nadel nehmen.

Den Querfaden wie eine Masche rechts stricken, dabei von vorne einstechen, den Faden durchholen und dann auf die rechte Nadel heben.

Bei solchen Zunahmen erhält man „Löcher", die optisch manchmal durchaus gewollt sind und Schnittformen betonen.

1 Masche rechts verschränkt aus dem Querfaden herausstricken: Den Querfaden abbildungsgemäß auf die linke Nadel nehmen. Nun den Querfaden wie 1 Masche rechts verschränkt stricken, dabei in das hintere Maschenglied einstechen und den Faden durchholen.

1 Masche links aus dem Querfaden herausstricken: Den Querfaden abbildungsgemäß auf die linke Nadel nehmen. Nun den Querfaden wie 1 linke Masche stricken = Faden vorlegen, das vordere Maschenglied auf die Nadel nehmen. Faden durchholen. Auch diese Zunahme ist sichtbar, es entsteht ebenfalls ein kleines Loch.

Diese Zunahmen fügen sich ohne Lochbildung ins Maschenbild ein. Verschränkte Zunahmen eignen sich immer dann besonders, wenn die Zunahmen nicht hervortreten sollen, wie zum Beispiel bei Zunahmen in der letzten Bundreihe oder bei Ärmelschrägungen.

1 Masche links verschränkt aus dem Querfaden herausstricken: Den Querfaden auf die linke Nadel nehmen. Nun den Querfaden wie 1 Masche links verschränkt stricken, dafür den Arbeitsfaden vorlegen, das hintere Maschenglied erfassen und den Faden durchholen. Diese Zunahmen eignen sich ebenfalls für alle Stellen, an denen die Zunahmen nicht hervortreten sollen.

Wenn Sie unsere Stepps und Tipps zu Zunahmen an Strickmodellen beachten und bei Ihrer Strickerei anwenden können, wird Ihr Strickergebnis garantiert besser aussehen als der Pulli von diesem armen Schäfchen.

Abketten und Abnehmen von Maschen

Nachdem Sie nun wissen, wie Maschen zugenommen werden, kommen wir jetzt zum Abketten und Abnehmen. Wenn man die Strickerei über mehreren Maschen gleichzeitig beenden will, wird abgekettet. Dabei werden die Maschenschlingen jeweils übergezogen. Das brauchen Sie z. B. bei Tascheneingriffen, Halsausschnitten oder Schulterschrägungen.

Einzelne oder wenige Maschen am Rand oder innerhalb der Arbeit werden abgenommen. Das erfolgt durch Zusammenstricken von Maschen. Diese Abnahmen kann man, wie bei den Zunahmen auch, einzeln fast unsichtbar vornehmen. Oder Sie nutzen gleichmäßige Abnahmen über mehrere Reihen als ganz bewusste Schnittgestaltung. Das brauchen Sie z. B. für betonte Taillierungen oder auch Raglanschrägungen.

Bei glatt rechts gestrickten Teilen die Maschen auch in der Abkett-Reihe rechts, bei glatt links gestrickten die Maschen links stricken. Bei anderen Mustern kann man in der Abkett-Reihe auch mustergemäß stricken, d. h. das Muster weiterführen und die Maschen nacheinander überziehen.

Abketten:
Die Rand-Masche und die folgende Masche rechts stricken, in die Rand-Masche einstechen und über die Masche ziehen, dann die Rand-Masche von der linken Nadel gleiten lassen.

Die nächste Masche rechts stricken und die vorherige Masche darüber ziehen. Diesen Vorgang so lange wiederholen, bis alle Maschen abgekettet sind, Faden abschneiden und durch die letzte Masche ziehen.

Beim Rippenmuster die Maschen abketten, wie sie erscheinen. Dabei den Wechsel zwischen rechts und links gestrickten Maschen beibehalten und stets die vorherige Masche überziehen.

Abnehmen:

2 Maschen rechts zusammenstricken: Mit der rechten Nadel von vorne durch beide Maschen stechen, Faden holen und durchziehen, die Maschen von der Nadel gleiten lassen. Aus 2 Maschen ist nun 1 Masche entstanden = 1 Abnahme. Genauso kann man mehrere Maschen abnehmen, strickt man z. B. 3 Maschen zusammen, werden 2 Maschen abgenommen usw.

2 Maschen überzogen zusammenstricken = 1 Überzug: 1 Masche wie zum Rechtsstricken abheben, dafür mit der rechten Nadel von vorne in die Masche einstechen (als würde man sie rechts stricken wollen) und die Masche von der linken Nadel gleiten lassen. Den Faden hinter der Arbeit weiterführen.

Strickt man in jeder Hin-Reihe die entsprechende Masche mit der Masche davor rechts zusammen, entsteht eine betonte, nach rechts verlaufende Linie.

Die folgende Masche rechts stricken. Mit der linken Nadel die abgehobene Masche erfassen und über die gestrickte Masche ziehen. Aus 2 Maschen ist 1 Masche entstanden = 1 Abnahme.

2 Maschen rechts verschränkt zusammenstricken: Mit der rechten Nadel hinten durch beide Maschen stechen, Faden holen und durchziehen, die Maschen von der Nadel gleiten lassen. Die 1. Masche liegt nun „verdreht“ obenauf.

Diese Abnahmeform, mehrfach übereinander gearbeitet, ergibt eine betonte, nach links verlaufende Linie.

Weitere Abnahmen

Maschen links zusammenstricken: Faden vorlegen und von vorne durch beide Maschen stechen, Faden holen und durchziehen, die Maschen von der linken Nadel gleiten lassen. Aus 2 Maschen ist 1 Masche entstanden = 1 Abnahme.

3 Maschen überzogen zusammenstricken: 1 Masche wie zum Rechtsstricken abheben = 1. Masche, Faden hinten weiterführen und die folgenden 2 Maschen rechts zusammenstricken = 2. Masche.

Hier wurden beidseitig einer rechten Masche je 2 Maschen links zusammengestrickt, es entstand eine symmetrische Abnahme.

Die 1. Masche erfassen und über die 2. Masche ziehen, die 1. Masche von der linken Nadel gleiten lassen. Aus 3 Maschen ist nun 1 Masche entstanden = 2 Abnahmen.

2 Maschen links verschränkt zusammenstricken: Faden vorlegen, mit der rechten Nadel die beiden hinteren Maschenglieder von links nach rechts erfassen, Faden holen und durchziehen, die Masche von der linken Nadel gleiten lassen = 1 Abnahme.

Mehrere Abnahmen übereinander ergeben eine betonte, gerade Linie.

Schnittform berechnen und Maßtabellen

Berechnen der Schnittform

Lesen Sie sich vor Beginn die Anleitung immer vollständig durch. Dazu gehört auch der Schnitt. Oft sind Schnitt-Teile nur zur Hälfte gegeben. Entlang der gestrichelten Linie muss dann die entgegengesetzte Hälfte ergänzt werden. Ein- oder zweiseitig begrenzte Linien geben z. B. Tascheneingriffe oder Schlitze an. Stimmt Ihre Maschenprobe mit der in der Anleitung überein, können Sie nach den weiteren Maschenangaben der Anleitung stricken. Weicht Ihre Maschenprobe von der angegebenen ab, müssen Sie die Schnittform für Ihr Modell neu berechnen.
Um das Berechnen zu erleichtern, sind schräge Schnittlinien durch rechtwinklig zueinander stehende Hilfslinien zu ergänzen. Diese Hilfslinien entsprechen dem jeweiligen Maschen- und Reihenverlauf. Sie können nun entsprechend Ihrer Maschenprobe für jedes dieser eingezeichneten Hilfsdreiecke berechnen, wie viele Maschen in wie vielen Reihen zu- bzw. abzunemen sind. Die zu- bzw. abzunehmenden Maschen verteilt man gleichmäßig auf die errechnete Reihenzahl. Wenn in der Anleitung nicht anders erwähnt, werden in jeder 2. Reihe Maschen zu- bzw. abgenommen.

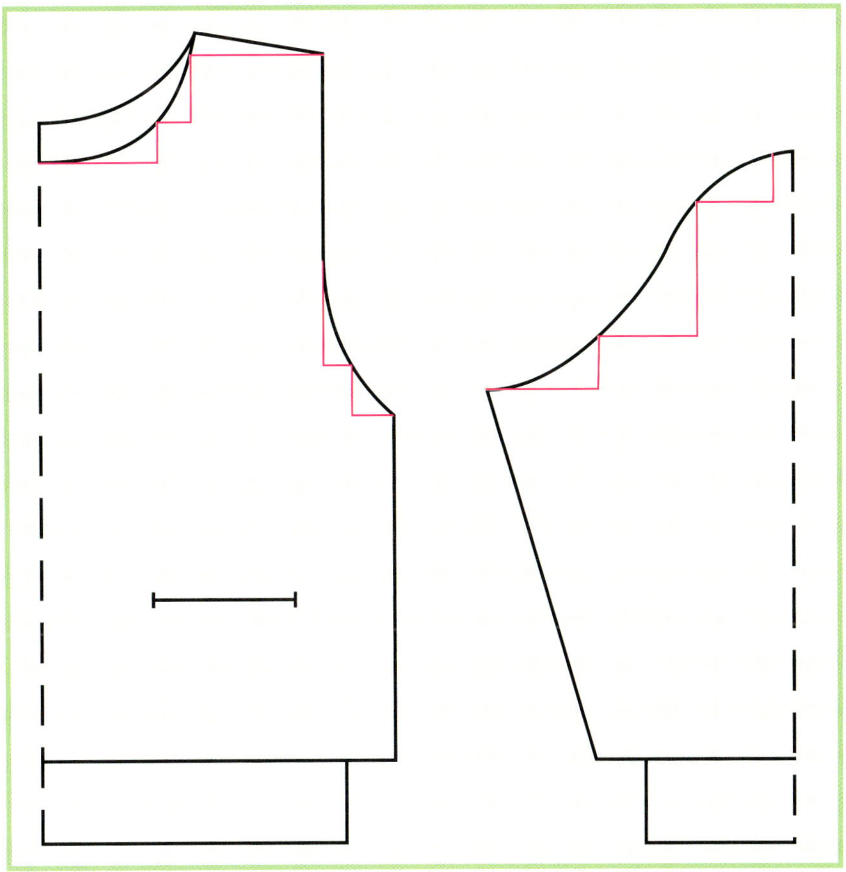

Zum Beispiel bei Ärmelschrägungen oder Ärmelkugeln auf der einen Seite in jeder Hin-Reihe und auf der anderen Seite in jeder Rück-Reihe.

Tipp: *Bevor Sie mit dem Stricken beginnen, vergleichen Sie bitte Ihre Körpermaße mit unseren Maßen in den unten stehenden Tabellen.*

Damengrößen											
Größe	34	36	38	40	42	44	46	48	50	52	54
Oberweite*	82	84	88	92	96	100	104	108	112	116	120
Taillenweite*	62	64	68	72	77	82	87	92	97	102	107
Hüftweite*	88	90	94	98	102	106	110	114	118	122	126

Herrengrößen						
Größe	46	48	50	52	54	56
Brustweite*	92	96	100	104	108	112
Bundweite*	80	84	88	92	96	100
Hüftweite*	96	100	104	108	112	116

Baby- und Kindergrößen																			
Größe	56	62	68	74	80	86	92	98	104	110	116	122	128	134	140	146	152	158	164
Oberweite*	44	46	48	50	52	54	56	58	60	62	64	66	68	70	72	74	76	80	84
Taillenweite*	44	46	48	50	51	52	53	57	58	59	60	61	62	63	64	64	65	65	66
Hüftweite*	46	48	50	52	54	56	58	62	64	66	68	70	72	74	78	79	82	85	88

* alle Angaben in cm

Runde Halsausschnittblenden

Gestrickte Blenden werden im Allgemeinen mit einer kurzen Rundstricknadel oder bei kleinen Ausschnitten mit einem Nadelspiel gestrickt. Die Flexibilität der Rundstricknadel erleichtert das Auffassen der Maschen, außerdem entfällt beim Stricken in Runden die Naht.
Gehäkelte Blenden aus festen Maschen oder Krebsmaschen sind schnell und einfach zu arbeiten und geben dem Halsausschnitt einen festen, stabilen Rand.
Vor dem Arbeiten der Blenden die Schulternähte schließen.

So sieht die gestrickte Halsausschnittblende aus. Nach der Auffass-Runde im Rippenmuster stricken. Bei der angegeben Blendenhöhe die Maschen abketten, wie sie erscheinen.

Mit festen Maschen ist hier der Ausschnittrand umhäkelt. Es wird mit der Häkelnadel von rechts nach links gearbeitet.

Die Krebsmaschen werden von links nach rechts gearbeitet. Die fertige Blende stellt einen schönen, stabilen Abschluss dar.

Gestrickte Blenden:
An der linken Schulternaht beginnen. Beim geraden, senkrechten Reihenlauf mit der Nadel das außenliegende Maschenglied der 1. Masche nach der Rand-Masche erfassen und den Faden durchholen. Bei längeren Geraden empfiehlt es sich, ca. jede 4. Masche zu übergehen.

1

Beim Auffassen aus den Rundungen ebenfalls ein Maschenglied erfassen, hierbei müssen die „Treppchen", die beim Abketten entstanden sind, ausgeglichen werden. Dabei dürfen Sie auch einmal die Masche einer Reihe tiefer erfassen. Zur Verdeutlichung haben wir die Maschen, die in diesem Fall erfasst werden sollen, mit Weiß gekennzeichnet.

2

Beim waagrechten, geraden Abkettrand jeweils das vordere Maschenglied einer abgeketteten Masche erfassen und Faden durchholen.

3

Gehäkelte Blenden:
Für die Blende mit einer Runde festen Maschen an der linken Schulternaht beginnen. Mit der Häkelnadel von vorne nach hinten zwischen Rand-Masche und folgender Masche einstechen, Faden zur Schlinge durchholen = Anfangsschlinge, von vorne zwischen Rand-Masche und folgender Masche einstechen, Faden zur Schlinge durchholen.

Für die Blende mit einer Runde Krebs-Maschen (von links nach rechts arbeiten) von vorne nach hinten durch beide Maschenglieder der darunterliegenden festen Maschen stechen.

Einen Umschlag arbeiten und diesen durch beide Schlingen ziehen, den Vorgang 1 nach der Anfangsschlinge und 2 stets wiederholen.

Einen Umschlag arbeiten und diesen zur Schlinge durchholen, einen neuen Umschlag arbeiten.

Bei den Rundungen wie bei der gestrickten Blende verfahren und ebenfalls die durch das Abketten entstandenen „Treppchen" ausgleichen, dafür auch einmal in eine darunter liegende Masche einstechen. Beim waagerechten Abkettrand jeweils in beide Maschenglieder einstechen.

Den Umschlag durch beide Maschenglieder ziehen. Die drei letzten Arbeitsschritte stets wiederholen.

V-Ausschnittblenden

Diese Ausschnittblenden für Pullover mit spitzen Ausschnitten können auf verschiedene Weisen gestaltet werden. Hier können Sie selbst die Technik wählen, die Ihnen am besten gefällt oder die Sie gerne stricken möchten.

Wir zeigen Ihnen die übereinander liegende Blende. Dabei werden die Enden in der vorderen Mitte übereinander gelegt und die Schmalseiten angenäht.

Außerdem sehen Sie die Blende mit einer hochlaufenden Mittelmasche. Dabei werden gleich beim Stricken in der vorderen Mitte Maschen abgenommem.

Für beide wird in den meisten Fällen mit einer Rundstricknadel gearbeitet, die das Auffassen der Maschen aus dem Ausschnittrand und das Stricken „in der Runde" ermöglicht. Die Nadellänge richtet sich dabei jeweils nach der Ausschnittgröße Ihres gewünschten Modells.

Für die **übereinander liegende Blende** aus dem Ausschnittrand Maschen auffassen, dabei in der vorderen Mitte beginnen, dafür die erste Masche aus der abgeketteten Mittel-Masche herausstricken.

Die Maschen aus dem linken Ausschnittrand, dem rückwärtigen Ausschnittrand und dem rechten Rand bis zur vorderen Mitte auffassen. Nun in Reihen im Rippenmuster weiterstricken.

Nach 5 Reihen die Maschen abketten, die Schmalseiten der Blende übereinander legen.
Die Blende an beiden Schmalseiten mit kleinen Stichen annähen.

1

Für die **Blende mit hochlaufender Mittel-Masche** an der linken Schulternaht beginnend gleichmäßig verteilt Maschen auffassen und aus der abgeketteten Mittel-Masche eine neue Mittel-Masche rechts (oder rechts verschränkt) herausstricken.

2

1 Runde im Rippenmuster stricken, ab der 2. Runde die Mittel-Masche mit der Masche davor wie zum Rechtsstricken abheben.

3

Dann die nach der Mittel-Masche folgende Masche rechts (oder mustergemäß links) stricken.

4

Nun die beiden zuvor abgehobenen Maschen mit der linken Nadel erfassen und über die gestrickte Masche ziehen. Aus 3 Maschen ist nun die Mittel-Masche übrig geblieben.

5

Anschließend stricken Sie im Rippenmuster eine Zwischenrunde ohne Abnahme darüber. (Je nach Material und Ausschnittart kann diese Zwischenrunde auch entfallen und man nimmt in jeder Runde ab.)

6

In der nächsten Runde arbeiten Sie für die Spitze den Vorgang 2–4 noch einmal. Die Schritte 2–5 arbeiten Sie solange, wie Runden in einer Anleitung angegeben sind (oder wie hoch die Blende sein soll). Danach alle Maschen abketten.

Die eingestrickte Tasche

Eine Jacke ohne Tasche ist nur die Hälfte wert. Es ist doch so bequem, sich die Hände darin zu wärmen oder das Taschentuch darin zu verstecken. Passend im Muster, mit einer schönen, elastischen Blende im Rippenmuster macht die Tasche das Erscheinungsbild der Jacke erst perfekt.

Es ist leichter, als es aussieht. Unsere Abbildungen zeigen Ihnen ganz genau Schritt für Schritt, wie Sie zu dem fertigen Ergebnis kommen.

Den Taschenbeutel zuerst über 25 Maschen glatt rechts stricken. Dafür stricken Sie in den Hin-Reihen rechte Maschen und in den Rück-Reihen linke Maschen. Die ersten drei Stepps auf dieser Seite zeigen Ihnen noch einmal genau, wie das geht.

1 Masche rechts: von vorne in die Masche einstechen, Faden liegt hinter der Arbeit, Faden durchholen und Masche der Vorreihe von der linken Nadel gleiten lassen.

1

1 Masche links: Faden vor die Arbeit legen und abbildungsgemäß in die Masche einstechen.

2

Faden mit der Nadel greifen, durchholen und Masche der Vorreihe von der linken Nadel gleiten lassen.

3

In der angegebenen Reihe für den Tascheneingriff die Maschen mustergemäß bis zur 46. Masche stricken, dann die 46. – 22. Masche auf einer Hilfsnadel stilllegen.

Die stillgelegten Maschen des Tascheneingriffs aufnehmen und für die Blende im Rippenmuster stricken.

In der folgenden Rück-Reihe den zuvor extra gestrickten Taschenbeutel anstelle der stillgelegten Maschen einfügen und die Maschen mustergemäß abstricken.

Bei 3 cm Blendenhöhe die Maschen abketten und die Schmalseiten annähen.

Im Zusammenhang über alle Maschen im Jackenmuster weiterarbeiten. Die Maschen des Tascheneingriffs auf einer Nadel stilllegen.

Auf der Rückseite den Taschenbeutel festnähen.

Raglanschrägungen

Pullis oder Jacken mit Raglanschrägungen sind beliebt bei Handstrickmodellen. Die Abnahmen werden gleichmäßig wiederholt und sind deshalb auch recht einfach zu stricken. Sie können dafür Maschen direkt am Rand abnehmen oder auch mit ein paar Maschen Raglanbetonung arbeiten und erst neben dieser für die Schrägung Maschen zusammenstricken.
Unsere ersten beiden Abbildungen zeigen Ihnen zunächst das Halbpatentmuster, das an unseren Beispielen gestrickt wurde. Zum Patentmuster finden Sie auch noch Stepps auf Seite 61 beim Thema Biesen.
Auf den Abbildungen 3 bis 7 sehen Sie das Arbeiten der Schrägungen mit Raglanbetonung für die rechte und die linke Seite eines Strickteiles.

Für das Halbpatentmuster:
In den Hin-Reihen die rechte Masche, die jeweils zwischen 2 linken Maschen liegt, mit einem Umschlag wie zum Linksstricken abheben, das heißt: den Faden vor die rechte Nadel legen, in die Masche der linken Nadel vorne einstechen und Masche und Faden (Umschlag) auf die rechte Nadel nehmen.

In der folgenden Rück-Reihe werden die Masche und der darüber liegende Umschlag links zusammengestrickt, die beiden danebenliegenden Maschen rechts stricken.

Für die Raglanschrägungen:
Am rechten und linken Rand je 3 Maschen abketten. (Vor dem Abketten am linken Rand die Masche mit dem Umschlag links zusammenstricken.)

2

In der nächsten Hin-Reihe wird die erste Abnahme für die Raglanschrägung am rechten Rand gearbeitet: 3 Maschen mustergemäß stricken, dann die beiden linken Maschen links zusammenstricken.

3

Am linken Rand die 4. und 5. Masche links zusammenstricken, die folgenden 3 Maschen mustergemäß stricken. In den folgenden Rück-Reihen die zusammengestrickten Maschen jeweils rechts stricken.

4

In der folgenden Hin-Reihe werden die verbliebene linke Masche und die rechte Masche links zusammengestrickt.

5

Am linken Rand gegengleich arbeiten, d. h. die rechte Masche und folgende linke Masche 3 Maschen vor dem Rand links zusammenstricken.

6

In der nächsten Hin-Reihe am rechten Rand nun von den 3 Links-Maschen 2 Maschen links zusammenstricken. Sie sehen nun, dass die danebenliegende Patent-Masche von den Abnahmen nicht berührt wird, sie wird als betonte Masche weitergeführt.

7

Am linken Rand gegengleich arbeiten, nun liegen wieder 2 Links-Maschen nebeneinander und Sie können die Abnahmen ab Schritt 2 wiederholen, bis die Raglanschrägung fertig gestellt ist.

Knopflöcher einstricken

Ob nur aus praktischen Gründen zum Schließen von Jacken oder Westen oder auch als zusätzlich gewünschter Ziereffekt dürfen Knopflöcher in der Strickerei natürlich nicht fehlen. Mit den entsprechenden Knöpfen als Gegenstück haben Sie einen praktischen Verschluss für Ihr Strickmodell und erzielen dabei gleichzeitig noch eine dekorative und schmückende Wirkung.

Knopflöcher – ein nötiges und dennoch möglichst unauffälliges Element der Stricktechnik – sollten akkurat gestrickt werden und können auf verschiedene Arten gearbeitet werden. Sie können in jedem Fall die Technik selbst wählen. Die Größe richtet sich nach der jeweiligen Blendenbreite und Knopfgröße, der Abstand nach der jeweiligen Blendenlänge.

1

Knopfloch mit abgeketteten Maschen:
In der 5. Blenden-Reihe (oder wie für Ihre Blende erforderlich) für ein Knopfloch 3 Maschen abketten.

2

In der folgenden Rück-Reihe 3 Maschen anschlagen und somit den Zwischenraum überbrücken.

3

Dann mustergemäß bis zur gewünschten Blendenbreite weiter stricken und alle Maschen abketten.

1

Knopflöcher in mitgestrickter vorderer Verschlussblende: Für das 1. Knopfloch in der 3. Reihe ab Anschlag 2 Maschen vor den letzten 3 Maschen abketten. Für größere Knöpfe können auch 3 oder mehr Maschen abgekettet werden.

2

In der folgenden Rück-Reihe die Maschen wieder dazu anschlagen und somit das entstandene Loch überbrücken. In den nächsten Reihen die Maschen wieder im vorgegebenen Muster stricken.

3

Nach entsprechendem Abstand (je nach Anleitung oder eigenen Wünschen) wird das nächste Knopfloch in der gleichen Weise in die Blende eingearbeitet.

1

Knopflöcher mit Umschlägen und zusammengestrickten Maschen: In der angegebenen Blendenhöhe in der Hin-Reihe für ein Knopfloch einen Umschlag arbeiten und 2 Maschen zusammenstricken.

2

In der folgenden Rück-Reihe die Masche und den Umschlag mustergemäß abstricken.

3

Werden größere Knopflöcher benötigt, arbeitet man wie folgt: 2 Maschen rechts zusammenstricken, 2 Umschläge arbeiten, 2 Maschen überzogen zusammenstricken. In der folgenden Rück-Reihe die Maschen und Umschläge mustergemäß abstricken.

Reißverschlüsse einnähen

Bei dieser Art Verschluss treffen zwei textile Bereiche aufeinander. Das unflexible, ziemlich fest gewebte Textilband des Reißverschlusses und das weiche, elastische Gestrick. Ein exaktes Arbeiten ist daher erforderlich, damit sich der Schlitzrand später nicht wellt.

Der Fachhandel bietet Reißverschlüsse in vielen Längen und Farben an. Fragen Sie nach in Handarbeitsgeschäften oder den entsprechenden Abteilungen der Kaufhäuser. Für Jacken gibt es auch teilbare Reißverschlüsse. Einen zusätzlichen Effekt kann man durch einen Schmuckzipper erzielen.

Die Schulternähte sind geschlossen, die Halsblende angestrickt und nach innen gesäumt, dabei am Schlitzrand ca. 2 cm Naht offen lassen. Den Reißverschluss auflegen, bei der vorgegebenen Knickstelle bzw. oberhalb des letzten Zähnchens den Reißverschluss nach innen umlegen und in die Blende schieben.

1

Einfacher Einsatz:
Wir haben für die bessere Darstellung einen andersfarbigen Reißverschluss verwendet. Auf der Vorderseite den Reißverschluss so feststecken, dass die Zähnchen-Reihe gut sichtbar bleibt.

2

Auf der Rückseite den Reißverschluss mit Nähgarn und Steppstichen festnähen. Nur für die Darstellung haben wir ein weißes Garn verwendet, Sie nehmen natürlich ein farblich passendes, so dass die Stepplinie auf der Vorderseite nicht zu sehen ist.

3

Der Reißverschluss ist eingenäht, auf der Rückseite noch die Blende fertig säumen und die Schmalseiten an das Reißverschlussband nähen.

Beim Feststecken und Einnähen des Reißverschlusses gehen Sie vor wie beschrieben, siehe Abbildung 2 und 3.

Mit Häkelblende:
Die Schlitzkante kann auch mit einer Reihe fester Maschen (wie abgebildet) oder Kett-Maschen behäkelt werden. Hier zunächst die Kanten behäkeln, dann die Blende nach innen säumen, dabei am Schlitzrand ca. 2 cm Naht offen lassen. Den Reißverschluss dann wie bei Abbildung 1 auflegen.

Diese Technik empfiehlt sich, wenn die Rand-Maschen nicht so schön ausgefallen sind, dann häkelt man in der gleichen Farbe. Wenn Sie durch einen farbigen Kontrast einen zusätzlichen Effekt erzielen wollen, nehmen Sie eine andere Farbe.

Reißverschluss und Kuss!

Konfektionieren und Spannen

Haben Sie die einzelnen Strickteile fertig, steht vor dem ersten stolzen Tragen des guten Stücks noch ein wenig Näharbeit. Fäden müssen sorgfältig und unsichtbar verstochen werden. In dieser Rubrik zeigen wir Ihnen auch, wie Sie während der Strickarbeit einen neuen Faden anschlingen können. Das sollten Sie möglichst immer am Rand tun. Nur, wenn es gar nicht anders geht, innerhalb der Reihe.

Diese „Nacharbeit" gehört dazu. Beachten Sie unsere Tipps und führen Sie die Arbeitsschritte sorgfältig aus. Dann haben Sie lange Freude an Ihrem Strickmodell.

Fäden ansetzen:
Die einfachste Art, mit einem neuen Faden weiterzustricken: am Rand zunächst mit dem neuen Faden einige Maschen stricken, dann die beiden Fäden anziehen, so dass sich ein gleichmäßiges Maschenbild ergibt, und die Fäden verknoten.

Fäden versäubern am Rand:
Die Fäden nach dem Zusammennähen in die Naht bzw. in die innenliegenden Rand-Maschen einziehen. Dabei einen Faden nach oben, einen Faden nach unten ziehen.

Fäden einweben:
Sollen Fäden innerhalb der Arbeit angesetzt werden, behilft man sich mit einem kleinen Trick. Der alte und neue Faden werden halbiert (=Fäden aufdrehen und teilen). Je eine Hälfte des neuen und des alten Fadens wird zusammengenommen und bildet nun den Arbeitsfaden, die jeweilige andere Hälfte zunächst unberücksichtigt lassen.

Fäden versäubern im Strickteil:
Auf der Rückseite der Arbeit die Fadenenden vernähen, dabei zunächst durch die danebenliegende Masche stechen, so dass der Übergang (=Querfaden) auch aus einem ganzen Faden besteht. Erfassen Sie jeweils nur einen Teil der Maschenglieder, damit der Faden auf der Vorderseite nicht sichtbar ist.

Mit dem Arbeitsfaden einige Maschen stricken. Dann das alte Fadenteil wegnehmen und mit dem ganzen, neuen Faden weiterstricken. Die Fadenenden in der folgenden Reihe auf die Rückseite der Arbeit nehmen und am Schluss versäubern.

Spannen

Die einzelnen Strickteile sollten vor dem Zusammennähen den Schnittmaßen entsprechend gespannt werden. Sie erreichen dadurch ein schöneres, gleichmäßiges Maschenbild. Die meisten Muster kommen klarer zur Geltung, die Ränder rollen sich nicht mehr ein und damit wird auch das Zusammennähen einfacher.

Als Unterlage eignet sich z.B. eine Styropor- oder Schaumstoffplatte, die mit einer Vlieseline mit Rasteraufdruck (das Raster erleichtert das Spannen nach cm-Angaben) bezogen wird. Ebenso gute Dienste leistet eine große Bügelunterlage. Der Fachhandel bietet hierfür auch eine spezielle Spann- und Dämpfunterlage an.

Zunächst stecken Sie das Strickteil sorgfältig auf. Dazu nehmen Sie Stecknadeln, die Sie möglichst flach durch die Rand-Maschen stechen (Bündchen nicht dehnen!). Wählen Sie dabei die Abstände zwischen den Stecknadeln nicht zu groß, es entstehen sonst hässliche Bogen und der Rand sieht unsauber aus. Nun können Sie das Teil mit einem Wäschesprüher befeuchten oder feuchte Tücher auflegen. Dann lassen Sie das Teil trocknen.

Bei einigen Mustern, z. B. bei Jacquardmustern, empfiehlt es sich, das Teil von links leicht zu dämpfen. Auch das Bügeln mit dem Dampfbügeleisen durch ein trockenes Tuch ist möglich. Dabei sollten Sie jedoch äußerst vorsichtig vorgehen. Achten Sie unbedingt auf die Empfehlung des Herstellers, die auf den Banderolen des Garns vermerkt ist, und drücken Sie das Bügeleisen auf keinen Fall zu fest auf das Gestrick, damit es nicht „platt" gedrückt wird.

Nähte schließen

Haben Sie nun Ihre Strickteile gut gespannt oder leicht gedämpft, geht es ans Zusammennähen. Beachten Sie dabei die Maße am Schnitt in der Anleitung, die Sie verwendet haben. Oder heften Sie grob alle Teile zusammen, um die Passform vor dem Schließen der Nähte zu prüfen. Schritt für Schritt sehen Sie auf diesen Seiten Varianten für verschiedene Nähte und das Einsetzen von Ärmeln. Achten Sie darauf, dass die Nähte fest, aber elastisch sind. Außerdem muss der Reihen- oder Maschenverlauf an geraden Nähten beachtet werden, damit die Naht am fertigen Stück möglichst unscheinbar ist.

Schulternähte schließen mit offenen Maschen: Legt man die Schulter-Maschen auf einer Hilfsnadel still, kann man sie durch eine genähte Maschen-Reihe verbinden. Hierzu ein Maschenglied der letzten und der folgenden Masche erfassen, Faden durchziehen, die Masche von der Nadel gleiten lassen.

Schulternähte schließen im Maschenstich: Legen Sie die Abkettränder der Schultern flach gegeneinander. Mit der Nadel eine Masche unter der Abkett-Reihe erfassen und Faden durchziehen.

Am gegenüberliegenden Teil das letzte Maschenglied erfassen und von unten in die nächste Masche auf der Nadel einstechen, die Masche von der Nadel gleiten lassen.

Beim oberen Teil muss man versetzt arbeiten, d. h. ein Maschenglied der letzten und ein Maschenglied der nächsten Masche erfassen, dabei jeweils durch die Mitte zweier Maschen stechen. Nach je ca. 2 cm den Faden anziehen.

Seitennähte schließen im Matratzenstich: Vorder- und Rückenteil mit der Vorderseite nach oben parallel nebeneinander legen. Mit der Nadel den Querfaden zwischen der Rand-Masche und der ersten Masche erfassen, Faden durchziehen. Auf der anderen Seite den gegenüberliegenden Querfaden zwischen Rand-Masche und erster Masche erfassen und Faden durchziehen. Diesen Vorgang abwechselnd einmal auf der linken, einmal auf der rechten Seite fortlaufend wiederholen. Nach ca. 2 cm den Arbeitsfaden anziehen.

Stoßen an der Seitennaht zwei Glatt-links-Flächen aneinander, wenden Sie die gleiche Technik an. Den Querfaden zwischen der Rand-Masche und der ersten Masche erfassen und den Faden durchziehen. Den gegenüberliegenden Querfaden erfassen und Faden durchziehen. Nach je ca. 2 cm den Faden soweit anziehen, dass die Naht elastisch bleibt.

Gerade Ärmel ansetzen:
Zuerst die Schulternaht schließen und die Ärmelmitte markieren. Die Teile werden mit der rechten Seite nach außen zusammengenäht. Den Ärmel mit Stecknadeln am Vorder- und Rükkenteilrand fixieren, die Ärmelmitte trifft auf die Schulternaht.

Ärmel mit Armkugel einsetzen:
Die Ärmelmitte markieren. Für diese Naht werden zuerst die Schulter- und Seitennähte sowie die Ärmelnähte geschlossen. Den Ärmel rechts auf rechts in den Armausschnitt legen und mit Stecknadeln befestigen. Die Ärmelmitte trifft auf die Schulternaht, die Ärmelweite gleichmäßig verteilen.

Diese Naht ebenfalls im Maschenstich schließen. Mit der Nadel eine Masche unter dem Abkettrand des Ärmels erfassen und Faden durchziehen.

Diese Naht wird im Steppstich gearbeitet (ausstechen, einen Rückstich arbeiten und vor der Ausstichstelle wieder einstechen). Die Stepplinie soll unterhalb des Abkettrandes verlaufen. Achten Sie beim Ein- und Ausstechen darauf, dass Sie jeweils möglichst nur zwischen die Maschen stechen und diese nicht „verletzen". Überprüfen Sie ab und zu den Verlauf und das Aussehen der Naht auf der rechten Pulliseite.

Beim Vorder- und Rückenteilrand mit der Nadel zwei Querfäden zwischen der Rand-Masche und den danebenliegenden Maschen erfassen und Faden durchziehen. Den Vorgang 2 und 3 stets wiederholen. Nach jeweils ca. 3 cm den Faden soweit anziehen, dass er nicht mehr zu sehen ist, sich aber dennoch eine elastische Naht ergibt.

Bunte Streifen mit Farbwechsel

Wir beginnen mit einfachen waagerechten und senkrechten Farbwechseln. Die sollten Sie etwas üben, damit die Übergänge sauber und ordentlich aussehen. Gerade bei Kontrastfarben fallen kleine Mängel schnell ins Auge.
Modelle mit farbigen Blockstreifen lassen sich gut nach Zählmustern stricken. Wie Sie an unserem Beispiel sehen, können Sie die Maschen und Reihen in den entsprechenden Farben gut ablesen. Jedes gezeichnete Kästchen entspricht einer gestrickten Masche.

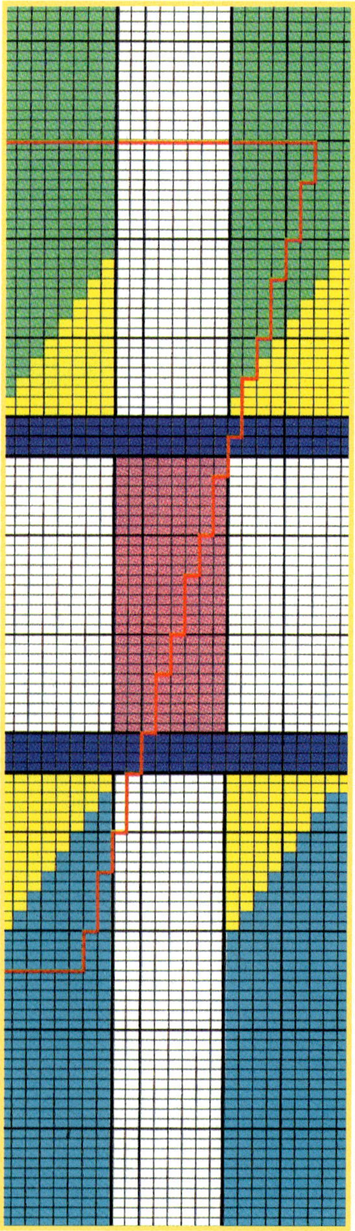

Querstreifen:
Für schönere Farbübergänge werden beim Farbwechsel in der 1. Reihe (Hin-Reihe) immer rechte Maschen gestrickt. Auch wenn der nächste Streifen eigentlich glatt links gestrickt wird, beginnen Sie mit einer Reihe rechte Maschen, in der folgenden Rück-Reihe die Maschen ebenfalls rechts stricken.

Dies gilt auch für die Streifenfolge, die optisch nur glatt linke Flächen zeigt. Auch hier beginnen Sie den neuen Streifen mit 1 Hin-Reihe rechte Maschen.

Schauen Sie sich die Rückseite der ersten Streifenfolge an, Sie sehen, die Farben sind nicht klar voneinander getrennt.

Längsstreifen:
Für jeden Streifen mit einem extra Knäuel stricken. Beim Farbwechsel die Fäden übereinander legen (verkreuzen), damit keine Löcher entstehen.

Auch hier auf eine gleichmäßige Fadenspannung achten.

Die neue Farbe nun auf den linken Zeigefinger nehmen, dabei auf eine gleichmäßige Fadenspannung achten, eventuell das vorherige Garn mit der rechten Hand festhalten, bis einige Maschen gestrickt sind.

Schräglaufende Flächen:
Bei schräglaufenden Flächen die Verkreuzungen ebenso laut Zählmuster arbeiten. Jede Fläche mit einem extra Knäuel stricken. Haben Sie nicht so viele Knäuel zur Verfügung, wickeln Sie entsprechende Garnmengen auf kleine Spulen ab, die wir Ihnen auf Seite 10/11 zeigen.

Auf der Rückseite verkreuzen Sie die Fäden ebenso; Sie sehen, dass die Maschen sich wie die Glieder einer Kette verbinden.

Mehrfarbige Jacquardmuster

Als Jacquard- oder Norwegermuster werden solche Muster bezeichnet, für die man zwei oder mehr Farben in einer Reihe verstrickt. Sie werden meist glatt rechts nach einem Zählmuster gearbeitet, das Hin- und Rück-Reihen zeigt, wie Sie am unteren Beispiel sehen. Die Hin-Reihen von rechts nach links, die Rück-Reihen von links nach rechts lesen. Achten Sie bei den Rück-Reihen darauf, dass Sie jeweils über der Masche wieder anfangen, bei der Sie geendet haben.

In den meisten Fällen ändert sich beim Jacquardmuster die Maschenprobe, es ergeben sich weniger Reihen auf 10 cm. In der Breite sollte sich die Maschenzahl auf 10 cm nicht ändern, dies erreichen Sie durch gleichmäßiges Arbeiten und durch das Spannen der fertigen Teile.

Jacquardmuster sind auch eine Übungssache, es ist vor allem wichtig, auf eine gleichmäßige Fadenspannung zu achten.

Hier sehen Sie die Vorderseite des Jaquardmusters. In den mehrfarbigen Reihen wird jeweils mit einem roten, gelben bzw. grünen Faden zusätzlich gestrickt. Mit ein wenig Übung und nach dem Spannen der Arbeit sollte das Maschenbild so gleichmäßig aussehen.

Hier sehen Sie die Rückseite des Jaquardmusters. Die Spannfäden auf der Rückseite der Strickerei sind deutlich zu sehen. Die gleichmäßige Spannung dieser Fäden, nicht zu fest und nicht zu locker, ist besonders wichtig für ein gutes Maschenbild.

Sie haben die Grundfarbe und die Schmuckfarbe zusammen um den Zeigefinger der linken Hand gewickelt. Nun die Maschen laut Zählmuster abstricken. Den nicht benötigten Faden auf der Rückseite der Arbeit locker weiterführen. Wird der andere Faden gebraucht, die Maschen auf der rechten Nadel etwas auseinander schieben, so dass der Faden zur neuen Masche den richtigen Abstand erhält. Keinesfalls sollen die Maschen durch die Spannfäden zusammengezogen werden. Kontrollieren Sie während der Arbeit ab und zu die korrekte Spannung.

Auf der Rückseite wird ebenso gearbeitet, die Fäden werden vor der Arbeit weitergeführt. Hier ist es manchmal hilfreich, den nicht benötigten Faden mit der linken Hand fest- bzw. fernzuhalten, damit die Masche mustergemäß links gestrickt werden kann. Bei größeren Abständen empfiehlt es sich, besonders auf eine gleichmäßige Fadenspannung zu achten.

Um die Fadenspannung an den Rändern beizubehalten, werden die Rand-Maschen jeweils mit allen Fäden der Reihe gestrickt.

Der Fachhandel bietet für das Stricken mit zwei Fäden einen speziellen Strickfingerhut, den wir Ihnen auf Seite 10/11 zeigen, an. Er erleichtert das Arbeiten, die Garne können sich nicht miteinander verdrehen.

Muster mit Hebemaschen

Hebemaschen sind meist obenaufliegende, betonte, lang gezogene Maschen. Gerade beim mehrfarbig Stricken können so reizvolle Effekte auf eine einfache Art erzielt werden.

Im Gegensatz zur Jacquardtechnik ist das Stricken mit Hebemaschen wesentlich einfacher. Optisch ähneln sich manchmal beide Muster. Aber bei den Hebemaschen wird pro Reihe immer nur mit einer Farbe gearbeitet. Das erleichtert die Arbeit natürlich. Sehr schön lassen sich Muster mit Hebemaschen auch mit anderen Strukturen und Techniken kombinieren. Zum Beispiel mit kraus rechts, wie unsere erste Arbeitsprobe unten zeigt. So kann man mehrfarbige Hebemaschen mit mehrfarbigen kraus rechts gestrickten Reihen gut zusammen arbeiten.

Je nach Lust und Laune und Ihren Strickerfahrungen können Sie häufig die Farben wechseln und das ganze Modell im Hebemaschenmuster mit vielen Mustervarianten stricken. Sie können aber auch an sonst glatt gestrickten Teilen nur schmale bunte Bordüren arbeiten.

Hebemaschen eignen sich besonders gut in Kombination mit kraus rechts. Eine Masche links abheben = in die Masche so einstechen, als wollte man sie links stricken, und die Masche auf die rechte Nadel nehmen, den Arbeitsfaden hinter der Masche weiterführen. In den Rück-Reihen wird der Faden vor der Masche weitergeführt.

1 Masche abheben:
In der Hin-Reihe 1 Masche links abheben, das bedeutet: in die Masche einstechen, als wollten Sie diese links abstricken, und die Masche von der linken auf die rechte Nadel heben. Den Faden hinter der Arbeit bzw. hinter der Masche weiterführen.

In der Rück-Reihe die Maschen ebenso links abheben, den Faden jedoch auf der Rückseite der Arbeit, also vor der Masche weiterführen. Die blaue Masche wurde nun über 2 Reihen nur abgehoben und nicht gestrickt, auf der Vorderseite erscheint sie als lange Masche.

Einzelne Maschen können auch über 4 Reihen abgehoben werden, dabei entstehen längere Maschen, siehe die Maschen in Orange über den weißen Maschen. Das Foto zeigt die 2. Hin-Reihe, in der die weiße Masche abgehoben wird, den Faden auf der Rückseite weiterführen.

Diese Abbildung zeigt die 2. Rück-Reihe, in der die weiße Masche abgehoben wird, der Faden wird vor der Masche weitergeführt.

3 Maschen abheben:
3 Maschen nacheinander links abheben und auf die rechte Nadel nehmen, den Faden auf der Rückseite locker weiterführen.

In der Rück-Reihe die Maschen ebenfalls links abheben, den Faden jedoch vor der Arbeit weiterführen.

Ajourmuster stricken

Ajourmuster, auch Durchbruch- oder Lochmuster genannt bieten eine Fülle von Variationsmöglichkeiten. Sie sind normalerweise einem einfachen Prinzip unterworfen: für jedes Loch, das durch einen Umschlag entstanden ist und eine Zunahme bedeutet, muss im Laufe der Arbeit ein Ausgleich durch eine Abnahme geschaffen werden. Die Anordnung der Löcher und Abnahmen ergibt das Muster, das auf der Nadel bzw. beim Gestrick manchmal anders aussieht als die Strickschrift darstellt, die sich mit Symbolen innerhalb eines horizontalen und vertikalen Schemas bewegen muss. Deshalb ist es manchmal ganz sinnvoll, sich stur an das Abstricken der Symbole zu halten, ohne auf die vorherige oder nachfolgende Reihe zu achten.
In Strickschriften für Ajourmuster gibt es oft so genannte leere Kästchen. Diese übergehen Sie ganz einfach beim Stricken. Die haben für das Stricken keine Bedeutung, man braucht sie nur für die zeichnerische Darstellung.

Hier ist ein Musterbeispiel für eine Bordüre. Das fertige Muster zeigt, dass die Umschläge und Maschen Diagonalen bilden.

Das ist ein Einzelmotiv. Sie sehen deutlich, wie sich durch das Zusammenspiel von Umschlägen und Maschen ein symmetrisches Muster ergibt.

Einen Umschlag arbeiten heißt: den Faden von vorne nach hinten über die rechte Nadel legen.

1

Nach einem Umschlag als Ausgleich einen Überzug arbeiten: die Masche nach dem Umschlag wie zum Rechtsstricken abheben, die folgende Masche rechts stricken und die abgehobene Masche darüber ziehen.

2

In den Rück-Reihen den Umschlag links stricken, stets den Umschlag wie eine Masche behandeln und links abstricken. Bei Modellen nach den Angaben in Strickschriften und Anleitung arbeiten.

3

Diese Abbildung zeigt, wie Umschläge gebildet, Maschen rechts zusammenstrickt, 1 Überzug gearbeitet und 3 Maschen überzogen zusammengestrickt wurden.

2 Umschläge nacheinander arbeiten heißt: den Faden zweimal von vorne nach hinten um die Nadel schlingen. In diesem Falle wird das in einer Rück-Reihe (= Rückseite der Arbeit) ausgeführt.

Nach dem Umschlag werden 2 Maschen wie zum Rechtsstricken abgehoben. Dafür von vorne in beide Maschen stechen und diese auf die rechte Nadel heben. Die folgende Masche rechts stricken, die beiden abgehobenen Maschen darüber ziehen und dann 1 Umschlag bilden. Aus 3 Maschen ist eine Masche entstanden. Das entspricht 2 Abnahmen für 2 Umschläge.

In der folgenden Hin-Reihe wird der 1. Umschlag rechts, der nächste Umschlag rechts verschränkt (das hintere Maschenglied erfassen und Faden durchziehen) gestrickt.

Das kleine Lochmuster zeigt übereinander gesetzte Löcher.

Dadurch entsteht ein kleines, gleichmäßiges Ajourflächenmuster, das sich entsprechend beim Stricken von Doppelumschlägen und zusammen gestrickten Maschen ergibt.

Zopfmuster

Für Zopfmuster gelten stets die gleichen Regeln. Entweder über die Maschen Ihrer gewünschten Zopfbreite oder nach der Anleitung und Strickschrift Ihres gewählten Modells die angegebene Maschenzahl auf eine Hilfsnadel nehmen, vor oder hinter die Arbeit legen, die angegebene Maschenzahl mustergemäß stricken, dann die Maschen der Hilfsnadel stricken.

Der Handel bietet dafür spezielle Zopfmusternadeln, wie Sie auf Seite 14/15 sehen. Das sind entweder Nadeln mit einem Knick in der Mitte, der das Heruntergleiten der Maschen verhindert, oder kurze, gerade Hilfsnadeln. Gerade für breite Zöpfe, die mit mehreren Verzopfungen zu stricken sind, sind die Hilfsnadeln unverzichtbar.

Wenn Sie später etwas Übung haben, können Sie jedoch schmale Zöpfe auch ohne Hilfsnadel stricken. Fangen Sie mit schmalen, gleichmäßigen Zöpfen an. Erst wenn Sie ein wenig mehr Strickerfahrung haben, sollten Sie sich an Zopfmuster mit mehreren Zöpfen wagen. Denn bei unterschiedlichen Zopflängen und -breiten ist es nicht ganz einfach, die Übersicht für die nächsten Verkreuzungen zu behalten.

Maschen nach links verzopfen:
Die folgenden 3 Maschen auf eine Hilfsnadel nehmen und vor die Arbeit legen.

Die nächsten 3 Maschen der linken Nadel rechts stricken, die Hilfsnadel bleibt unbearbeitet vor der Arbeit liegen.

Nun die Maschen der Hilfsnadel rechts abstricken, der Zopf ist entstanden.

Maschen nach rechts verzopfen:
3 Maschen auf eine Hilfsnadel hinter die Arbeit legen.

Zuerst die 3 Maschen der linken Nadel rechts stricken. Dann die 3 Maschen der Hilfsnadel rechts abstricken.

Verzopfung mit 2 Hilfsnadeln: 4 Maschen auf 1. Hilfsnadel vor die Arbeit legen, die folgenden 2 Maschen der linken Nadel auf eine 2. Hilfsnadel hinter die Arbeit legen.

Bei einer **Verzopfung mit ungleicher Maschenzahl** bleibt genauso das Prinzip erhalten: 4 Maschen auf eine Hilfsnadel vor die Arbeit legen, 1 Masche links stricken, dann die 4 Maschen der Hilfsnadel rechts stricken.

Zuerst die folgenden 4 Maschen der linken Nadel rechts stricken, dann die 2 Maschen der 2. Hilfsnadel links stricken. Zuletzt die 4 Maschen der 1. Hilfsnadel rechts stricken, die Verzopfung ist beendet.

1 Masche auf eine Hilfsnadel hinter die Arbeit legen, 4 Maschen der linken Nadel rechts stricken, dann die Masche der Hilfsnadel links stricken.

Die Verkreuzung in die andere Richtung unterliegt dem gleichen Prinzip: 4 Maschen auf die 1. Hilfsnadel hinter die Arbeit legen, 2 Maschen auf die 2. Hilfsnadel hinter die Arbeit legen (dies zeigt das Foto), nun 4 Maschen der linken Nadel rechts stricken, die 2 Maschen der 2. Hilfsnadel links stricken, dann die 4 Maschen der 1. Hilfsnadel rechts stricken.

Gestrickte Noppen

Noppen beleben immer das Strickbild. Ob auf einer Glatt-rechts-Fläche oder innerhalb eines Musters, Noppen heben sich plastisch ab.

Sie werden auf unterschiedliche Art und Weise gestrickt, aber immer existiert ein Prinzip: aus einer Masche werden mehrere Maschen herausgestrickt, einige Reihen werden darüber gestrickt und anschließend werden die Maschen wieder zusammengefasst, so dass am Ende wieder eine Masche übrig bleibt.

Aus einer Masche 1 Masche rechts herausstricken, die Masche jedoch auf der linken Nadel lassen.

Aus der gleichen Masche 1 Masche links herausstricken, die Masche jedoch auf der linken Nadel lassen, den Vorgang 1 und 2 solange wiederholen, bis die angegebene Maschenzahl (in diesem Fall 5 Maschen) auf der rechten Nadel erreicht ist.

Die Arbeit wenden und nur über die fünf herausgestrickten Maschen linke Maschen stricken.

4

Die Arbeit erneut wenden und nur über die herausgestrickten Maschen rechte Maschen stricken. Den Vorgang 3 und 4 wie angegeben, hier noch einmal, wiederholen.

Bei einer ungeraden Maschenzahl innerhalb des Musters kann man die Noppe auch aus dem Querfaden zwischen zwei Maschen herausstricken, die Noppe wird dann wie oben gestrickt.

7

5

Nun nacheinander die 4., 3., 2. und 1. Masche mit der linken Nadel erfassen und über die 5. Masche ziehen.

Die Noppen-Maschen können auch anstelle des Überziehens (in einer Hin-Reihe) rechts verschränkt zusammengestrickt werden, dafür auf der Rückseite durch alle Maschen stechen und den Faden durchholen.

8

6

Nach dem Überziehen bleibt eine Masche übrig, diese wird wieder ins Muster integriert und in der Rück-Reihe mustergemäß links (oder rechts) abgestrickt.

Sollen die Noppen noch eine besondere Struktur erhalten, kann man sie auch kraus rechts stricken, d. h., die Maschen werden nach jedem Wenden rechts gestrickt.

9

Biesen und Patentmuster

Im Bereich der Stricktechnik stellen Biesen ein schmückendes, plastisches Element dar, das auf unterschiedliche Weise eingesetzt werden kann. Biesen können unregelmäßig über verschiedene Maschen- und Reihenzahlen oder wie hier gezeigt mit Patentmuster kombiniert über stets die gleiche Maschen- und Reihenzahl gearbeitet werden.

Auf der Abbildung in dieser Spalte unten sehen Sie eine der Möglichkeiten von Musterkombinationen. Außerdem zeigen Ihnen unsere Arbeitsfotos Schritt für Schritt, wie eine Biese zu stricken ist.

Der Vollständigkeit halber finden Sie auf den letzten vier Abbildungen dieser Seiten auch noch dargestellt, wie das Patentmuster gestrickt wird und wie das Maschenbild auf der Vorderseite bzw. der Rückseite aussieht.

Biesen:
Die 11 Biesen-Maschen nach 8 Reihen glatt links jeweils genau über den Patentmaschen rechts stricken.

1

Nun die Arbeit wenden und auf der Rückseite nur die 11 Biesen-Maschen links zurückstricken, die anderen Maschen bleiben ungestrickt auf der Nadel.

2

Jetzt die Arbeit wieder wenden und auf der Vorderseite 11 Maschen rechts stricken. Den Vorgang noch einmal wiederholen und mit einer Rückreihe linke Maschen enden.

3

Die Arbeit wenden und auf der Rückseite der Arbeit mit der rechten Nadel den unter der 1. Masche liegenden Querfaden der ersten Biesen-Reihe erfassen und auf die linke Nadel hochziehen.

Jetzt die hochgezogene Masche und die folgende Masche der linken Nadel rechts zusammenstricken, es bleibt eine Masche übrig. Den Vorgang 4 und 5 solange wiederholen, bis die 11 Biesen-Maschen aufgebraucht sind.

Hier sehen Sie, wie die plastische Biese auf der Nadel liegt und gleich anschließend glatt links weitergestrickt wird.

Patentmuster:

Hier wird gezeigt, wie eine linke Masche mit einem Umschlag abgehoben wird. Dafür den Arbeitsfaden auf die rechte Nadel nehmen und die folgende Masche wie zum Linksstricken abheben.

Hier sehen Sie, wie eine rechte Masche und der darüber liegende Umschlag zusammengestrickt werden. Dafür mit der rechten Nadel in die Masche und den darüber liegenden Umschlag einstechen und beide rechts zusammenstricken.

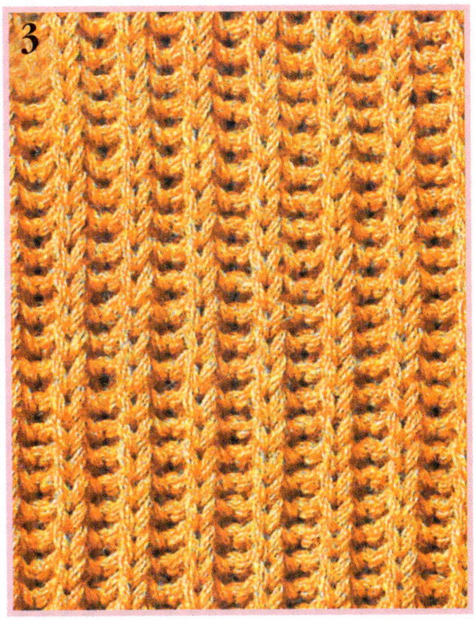

Das Maschenbild von dieser einfachen Art Patentmuster sehen Sie auf dieser Abbildung. Ein anders Patentmuster stellten wir Ihnen bereits auf Seite 38 vor.

Sticken auf Maschen

Bei der Kombination von Stricken und Sticken bieten sich eine ganze Reihe von Dekorationsmöglichkeiten. Für Details an Kindersachen, an Strickmodellen im Trachtenlook oder dem Romantikstil können dekorative Stickereien vielseitige Anwendung finden.

Der Maschengrund wird hier zur zählbaren Unterlage, auf die Stickstiche gearbeitet werden können. Unser Zählmuster mit Zeichenerklärung zeigt Ihnen an einem Beispiel, wie eine Vorlage für die Stickerei aussehen kann, die Sie dann in den folgenden Schritten in Wort und Bild näher erklärt finden. Sie können die verschiedenen Stickstiche in harmonischen Farbabstufungen oder kräftig bunt ausführen. Die Stiche lassen sich als Einzelmotiv oder als ganze Bordüre miteinander kombinieren.

Achten Sie auf sauberes Vernähen des Stickfadens auf der Rückseite der Strickerei. Führen Sie dunkle Stickfäden unter hellen Strickstücken nicht von einem Motiv zum nächsten, weil der Faden sonst durchscheint.

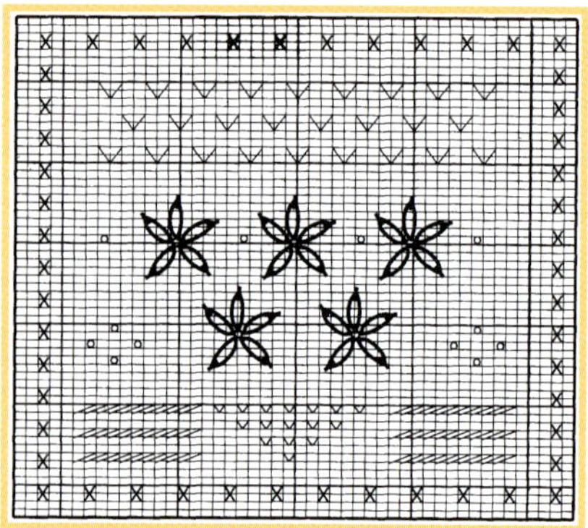

Zeichenerklärung zum Zählmuster

= Kreuzstiche in Mittelblau

= M-Stich über 2 M und 2 R in Hellblau

= M-Stich über 1 M und 1 R in Mittelblau

= Spannstiche in Hellblau

= Knötchenstich

= Margeritenstich

1 Kästchen = 1 M und 1 R

Beide Abbildungen zeigen den Maschenstich über 1 Masche und 1 Reihe.
Zuerst wie oben gezeigt in der Mitte unter dem Querfaden der Masche ausstechen und mit der Nadel den oberen Teil der Masche umfassen.

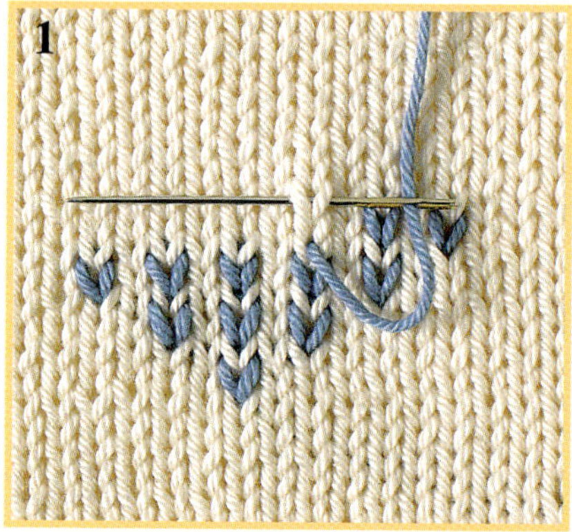

Dann in die Mitte der Masche einstechen und die Nadel zur nächsten Ausstichstelle führen.

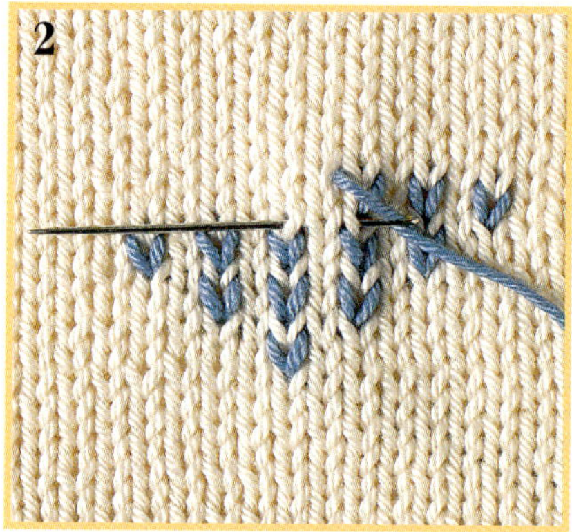

Beide Abbildungen zeigen den Maschenstich über 2 Maschen und 2 Reihen.
Zuerst unter dem Querfaden zwischen 2 Maschen ausstechen und mit der Nadel 2 Maschen 2 Reihen darüber umfassen.

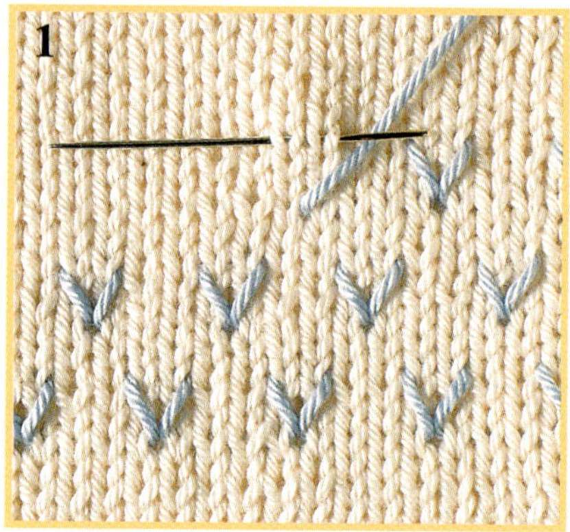

Dann in die Ausstichstelle zurückstechen und die Nadel zur nächsten Ausstichstelle nach 4 Maschen führen, den Abstand gibt das Zählmuster an.

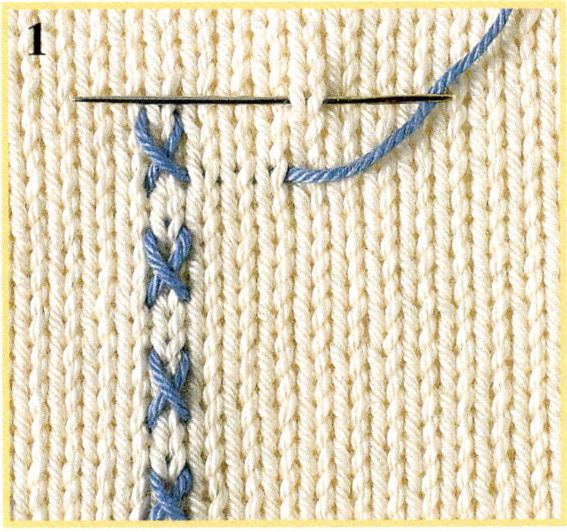

Beide Abbildungen zeigen den Kreuzstich über 1 Masche und 2 Reihen.
Dafür vor der Masche ausstechen und mit der Nadel 1 Masche 2 R darüber umfassen.

Beide Abbildungen zeigen Knötchenstiche.
Zuerst an vorgegebener Stelle ausstechen und den Faden mindestens 2-mal um die Nadel schlingen. Je öfter der Faden um die Nadel geschlungen wird, desto „dicker" wird der Knoten.

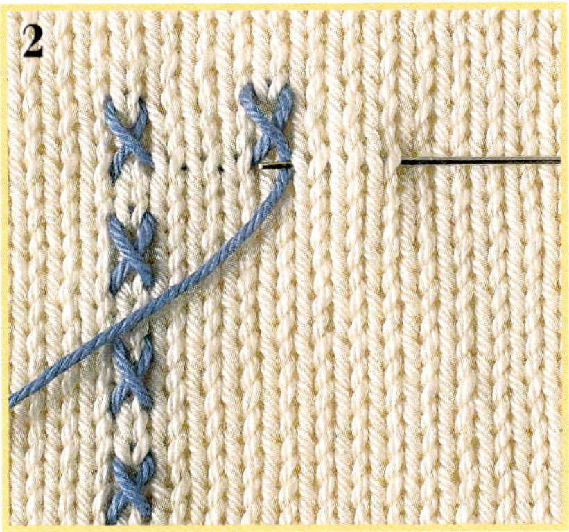

Dann nach der Masche in gleicher Höhe wie die Ausstichstelle einstechen und die Nadel zur neuen Ausstichstelle führen, Abstand siehe Zählmuster.

Dann die Schlingen auf der Nadel mit dem Daumen festhalten und Nadel durchziehen. Dicht neben der Ausstichstelle einstechen.

Beide Abbildungen zeigen Spannstiche über 2 Maschen und 1 Reihe.
Zuerst vor dem Maschenpaar ausstechen und nach der 2. Masche 1 Reihe höher wieder einstechen.

Beide Abbildungen zeigen den Margeritenstich.
Zuerst in die Blütenmitte einstechen und nach vorgegebenem Abstand (siehe Zählmuster) ausstechen, Faden zur Schlinge um die Spitze legen (beim ersten Blatt zuerst in der Blütenmitte ausstechen).

Da die Spannstiche schräg verlaufen sollen, liegt die neue Ausstichstelle zwischen dem vorherigen Maschenpaar.

Dann ausstechen, kurz nach der Schlinge einstechen und in der Blütenmitte wieder ausstechen. Nach dem letzten Blatt den Faden vernähen oder die nächste Blüte beginnen.

Stickmotive übertragen und Sticken

Hier bietet sich eine fast unerschöpfliche Vielfalt an möglichen Motiven und Details, die mit wenigen Hilfsmitteln auf das bereits gestrickte Teil übertragen werden können. Gerade im Bereich Folklore und Trachten sowie Mode im Landhaus- oder Romantikstil wird diese Technik immer wieder eingesetzt, so können ganze Landschaften oder Blumenwiesen, Häuser und Tiere entstehen.

Tipp

Stramin z. B. ist ein Zählstoff als Stickhilfe. Er ermöglicht das Übertragen der Motive und verhindert ein Verziehen des Strickstückes während der Stickerei. Ist die Stickarbeit beendet, lassen sich die Fäden des Zählstoffes entfernen. Das geht einfacher, wenn Sie ihn etwas anfeuchten. Da der Zählstoff fadengerade gewebt ist, können Sie ihn auch für Kreuzstich-Stickerei verwenden, wenn Sie nicht direkt auf den Maschengrund sticken wollen.

Das Motiv mit einem Filzstift auf Papier übertragen (Papier auflegen, Konturen nachzeichnen). Nun kleine Stücke eines Zählstoffes (Stramin) auf die Motive legen und mit dem Aqua Trickmarker (z. B. von Prym, kann mit Wasser entfernt werden) nachziehen. Kleinere Motivgruppen auf ein Stück übertragen (siehe Haus und Baum).

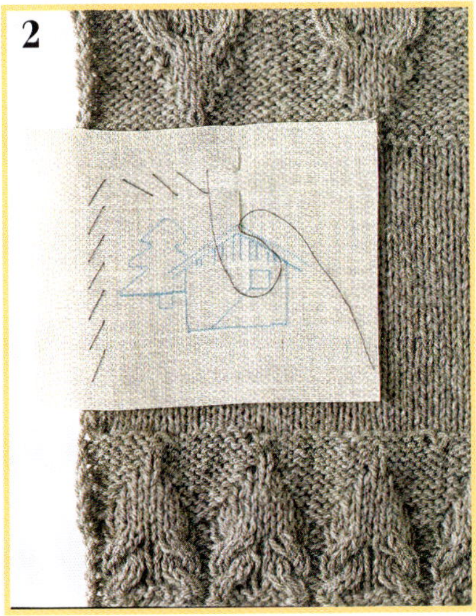

Die Motive auf der Glatt-rechts-Fläche der Vorderteile mit Näh- oder Heftgarn fixieren. Das wird durch Heften bzw. Pikieren erreicht, so kann sich der Stoff beim Sticken nicht verschieben.

Nun die Flächen mit den angegebenen Farben oder nach eigener Vorstellung mit Plattstichen ausfüllen. Bei größeren Flächen, wie bei der Hausfront, empfiehlt es sich, die Plattstiche versetzt zu arbeiten. Beim Tannenbaum wird einfach die Stickrichtung geändert.

Linien werden im Stielstich gearbeitet. Achten Sie unbedingt bei allen Sticktechniken darauf, dass durch Stoff und Gestrick gestochen wird. Beim Zählstoff stets durch die Gewebelöcher und nicht in die Fäden stechen, sonst gibt es beim Entfernen Probleme.

Ist das Motiv fertig gestickt, werden die Heftfäden entfernt. Nun die Längs- und Querfäden der Stickhilfe herausziehen (eventuell mit Hilfe einer Pinzette). Je lockerer das Gewebe ist, desto besser lassen sich die Fäden ausziehen.

Das Motiv ist nun mustergemäß auf dem Gestrick. Es ist größtenteils sinnvoller, einzelne kleine Motive zu übertragen, da so die Anordnung nach der Schemazeichnung individuell gestaltet werden kann und das Sticken und Ausziehen der Fäden einfacher ist.

Fransen und Quasten

Die Grundtechniken dafür sind immer dieselben. Es werden Fäden verknüpft oder abgebunden. Was am Ende daraus entsteht, bleibt ganz allein dem „Künstler" überlassen. Im Folgenden sind Schritt für Schritt einige Anregungen gezeigt.

Die untere Abbildung zeigt Ihnen eine Quaste aus schwarzem Glanzgarn mit hellen Perlen verziert. Für eine kleine Tasche ist das der richtige Schmuck. Wie es gemacht wird, sehen Sie auf den letzten vier Abbildungen dieser Seiten. Außerdem finden Sie noch Fransen, fröhlich bunt oder klassisch, festlich, ganz wie Sie es wünschen.

Bunte Fransen:
Für eine Franse die angegebene Länge und Anzahl der Fäden zuschneiden (fertige Länge mal 2 plus Zugabe für die Verknüpfung). Die Fäden zur Hälfte legen, mit der Häkelnadel in den Rand einstechen und Fäden zur Schlaufe durchziehen.

1

Mit der Häkelnadel alle Fäden erfassen und diese durch die Schlaufe ziehen.

2

Die fertigen Fransen auf eine Länge zurechtschneiden. Fransen sind z. B. ein beliebter und sehr dekorativer Abschluss für die geraden Ränder eines Schals.

3

Fransen im Häkelrand:
Für diese Fransen den zu beknüpfenden Rand zunächst mit Krebsmaschen (feste Maschen rückwärts) behäkeln. Für eine Franse 4 Fäden, je 25 cm lang, zuschneiden (fertige Länge ca. 10 cm), die Fäden zur Hälfte legen. Mit der Häkelnadel durch die Krebs-Maschen-Reihe stechen und die Fäden zur Schlaufe durchziehen.

Das Fadenbündel ca. 2 cm unterhalb des oberen Knotens abbinden = mehrfach umwickeln. Den unteren Rand begradigen = Fäden auf eine Länge zurückschneiden.

Mit der Häkelnadel alle Fäden erfassen und diese durch die Schlaufe ziehen. Fransen zum Schluss auf eine Länge schneiden. Zur Verzierung Perlen in verschiedenen Ausführungen auffädeln und am Rand festnähen.

Die Abbindung kann auch durch eine Perlenkette aus kleinen Holzperlen verdeckt werden. Die Abbildung zeigt auch, wie die Quaste durch Perlenschnüre, Ton in Ton oder bunt, verziert werden kann.

Quasten herstellen:
Dafür ein Rechteck aus Pappe (Größe entspricht ungefähr der Länge der Quaste) zuschneiden und mit Garn umwickeln (je mehr gewickelt wird, desto dicker wird die Quaste). Danach den oberen Teil mit einem extra Faden (je nach Garnstärke mit 2-fachem Faden) verknoten.
Dann den unteren Teil an der Kante aufschneiden.

Sehr dekorativ kann man Quasten mit großen Perlen bzw. Kugeln dekorieren. Die fertige Quaste wird einfach durch die Perle mit entsprechend großer Öffnung gezogen.

Bunte Quasten und Pompons

Wie Quasten gebunden werden, haben wir Ihnen auf Seite 67 schon gezeigt. Hier kommen noch ein paar phantasievolle und bunte Varianten.

Natürlich dürfen auch die kullerrunden, bunten Pompons nicht fehlen. So groß oder klein, wie Sie es wünschen, sind sie für die heißgeliebten „Bommelmützen" unverzichtbar.

Probieren Sie ruhig auch die Wirkung an Schals, wie die untere Abbildung zeigt, oder an Pullis aus.

Bei **Quasten** kann auch ein Garn-Zopf, der vorher geflochten wurde, als schmückendes Element sehr gut aussehen.

1

Hier wurden Kordeln, die zunächst angefertigt werden müssen, über das Rechteck gewickelt und mit einem Zopf abgebunden.

2

Zunächst eine einfache Quaste anfertigen, diese 4-mal oder in einer gewünschten Anzahl bündeln. In jedem Bündel eine kleine Quaste befestigen. Die Bündel zusätzlich mit Garn umwickeln.

3

1

Für die Anfertigung von Pompons benötigt man Hilfsmittel. Bestens geeignet ist dafür ein Pompon-Set (von PRYM, dieses Set beinhaltet Schablonen, mit denen Pompons von 3,0; 4,5;
5,5 und 9 cm Durchmesser hergestellt werden können). Für einen Pompon sind 4 Teile nötig.

2

Je 2 Teile aneinanderfügen, je eines mit einfacher, eines mit doppelter Lasche. Dann die Teile mit dem Garn locker umwickeln. Je dichter die Umwicklung ist, desto schöner wird anschließend der Pompon.

3

Nun die beiden Teile miteinander verbinden, dafür die einfachen Laschen in die doppelten stecken.

4

Jetzt mit einer Schere zwischen den beiden Plastik-Ringen die Umwicklungen durchschneiden.

5

Mit einem doppelten Faden zwischen den Plastikringen den Pompon fest abbinden und die Fäden verknoten. Mit diesen Fäden kann der Pompon später an die Mütze genäht werden.

6

Die Plastikteile entfernen und den Pompon „in Form“ schneiden.

Socken stricken

Socken oder Strümpfe werden immer nach den gleichen Regeln gestrickt, deshalb ist es nur eine Frage der Zeit bzw. der Übung, bis Sie mühelos die tollsten Modelle nacharbeiten können. Wer einmal in den Genuss von selbstgestrickten Socken gekommen ist, der will sie nie mehr missen! Die Wolle ist meist so ausgerüstet, dass die Socken problemlos in der Waschmaschine gewaschen werden können.

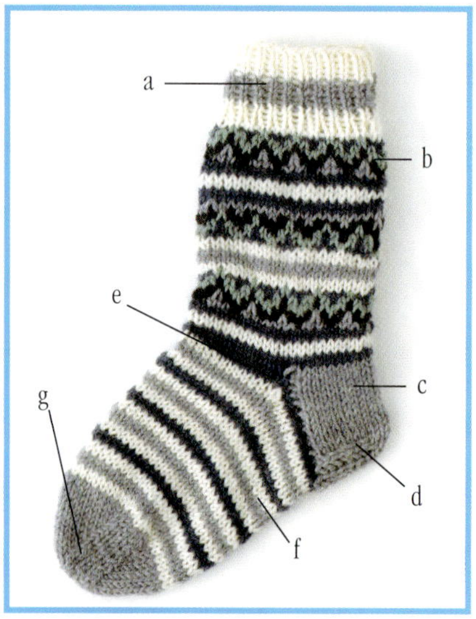

a = Bund
b = Schaft
c = Fersenwand
d = Fersenkäppchen
e = Zwickel
f = Fuß
g = Bandspitze

Die angegebene Maschenzahl anschlagen und auf das Nadelspiel verteilen. Das Bündchen und den Schaft wie angegeben stricken. Die Fersenwand über die Maschen der 1. und 4. Nadel glatt rechts in Reihen hochstricken (an unserem Beispiel 22 Maschen), dafür die Maschen auf eine Nadel nehmen, die Maschen der 2. und 3. Nadel unbearbeitet liegen lassen.

1

Die Maschen der 2. und 3. Nadel auf eine Nadel nehmen. Für das Käppchen die Maschen der Fersenwand auf 3 Nadeln verteilen, in diesem Fall auf die 1. und 3. Käppchen-Nadel je 8 Maschen, auf die mittlere Nadel 6 Maschen.

2

Die Maschen der 1. Nadel und 5 Maschen der mittleren Nadel stricken, dann die 6. Masche mit der folgenden Masche der 3. Nadel rechts verschränkt zusammenstricken.

3

4

Arbeit wenden, die 1. Masche der mittleren Nadel wie zum Linksstricken abheben, die folgenden 4 Maschen links stricken, dann die 6. Masche mit der 1. Masche der 1. Nadel links zusammenstricken.

5

Arbeit wenden, die erste Masche der mittleren Nadel wie zum Rechtsstricken abheben, dann 4 Maschen rechts stricken und wieder die 6. Masche mit der folgenden Masche der 3. Nadel zusammenstricken. Den Vorgang 3 und 4 solange wiederholen, bis nur noch die 6 Maschen der mittleren Nadel übrig sind, das Käppchen ist beendet.

6

Jetzt geht es wieder in Runden weiter, Rundenbeginn ist die Käppchenmitte. Aus den seitlichen Rändern der Fersenwand zu der ersten Nadel die angegebene Maschenzahl auffassen, die folgenden Maschen wieder auf 2 Nadeln verteilen, aus dem anderen Rand ebenfalls Maschen auffassen und restliche Maschen des Käppchens hinzufügen = 4. Nadel.

7

Für den Zwickel in jeder 2. Runde die letzten beiden Maschen der 1. Nadel rechts zusammenstricken, die ersten beiden Maschen der 4. Nadel rechts überzogen zusammenstricken. Diese Abnahmen solange wiederholen, bis die angegebene oder ursprüngliche Maschenzahl erreicht ist.

8

Ab der angegebenen Höhe die Bandspitze beginnen, dafür zunächst in jeder 2. Runde die zweit- und drittletzte Masche der 1. und 3. Nadel rechts sowie die zweite und dritte Masche der 2. und 4. Nadel rechts überzogen zusammenstricken. Ist nur noch die Hälfte der Maschen vorhanden, die Abnahmen in jeder Runde arbeiten, bis nur noch je 2 Maschen pro Nadel übrig sind.

9

Die restlichen Maschen auf eine Nähnadel nehmen und mit dem Arbeitsfaden zusammenziehen. Den Faden auf der Innenseite vernähen.

Fäustlinge stricken

Auch in der kalten Jahreszeit wollen wir Spaß im Freien haben! Dabei ist das richtige Outfit maßgebend und Handschuhe, aus Wolle selbstgestrickt, gehören unbedingt dazu. Sie werden in Runden mit einem Nadelspiel gearbeitet und können auch reichlich verziert werden. Sehr dekorativ sind Struktur- oder Zopfmuster auf dem Handrücken. Auch Norwegermuster oder aufgestickte Motive sind sehr beliebt.

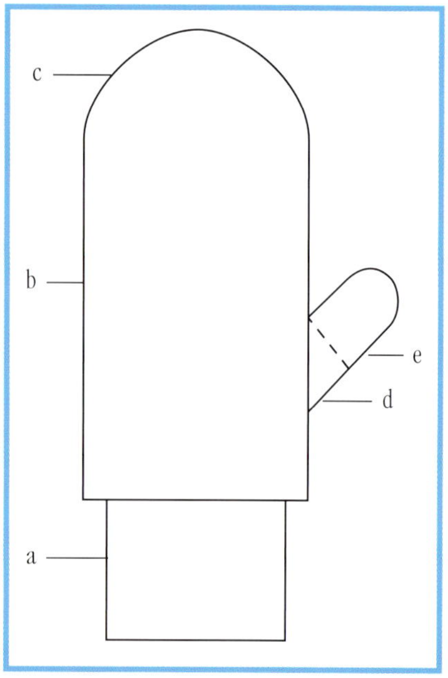

a = Bündchen
b = Handfläche
c = Spitze
d = Daumensteg
e = Daumen

Zunächst wie angegeben ein Bündchen im Rippenmuster stricken, dann glatt rechts weiterstricken. Nach 2 Runden den Daumen beginnen, dafür nach der 1. Masche der 1. Nadel 1 Masche rechts verschränkt aus dem Querfaden herausstricken: Die herausgestrickte Masche wird als Daumen-Masche bezeichnet.

2 Runden glatt rechts darüber stricken, dann in der 3. Runde beidseitig der Daumen-Masche jeweils 1 Masche rechts verschränkt aus dem Querfaden herausstricken (den Querfaden als Masche auf die linke Nadel nehmen, mit der rechten Nadel das hintere Maschenglied erfassen und Faden durchholen). In unserem Beispiel beidseitig der Daumen-Masche auf diese Weise je 4 Maschen zunehmen.

Anschließend die 1. Masche der 1. Nadel rechts stricken, die 9 Daumen-Maschen auf einer Sicherheitsnadel stilllegen und dafür einen Daumensteg (= Ersatz für die stillgelegten Maschen) bilden = 4 Maschen neu anschlagen. In Runden glatt rechts über alle Maschen weiterstricken.

Ab der 2. Runde nach dem Zwischenanschlag müssen die Steg-Maschen wieder abgenommen werden, dafür 2 Maschen (die 1. und 2. Masche) des Stegs rechts zusammenstricken. Diesen Vorgang noch 3-mal in jeder 2. Runde wiederholen, damit sind die Steg-Maschen abgenommen und es ist die gleiche Maschenanzahl wie nach dem Bündchen vorhanden.

Für den Daumen aus dem Daumensteg 5 Maschen auffassen und die stillgelegten Maschen von der Sicherheitsnadel hinzufügen = 14 Maschen, die Maschen auf 3 oder 4 Nadeln verteilen und in Runden glatt rechts hoch stricken.

In Runden gerade hoch stricken und je nach gewünschter Handflächengröße mit der Spitze beginnen: bei der 1. und 3. Nadel die 2. und 3. Masche rechts verschränkt zusammenstricken.

Für die Daumenspitze werden in benötigter Höhe bei 4 Nadeln 2-mal jeweils die ersten beiden Maschen jeder Nadel rechts zusammengestrickt, bei 3 Nadeln 2-mal jede 3. und 4. Masche sowie 2-mal jede 1. und 2. Masche jeder Nadel rechts zusammengestrickt, bis noch 5 Maschen auf den Nadeln sind.

Bei der 2. und 4. Nadel für die Spitze die zweit- und drittletzte Masche rechts zusammenstricken. Schritt 5 und 6 so oft wiederholen, bis nur noch je 2 Maschen pro Nadel übrig sind. Die restlichen 8 Maschen mit dem Faden und einer Sticknadel ohne Spitze zusammenziehen (siehe auch Daumen).

Die restlichen je 5 Maschen mit dem Faden zusammenziehen, dafür mit einer Sticknadel ohne Spitze die Maschen nacheinander aufnehmen und den Faden anziehen. Faden auf der Innenseite vernähen.

Top, Kurzpulli und Kinderpullover

Größe: 36/38 (40/42) 44/46

Material:

- für das Top 100 g blau (Fb 23), je 50 g weiß (Fb 5) und rot (Fb 9), für den Pulli 250 (300) 350 g blau (Fb 23) „Leggero" (100 % Microfaser, LL = 160 m/50 g) von Lana Grossa
- Je 1 Paar Schnellstrick-N Nr 3,5 und 4
- Je 1 Rundstrick-N Nr 3,5 und 4
- Häkel-N Nr 3,5

Kr re mit N Nr 3,5 in R: Hin- und Rückr re M;
in Rd: abw je 1 Rd li und re M.
Gl re mit N Nr 4: Hinr re M, Rückr li M.
Gl li mit N Nr 4: Hinr li M, Rückr re M.
Streifenfolge: 2 R Marine, * je 4 R Rot, Marine, Weiß, Marine, ab * stets wdh.
Maschenprobe: 16 M und 30 R mit Nd Nr 4 = 10 x 10 cm.

Top

Rückenteil: 73 (79) 85 M in Blau anschl und für die Blende 1 cm kr re arb. Danach gl re in der Streifenfolge weiterarb. Für die Seitenschrägungen nach 8 cm = 24 R ab Blende beids je 1 M abn, dies noch 2 x in jeder 10. R wdh = 67 (73) 79 M. Nach 18 cm = 54 R ab Blende wieder beids 3 x in jeder 10. R je 1 M zun = 73 (79) 85 M. Für die Armausschnitte nach 32 cm = 96 R ab Blende beids in jeder 2. R 1 x 3 M, 1 (2) 2 x je 2 M, 4 x je 1 M und in jeder 4. R 3 x je 1 M abk = 49 (51) 57 M. Für den Halsausschnitt nach 43 cm = 130 R (45 cm = 136 R) 47 cm = 142 R ab Blende die mittl 15 (17) 19 M abk und beide Seiten getrennt beenden. Für die Rundung am inneren Rand in jeder 2. R 1 x 3, 1 x 2, 2 x je 1 M und in jeder 4. R 2 x je 1 M abk. Die restl je 8 (8) 10 Schulter-M nach 51 cm = 154 R (53 cm = 160 R) 55 cm = 166 R ab Blende abk.

Vorderteil: Genauso, jedoch mit tieferem Halsausschnitt arb. Dafür bereits nach 40 cm = 120 R (42 cm = 126 R) 44 cm = 132 R ab Blende die mittl 11 (13) 15 M abk und in jeder 2. R 1 x 3, 1 x 2, 3 x je 1 M und in jeder 4. R 3 x je 1 M abk.

Fertigstellung: Seiten- und Schulternähte schließen. Aus dem Halsausschnittrand mit der Rundstrick-N in Blau 102 (108) 114 M auffassen und 1 cm kr re str, dann alle M abk. Aus den Armausschnitträndern mit der Rundstrick-N in Blau je 84 (92) 98 M auffassen und 1 cm kr re str, dann alle M abk.

Pulli

Achtung! Der Pulli wird in einem Stück von Ärmel zu Ärmel gestr. Pfeil im Schnitt = Strickrichtung.

Ausführung: Am li Ärmel beginnend 42 (46) 46 M anschl und für die Blende 1 cm kr re arb. Danach gl li weiterstr. Für die Ärmelschrägungen nach 19 cm = 56 R ab Blende beids je 1 M zun, diese Zunahmen noch 6 x in jeder 6. R, 6 x in jeder 4. R und 4 x in jeder 2. R wdh. Anschließend noch beids in jeder 2. R 1 x 2, 1 x 3, 1 x 4 (5) 6 und 1 x 6 (6) 8 M dazu anschl. Damit sind nach 45 cm = 134 R ab Blende 106 (112) 118 M vorhanden. Gerade weiterarb. Für den Halsausschnitt nach 61 cm = 182 R (63 cm = 188 R) 65 cm = 194 R ab Blende die Arbeit in der Mitte teilen. Die letzten 53 (56) 59 M stilllegen und zuerst über der re Hälfte das Rückenteil weiterarb, dabei für die Halsrundung am inneren Rand in jeder 2. R 1 x 2 und 1 x 1 M abk = 50 (53) 56 M. Nach 70 cm = 210 R (72 cm = 216 R) 74 cm = 222 R ab Blende ist die rückwärtige Mitte erreicht. Nun über der li Hälfte das Vorderteil weiterarb, dabei für die Halsrundung am inneren Rand in jeder 2. R 1 x 4, 1 x 3, 1 x 2, 2 x je 1 M abk = 42 (45) 48 M. Nach Erreichen der vord Mitte die 2. Hälften ggl beenden, d. h. Abnahmen werden zu Zunahmen und umgekehrt. Nach 140 cm = 420 R (144 cm = 432 R) 148 cm = 444 R ab Blende über den restl 42 (46) 46 M noch 1 cm kr re arb, danach alle M abk.

Fertigstellung: Seiten- und Ärmelnähte schließen. Aus dem Halsausschnittrand mit der Rundstrick-N M auffassen wie folgt: Ca. 2 cm vor der vord Mitte beginnen und für den Übertritt bis zur vord Mitte 3 M auffassen, dann aus dem restl Halsausschnittrand 80 M auffassen und für den Untertritt 3 M dazu anschl = 86 M. In offener Arbeit gl li str. Nach 24 cm = 72 R Kapuzenhöhe für die Kopfform wie folgt weiterarb: Die mittl 18 M markieren. In der folg Hinr bis 1 M vor der 1. markierten M str, diese M mit der markierten M li zusstr, 16 M li str, dann die 2. markierte M mit der folg M li verschr zusstr und die R beenden. In der folg Rückr bis 1 M vor der 1. markierten M str, diese M mit der markierten M re verschr zusstr, 16 M re, dann die 2. markierte M mit der folg M re zusstr und die R beenden. Diese Abnahmen noch 4 x in jeder folg R wdh = 6 abgenommene

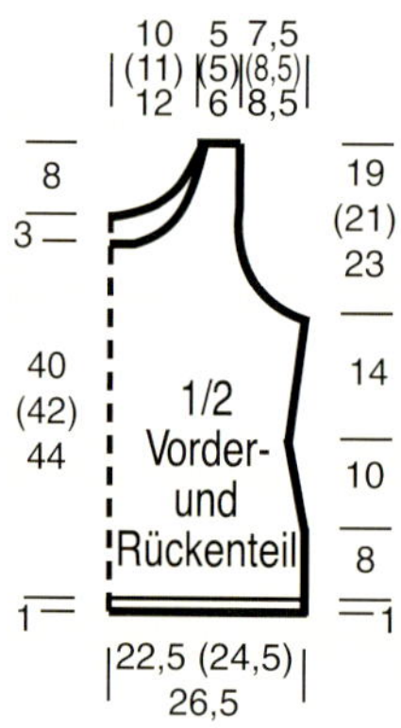

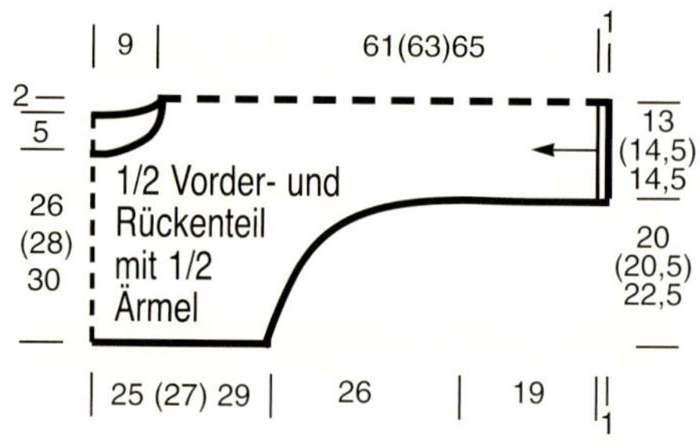

M pro Seite. Danach die äußeren je 28 M auf je 1 Hilfs-N legen und wie folgt weiterarb: * In der Hinr li M str bis zur letzten M der mittl 18 M, dann diese M mit der 1. M der Hilfs-N li zusstr, die Arbeit wenden, in der Rückr 1 M li abh, re M str bis zur letzten M der mittl 18 M, dann diese M mit der 1. M der Hilfs-N re zusstr, wenden, 1 M li abh, ab * stets wdh, bis alle seitl M aufgebraucht sind, dann die restl 18 M abk. Den Untertritt befestigen. Kapuzenrand und unteren Pullirand mit je 1 Rd fe M umhäkeln, dabei den unteren Pullirand leicht einhalten.

Kinderpullover

Größe: 110/116 (122/128) 134/140

Material:

- 200 (250) 300 g blau (Fb 23), je 50 g weiß (Fb 5) und rot (Fb 9) „Leggero" (100 % Microfaser, LL = 160 m/50 g) von Lana Grossa
- Je 1 Paar Schnellstrick-N Nr 3,5 und 4
- Rundstrick-N Nr 3,5

Gl re in R: Hinr re M, Rückr li M;
in Rd: stets re M str.
Streifenfolge 1 in gl re: 52 (58) 64 R Blau, 4 R Weiß, 4 R Blau, 24 R Rot, 4 R Blau, 4 R Weiß, dann in Blau enden.
Streifenfolge 2 in gl re: 4 R Blau, 4 R Weiß, 4 R Rot, dann in Blau enden.
Maschenprobe: 16 M und 30 R mit Nd Nr 4 = 10 x 10 cm.

Rückenteil: Mit N Nr 3,5 in Blau 63 (69) 76 M anschl und für die Rollblende 3 cm gl re str. Anschließend mit Nd Nr 4 in der Streifenfolge 1 weiterarb. Nach 39 cm = 118 R (42 cm = 126 R) 45 cm = 136 R ab Rollblende alle M abk. Die äußeren je 18 (21) 23 M bilden die Schultern, die mittl 27 (27) 30 M den Halsrand.

Vorderteil: Genauso, jedoch mit Halsausschnitt arb. Dafür nach 34 cm = 102 R (37 cm = 110 R) 40 cm = 120 R ab Rollblende die mittl 11 (11) 14 M abk und beide Seiten getrennt beenden. Für die Rundung am inneren Rand in jeder 2. R 1 x 3, 1 x 2 und 3 x je 1 M abk.

Ärmel: Mit N Nr 3,5 in Blau 34 (37) 37 M anschl und für die Rollblende 3 cm gl re str. Anschließend mit Nd Nr 4 in der Streifenfolge 2 weiterarb. Gleichzeitig für die Ärmelschrägungen ab Rollblende beids 9 (11) 12 x in jeder 8. R und 2 (0) 0 x in jeder 6. R je 1 M farbgemäß zun = 56 (59) 61 M. Nach 30 cm = 90 R (32 cm = 96 R) 34 cm = 102 R ab Rollblende alle M abk.

Fertigstellung: Schulternähte schließen. Für die Halsausschnittblende mit der Rundstrick-N in Blau 64 (64) 70 M auffassen und 3 cm gl re str. Danach alle M locker abk. Ärmel einsetzen, Seiten- und Ärmelnähte schließen.

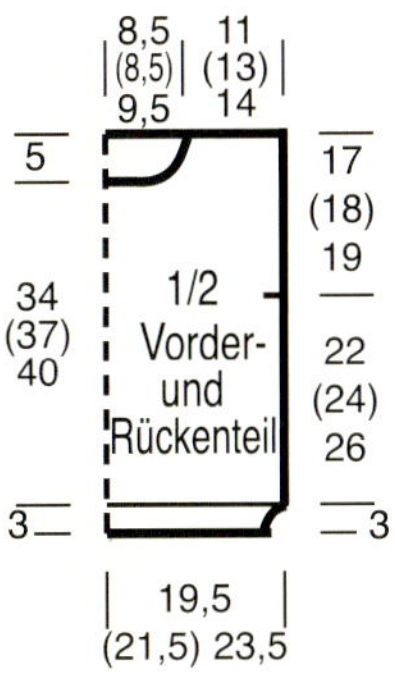

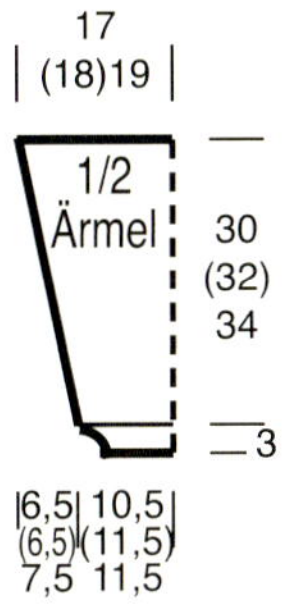

Raglanpulli in Oliv oder Wollweiß

Farbvariante

Größe: 36/38, 40/42, 44/46

Die abweichenden Angaben der größeren Größe stehen in Klammern bzw. hinter den Schrägstrichen.

Material:
- Dickeres Baumwoll-Mikrofaser-Mischgarn (LL ca. 80 m /50 g): 700 (750) 800 g oliv
- Stricknadeln 7 und 8
- Eine kurze Rundstrick-N 7

Bundmuster mit N 7: 3 M re, 3 M li im Wechsel.
Strukturmuster mit N 8: Laut Strickschrift arb. Es sind nur die Hin-R gezeichnet, in den Rück-R die M stricken, wie sie erscheinen.
Abnahmen am re Rand: Rand-M, 1 M re, 1 M re abh, 1 M re, die abgehobene M überziehen.
Abnahmen am li Rand: 2 M re zusstr, 1 M re, Rand-M.
Maschenprobe: Im Strukturmuster sind 12,5 M und 20 R = 10 x 10 cm.

Rückenteil: 64 (68/74) M anschl und 4 cm Bundmuster str. In der letzten R verteilt 2 (0/0) M zun. Weiter zwischen den Rand-M im Strukturmuster ab Pfeil A (B/C) str. 32 cm ab Bund beids für die Raglanschrägungen 1 x 1 (2/3) M abk und in jeder 2. R 22 (23/24) x 1 M abn, dabei die Abnahmen am re und li Rand wie beschrieben arb. 20 (21/22) cm ab Beginn der Raglanschräge für den Halsausschnitt die mittl 14 (12/14) M abk und über beide Seiten getrennt zu Ende str. Dabei in der 2. R am Halsausschnittrand 1 x 3 M abk. 22 (23/24) cm ab Beginn der Raglanschrägung sind alle M abgenommen.

Vorderteil: Wie Rückenteil, jedoch mit tieferem Halsausschnitt. Dafür 49 (50/51) cm ab Bund die mittleren 8 (6/8) M abk und über beide Seiten getrennt zu Ende str. Dabei in jeder 2. R am Halsausschnittrand 2 x 2 und 2 x 1 M abnehmen. 5 cm ab Halsausschnittbeginn sind alle M abgenommen.

Ärmel: Je 29 M anschl und 3 cm Bundmuster str. In der letzten R 1 M abn. Weiter zwischen den Rand-M im Strukturmuster str. Für die Ärmelschrägung beids in jeder 6. R 13 x 1 (abw in jeder 6.+ 4. R 15 x 1/abw in jeder 6.+4. R 15 x 1) M mustergemäß zunehmen. 40 cm ab Bund für die Armausschnitte und Raglanschrägungen beids wie beim Rücken M abn. 22 (23/24) cm ab Beginn der Raglanschrägungen die restlichen M gerade abk.

Fertigstellung: Die Pulloverteile leicht anfeuchten und laut der im Schnitt stehenden Maße spannen und trocknen lassen. Die Raglan-, Seiten- und Ärmelnähte schließen. Aus dem Halsausschnitt mit der Rund-N 60 (60/66) M aufnehmen und 5 cm im Bundmuster str. Die M abk. Zum Schluss alle Nähte leicht ausdämpfen.

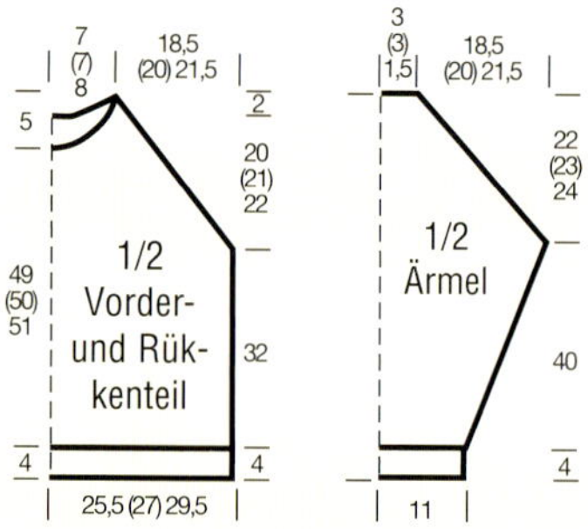

Strukturmuster über 8 M

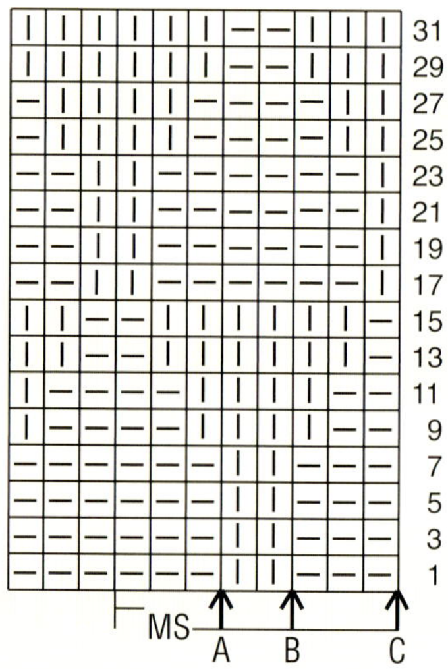

Zeichenerklärung

| = *1M re* – = *1M li*

Farbvariante

Größe: 36/38, 40/42, 44/46

Die abweichenden Angaben der größeren Größe stehen in Klammern bzw. hinter den Schrägstrichen.

Material:
- 600 (650/700) g wollweiß (Fb 05) „Bingo" (100% Schurwolle, LL = 80 m/50 g) von Lana Grossa
- Stricknadeln 4,5 und 5,5
- eine kurze Rundstrick-N Nr 4,5

Achtung! Musterbeschreibung und Schnitt siehe olivfarbenes Modell.
Maschenprobe: Im Strukturmuster 17 M und 25 R = 10 x 10 cm.

Rückenteil: 86 (92/98) M anschl und 4 cm Bundmuster str. In der letzten R verteilt 2 (0/0) M zun. Weiter zwischen den Rand-M im Strukturmuster ab Pfeil A (B/C) str. 32 cm ab Bund für die Raglanschrägungen 1 x 2 (2/3) M abk und in jeder 2 R 28 (30/32)x 1 M abn, dabei die Abnahmen am re und li Rand wie beschrieben arb. 20 (21/22) cm ab Beginn der Raglanschräge für den Halsausschnitt die mittl 20 (20/20) M abk und über beide Seiten getrennt zu Ende str. Dabei in jeder 2. R am Halsausschnittrand 2 x 2 M abk. 22 (23/ 24) cm ab Beginn der Raglanschrägung sind alle M abgenommen.

Vorderteil: Wie Rückenteil, jedoch mit tieferem Halsausschnitt. Dafür 49 (50/ 51) cm ab Bund die mittleren 14 (14/ 14) M abk und über beide Seiten getrennt zu Ende str. Dabei in jeder 2. R am Halsausschnittrand 2 x 2 und 3 x 1 M abnehmen. 5 cm ab Halsausschnittbeginn sind alle M abgenommen.

Ärmel: Je 38 M anschl und 4 cm im Bundmuster str. Weiter zwischen den Rand-M im Strukturmuster ab Pfeil A str. Für die Ärmelschrägung beids in jeder 6. R 16 x 1 (abw in jeder 6.+ 4. R 20 x 1/ abw in jeder 6.+ 4. R 20 x 1) M mustergemäß zunehmen. 44 cm ab Anschlag für die Armausschnitte und Raglanschrägungen beids wie beim Rücken M abn. 22 (23/ 24) cm ab Beginn der Raglanschrägungen die restlichen M gerade abk.

Fertigstellung: siehe olivfarbenes Modell.

Cremefarbener Kurzarm-Pulli

Größe: 36/38, 46/48

Die abweichenden Angaben der größeren Größe stehen in Klammern.

Material:
- 500 (600) g creme (Fb 36) „Elastico" (96% Baumwolle, 4% Polyester, LL = 160 m/50 g) von Lana Grossa
- Stricknadeln 3,5
- Eine kurze Rundstrick-N Nr 3

Glatt rechts: Hin-R re M, Rück-R li M.
Glatt links: Hin-R li M, Rück-R re M.
Bundmuster mit N 3: 2 M glatt re, 2 M glatt li im Wechsel.
Lochmuster über 25 M mit N 3,5:
Laut Strickschrift str. Es sind die Hin-R gezeichnet. In den Rück-R die M str, wie sie erscheinen, dabei die verschr M li verschr und die Umschläge li str. Mit den M vor dem MS beginnen und den MS wdh. 1x die 1.–18. R str, die 19.–42. R stets wiederholen.
Maschenprobe: Im Lochmuster sind 23,5 M und 30 R = 10 x 10 cm.

Rückenteil: 131 (156) M anschl. Zwischen den Rand-M im Lochmuster str. 43 (41) cm ab Anschlag für die Armausschnitte in jeder 2. R beids 0 (1) x 8, 1 x 5, 1 x 4, 1 x 3 und 1 (2) x 2 M abn. Für die Größe 36/38 zu Beginn der R anstelle des doppelten Überzuges 2 M re zusstr und am Ende der R 1 Überzug str. 18 (20) cm ab Beginn der Armausschnitte für den Halsausschnitt die mittleren 31 (32) M abk und über beide Schultern getrennt zu Ende str. Dabei in der 2. R am Halsausschnittrand 1x 6 M abk. Die restlichen 30 (32) Schulter-M bei einer Halsausschnitthöhe von 2 cm gerade abk.

Vorderteil: Wie Rückenteil, jedoch mit tieferem Ausschnitt. Dafür 12 (14) cm ab Beginn der Armausschnitte die mittleren 15 (16) M abk und über beide Schultern getrennt weiterstr. Dabei in jeder 2. R am Ausschnittrand 1 x 3, 4 x 2 und 3 x 1 M abnehmen. 8 cm ab Ausschnittbeginn die restlichen 30 (32) Schulter-M gerade abk.

Ärmel: Dafür je 95 (105) M anschl. Zwischen den Rand-M im Lochmuster bei A (B) beginnend str. Stets nur so viele Umschläge arbeiten, wie Abnahmen gestrickt werden. Für die Ärmelschrägung in jeder 4. R beids 7 (9) x 1 M mustergemäß zunehmen. 10 (12) cm ab Anschlag für die Armkugel in jeder 2. R beids 1 x 7, 1 x 6, 1 x 5, 2 (3) x 3, 6 (8) x 2, 2 x 3, 1 x 4 und 1 x 5 M abn. 10 (12) cm ab Beginn der Armkugel die restlichen M gerade abk.

Fertigstellung: Die Pulloverteile leicht anfeuchten und laut der im Schnitt stehenden Maße spannen und trocknen lassen. Die Schulter- und Seitennähte schließen. Aus dem Halsausschnitt mit der Rund-N 92 M aufn und 3 cm im Bundmuster str. Die M abk. Die Armkugeln einhalten. Die Ärmel einnähen. Zum Schluss alle Nähte leicht ausdämpfen.

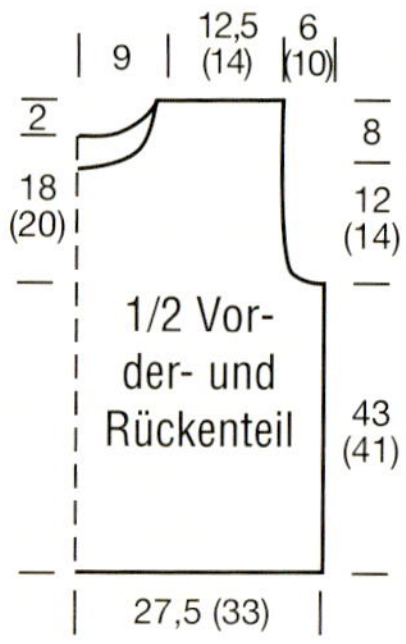

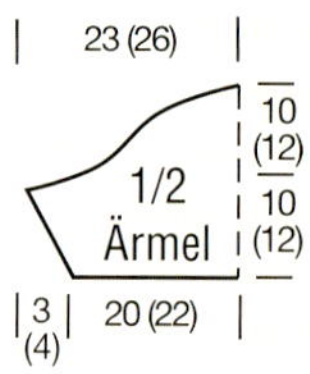

Zeichenerklärung

- | = *1 M re*
- – = *1 M li*
- < = *1 M re verschränkt*
- U = *1 Umschlag*
- ⩔ = *2 M re zusstr*
- ↓ = *1 Überzug: 1 M re abheben, 1 M re str und die abgehobene M drüberziehen*
- ↑ = *1 doppelter Überzug: 2 M zus re verschränkt abh, 1 M re str und die abgehobenen M drüberziehen*
- ⁄T = *2 M nach re verkreuzen re: 1 M auf eine Zopf-Nd hinter die Arbeit legen, 1 M re und die M der Zopf-Nd re str*

Lochmuster über 25 M

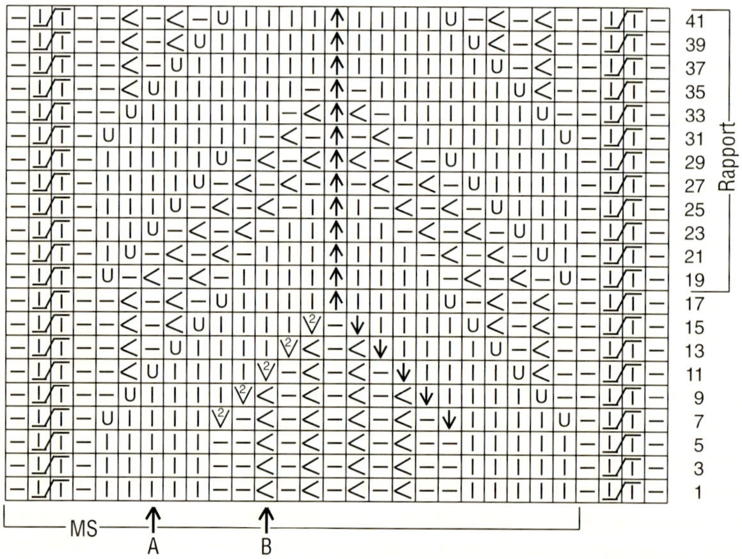

Top und Schal

Größe: 34/36 (38/40) 42/44
Schal: 64 x 170 cm

Material:

- Für das Top 250 (250) 300 g, für den Schal 600 g weiß (Fb 1) „Toccata" (100% Baumwolle, LL = 110 m/50 g) von Lana Grossa
- 1 Paar Schnellstrick-N Nr 3,5
- 1 N-Spiel Nr 3,5
- Häkel-N Nr 4,5 zum Einknüpfen der Fransen

Gl re in R: Hinr re M, Rückr li M, in Rd: stets re M str.
Rippenmuster: Hinr: * 1 M re, 2 M li, 1 M re, ab * stets wdh;
Rückr: M str, wie sie erscheinen.
Zopfstreifen über 28 M: Lt Strickschrift 1 arb. Es sind nur Hinr gezeichnet. In den Rückr die M str, wie sie erscheinen, Noppen-M re str. Die 1.–60. R stets wdh.
Ajourmusterstreifen über 11 M: Lt Strickschrift 2 arb. Es sind nur Hinr gezeichnet. In den Rückr alle M und U li str. Die 1.–16. R stets wdh.
Ajourmuster: M-Zahl teilbar durch 12 + 1 + 2 Rdm. Lt Strickschrift 3 arb. Es sind nur Hinr gezeichnet. In den Rückr alle M und U li str. Mit 1 Rdm und den M vor dem MS beginnen, den MS stets wdh, enden mit den M nach dem MS und 1 Rdm. Die 1.–10. R stets wdh.
Maschenprobe gl re: 21 M und 31 R = 10 x 10 cm;
im Ajourmuster: 21 M und 26 R = 10 x 10 cm;
28 M Zopfstreifen: 8 cm breit.

Top

Rückenteil: 94 (102) 110 M anschl und 1 Rückr li M str. Diese R zählt in der nachfolgenden Berechnung nicht mit. Anschließend für den Bund zwischen den Rdm im Rippenmuster weiterarb. Nach 9,5 cm = 30 R ab Anschlag in folg **Einteilung weiterstr:** Rdm, 18 (20) 22 M gl re, 11 M Ajourmusterstreifen, 34 (38) 42 M gl re, 11 M Ajourmusterstreifen, 18 (20) 22 M gl re, Rdm. Für die obere Blende nach 35,5 cm = 110 R ab Anschlag im Rippenmuster weiterstr. Nach 38 cm = 118 R ab Anschlag alle M fest abk, wie sie erscheinen.

Vorderteil: 104 (112) 120 M anschl und für den Bund in folg Einteilung arb: Rdm, 37 (41) 45 M Rippenmuster, 28 M Zopfstreifen, 37 (41) 45 M Rippenmuster, dabei mit 2 M re beginnen, Rdm. Nach 9,5 cm = 30 R ab Anschlag in folg Einteilung weiterstr: Rdm, 18 (20) 22 M gl re, 11 M Ajourmusterstreifen, 8 (10) 12 M gl re, 28 M Zopfstreifen, 8 (10) 12 M gl re, 11 M Ajourmusterstreifen, 18 (20) 22 M gl re, Rdm. Nach 35,5 cm = 110 R ab Anschlag die obere Blende in der gleichen Einteilung wie für den Bund arb. Nach 38 cm = 118 R ab Anschlag die äußeren je 40 (44) 48 M und die mittl 12 M abk. Die restl je 6 M für die Träger stilllegen. Anschließend mit zwei Spielstrick-N die stillgelegten Träger-M auffassen, dabei je 3 M auf eine N legen. Für die hintere Hälfte der Träger 6 M neu dazu anschl und diese M ebenfalls auf 2 Spielstrick-N verteilen. Anschließend in Rd gl re arb. Nach 29 cm Trägerhöhe die M stilllegen und den 2. Träger genauso arb.
Fertigstellung: Die Schmalseiten der Träger im M-Stich schließen und die Träger an das Rückenteil nähen. Seitennähte schließen.

Schal

Ausführung: 135 M anschl und im Ajourmuster arb. Nach 170 cm = 440 R ab Anschlag alle M abk. In den Anschlag- und Abkettrand mit der Häkel-N aus doppelter Wolle Fransen einknüpfen. Fertige Länge der Fransen ca. 20 cm.

Strickschrift 1

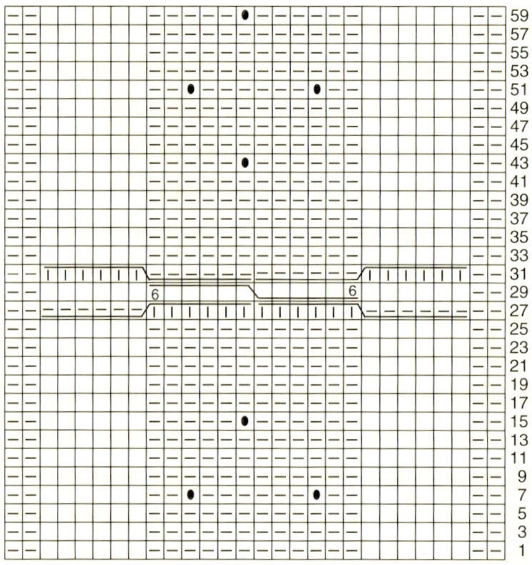

Strickschrift 2

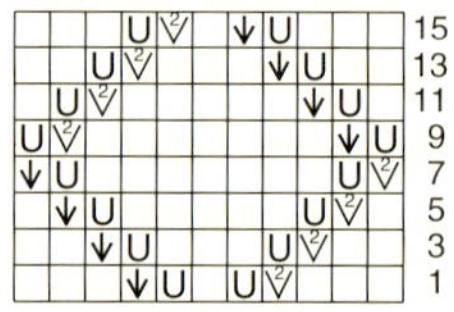

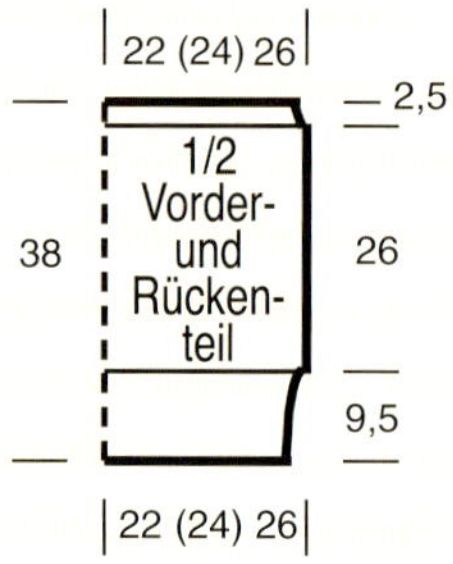

Strickschrift 3

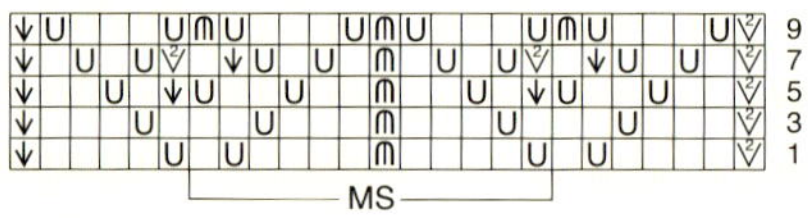

Zeichenerklärung zu den Strickschriften

= 1 M re

= 1 M li

U *= 1 Umschlag*

= 1 Überzug: 1 M re abheben, 1 M re str und die abgehobene M darüber ziehen

= 1 Noppe: aus der M 5 M herausstr, dann 2x die Arbeit wenden, 5 M li, die Arbeit wenden, 5 M re*, anschließend die 4., 3., 2. und 1. M über die 5. M ziehen*

= 2 M re zusstr

= 1 M re abheben, folg 2 M re zusstr, dann die abgehobene M darüber ziehen

= 12 M nach li verkr (= 6 M auf eine Zopf-Nd vor die Arb legen, folg 6 M re, dann die M der Zopf-Nd re str)

= 12 M nach li verzopfen li/re: 6 M auf eine Zopf-N vor die Arbeit legen, die folg 6 M li str, dann die M der Zopf-N re str

= 12 M nach re verzopfen re/li: 6 M auf eine Zopf-N hinter die Arbeit legen, die folg 6 M re str, dann die M der Zopf-N li str

Blaumelierter Pulli mit Blüten

Größe: 42–46

Material:
- Mittelstarkes Merino-Baumwoll-Mischgarn (LL ca. 130 m/50 g): 500 g blaumeliert
- Je 1 Paar Schnellstrick-N Nr 3 und 3,5
- Rundstrick-N Nr 3

Kr re mit N Nr 3 in R: Hin- und Rückr re M; in Rd: abw je 1 Rd li und re M str.
Gl re mit N Nr 3,5: Hinr re M, Rückr li M.
Blüten: M-Zahl teilbar durch 32 + 1 + 2 Rdm. Lt Zählmuster gl re in Norwegertechnik arb, dabei den unbenutzten Faden stets locker auf der Rückseite der Arbeit mitführen. Mit 1 Rdm beginnen, den MS stets wdh, enden mit der M nach dem MS und 1 Rdm. Die 1.–14. R 1 x arb. Musterfolge gl re: 10 R Blaumeliert, * 14 R Blüten, 16 R Blaumeliert, 14 R Blüten (dabei mit den M ab Pfeil A beginnen), 16 R Blaumeliert, ab * stets wdh.

Maschenprobe: 21 M und 28 R = 10 x 10 cm.

Rückenteil: 114 M in Blaumeliert anschl und für die Blende 1 cm = 5 R kr re str, dabei in der letzten R gleichmäßig vert 17 M zun = 131 M. Danach in der Musterfolge weiterarb. Für den Halsausschnitt nach 65 cm = 182 R ab Blende die mittl 33 M abk und beide Seiten getrennt beenden. Für die Rundung am inneren Rand in jeder 2. R 2 x je 2 M und 1 x 1 M abk. Die restl je 44 Schulter-M nach 68 cm = 190 R ab Blende abk.

Vorderteil: Genauso, jedoch mit V-Ausschnitt arb. Dafür nach 53 cm = 148 R ab Blende die Mittel-M abk und für die Schrägung am inneren Rand in jeder 2. R 2 x je 2 und 17 x je 1 M abk.

Ärmel: 46 M in Blaumeliert anschl und für die Blende 1 cm = 5 R kr re str, dabei in der letzten R gleichmäßig vert 13 M zun = 59 M. Danach in der Musterfolge weiterarb, dabei das Blütenmuster von der Mitte aus einteilen. Gleichzeitig für die Ärmelschrägungen ab Blende beids 31 x in jeder 4. R je 1 M mustergemäß zun = 121 M. Nach 45 cm = 126 R ab Blende alle M abk.

Fertigstellung: Schulternähte schließen. Aus dem Halsausschnittrand mit der Rundstrick-N in Blaumeliert ca. 129 M auffassen und kr re str, dabei zur Formgebung in jeder Rd die vordere Mittel-M mit der M davor und danach re überzogen zusstr (= 2 M zus wie zum Re-Str abh, folg M re str, dann die abgehobenen M darüberziehen). Nach 1,5 cm Blendenhöhe alle M abk. Ärmel einsetzen, Seiten- und Ärmelnähte schließen.

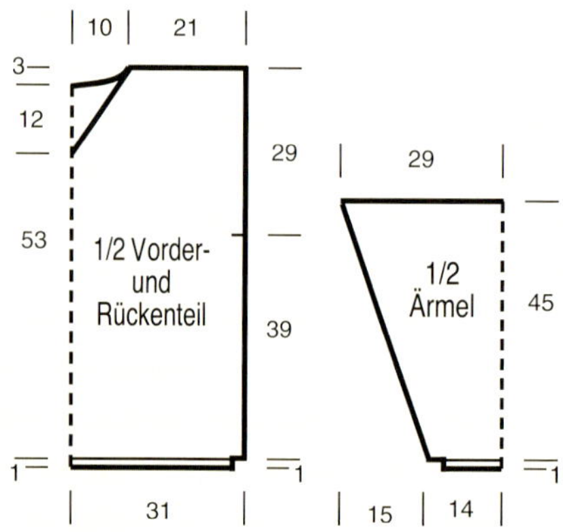

Zeichenerklärung zum Zählmuster

1 Kästchen = 1 M + 1 R
☐ = *Meliert*
☒ = *Beige*

Zählmuster

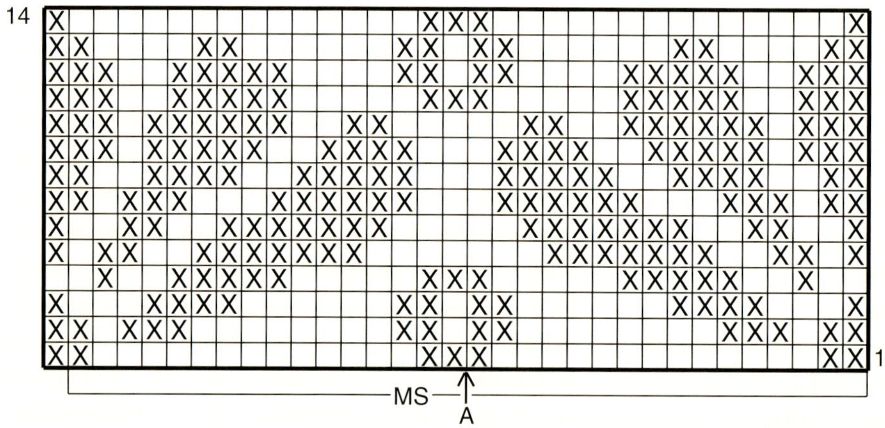

Jacke mit Bordüren

Größe: 42/44 (46/48) 54/56

Material:

- Ca. 550 (600) 650 g braunmeliert (Fb 506) „Bingo Chine" und ca. 300 (350) 350 g braun (Fb 33) und beige (Fb 2) „Bingo" (100% Schurwolle, LL = 80 m/ 50 g) von Lana Grossa
- Rundstrick-N Nr 4
- 6 Knöpfe

Blendenmuster in Braun: 1 M re, 1 M li im Wechsel
Gl re: Hin-R re, Rück-R li.
Rippenmuster: Hin-R: *1 M li, 2 M re, ab * wdh Rück-R: *1 M re, 2 M li, ab * wdh
Bordüre: Gl re mit mehreren Knäueln in Norwegertechnik arbeiten, dabei den unbenutzten Faden locker auf der Arbeitsrückseite mitführen. In der Breite ab entsprechendem Pfeil beginnen, den MS stets wdh und mustergemäß enden.

Musterfolge: 10 cm Rippenmuster in Braun, 18 R Bordüre, 25 (27) 29 cm Rippenmuster in Braun meliert, 18 R Bordüre, restliche R Rippenmuster in Braun.
Maschenproben: Im Rippenmuster: 20 M und 26 R = 10 x 10 cm; in gl re: 22,5 R = 10 cm.

Rücken: Anschlag 123 (131) 143 M + 2 Rdm und laut Musterfolge stricken, dabei die untere Bordüre ab Pfeil A (B) C beginnen, die obere entsprechend. Nach 47 (45) 43 cm ab Anschlag für die Armausschnitte beidseits 1 x 7 und in jeder 2. R 6 x 1 M abketten. Nach 68 cm ab Anschlag für die Schulterschräge beidseits 1 x 8 (9) 10 M und in jeder 2. R 3 x 8 (9) 10 M abketten. Gleichzeitig mit Beginn der Schulterschräge für den Halsausschnitt die mittleren 25 (25) 29 M abketten und beide Seiten getrennt beenden. Für die Rundung am inneren Rand in jeder 2. R 1 x 3 und 1 x 2 M abketten = 70,5 cm Gesamthöhe.

Re Vorderteil: Anschlag 57 (61) 67 M + 2 Rdm und laut Musterfolge weiterarbeiten, dabei die Bordüren ab Pfeil D beginnen. Den Armausschnitt und die Schulterschräge am li Rand wie beim Rücken arbeiten. Nach 60 cm ab Anschlag am re Rand für die Ausschnittrundung 1 x 4, in jeder 2. R 2 (2) 3 x 2, 3 x 1, in jeder 4. R 3 x 1 M abketten. In Rückenhöhe sind alle M aufgebraucht.

Li Vorderteil gegengleich arbeiten.

Ärmel: Anschlag je 51 M + 2 Rdm in Braun meliert und im Rippenmuster stricken. Für die Ärmelschräge beidseits abwechselnd in jeder 8.+ 6. R 15 x 1 (in jeder 6. R 17 x 1 und in jeder 4. R 2 x 1) in jeder 6. R 6 x 1 und in jeder 4. R 17 x 1 M mustergemäß zunehmen. Nach 43 (43) 41 cm ab Anschlag für die Armkugel beidseits 5 M, in jeder 2. R 1 x 3, 2 x 2, 11 x 1, 1 x 2, 1 x 3 (5) 7, 1 x 5 (7) 9 M und restliche M in 57 (57) 55 cm Gesamthöhe abketten.

Fertigstellung: Schulternähte schließen. Aus dem Halsausschnitt entsprechend M herausstricken und nach 4 cm Blendenmuster die M abketten. Aus den Vorderteilkanten und den Blendenschmalseiten entsprechend M herausstricken und nach 4 cm Blendenmuster die M abketten, dabei in die re Blende verteilt 6 Knopflöcher arbeiten = 2 M abketten, ohne sie zu stricken, und gleich wieder neu anschlagen. Ärmel auf Mitte legen und einsetzen. Restliche Nähte schließen.

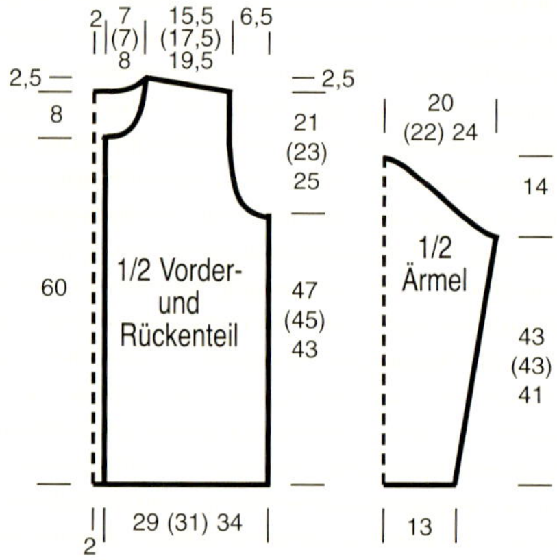

Zählmuster

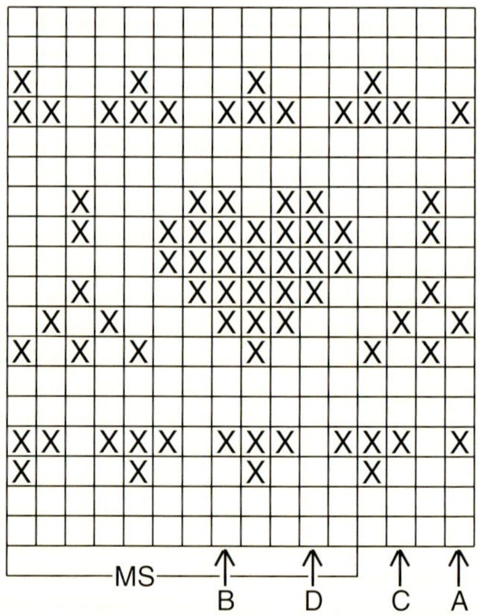

Zeichenerklärung zum Zählmuster

1 Kästchen = 1 M + 1 R
☐ = *Beige*
☒ = *Braun*

Herrenpulli im Jacquardmuster

Größe: 46/48 (50/52) 54/56

Material:
- 350 (400) 450 g blaumeliert (Fb 404), je 150 (150) 200 g grün (Fb 16), je 100 g (100) 150 g bordeaux (Fb 4) und gelb (Fb 12) „Superlana" (100 % Merino-Schurwolle, LL = 110 m/50 g), 150 (150) 200 g blau (Fb 300) „Numero Uno Tweed" (100 % Schurwolle, LL = 125 m/50 g) von Lana Grossa
- Je 1 Paar Schnellstrick-N Nr 3 und 4
- Rundstrick-N Nr 3

Rippenmuster mit N Nr 3: 1 M re, 1 M li im Wechsel.
Gl re mit N Nr 4: Hinr re M, Rückr li M.
Jacquardmuster: M-Zahl teilbar durch 28 + 14 (0) 14 + 2 Rdm. Lt Zählmuster gl re in Norwegertechnik arb, dabei den unbenutzten Faden stets locker auf der Rückseite der Arbeit mitführen. Mit 1 Rdm und den M ab Pfeil A beginnen, den MS stets wdh, enden mit den M bis Pfeil B und 1 Rdm (zwischen den Rdm den MS stets wdh). Mit 1 Rdm und den M ab Pfeil B beginnen, den MS stets wdh, enden mit dem M bis Pfeil A und 1 Rdm. Die 1.–27. R 1 x arb. Musterfolge gl re: 6 R Meliert, * 27 R Jacquardmuster, 5 R Meliert, 27 R Jacquardmuster, dabei Grün durch Blau und Bordaux durch Senf ersetzen, 5 R Meliert, ab * stets wdh.
Maschenprobe: 23,5 M und 27 R = 10 x 10 cm

Rückenteil: 118 (132) 146 M in Meliert anschl und für den Bund 5 cm im Rippenmuster str, dabei in der letzten R gleichmäßig vert 10 M zun = 128 (142) 156 M. Danach in der Musterfolge weiterarb. Für die Armausschnitte nach 37 cm = 100 R (40 cm = 108 R) 40 cm = 108 R ab Bund beids 1 x 10 M abk = 108 (122) 136 M. Für den Halsausschnitt nach 63 cm = 170 R (66 cm = 178 R) 66 cm = 178 R ab Bund die mittl 32 (36) 40 M abk und beide Seiten getrennt beenden. Für die Rundung am inneren Rand in jeder 2. R 1 x 3 und 1 x 2 M abk. Die restl je 33 (38) 43 Schulter-M nach 65 cm = 176 R (68 cm = 184 R) 68 cm = 184 R ab Bund abk.

Vorderteil: Genauso, jedoch mit tieferem Halsausschnitt arb. Dafür bereits nach 58 cm = 156 R (61 cm = 164 R) 61 cm = 164 R ab Bund die mittl 20 (24) 28 M abk und für die Rundung in jeder 2. R 1 x 4, 1 x 3, 1 x 2 und 2 x je 1 M abk.

Ärmel: 54 (58) 62 M in Meliert anschl und für den Bund 4 cm im Rippenmuster str, dabei in der letzten R gleichmäßig vert 18 (14) 10 M zun = 72 M. Danach in der Musterfolge weiterarb. Gleichzeitig für die Ärmelschrägungen ab Bund beids 30 x in jeder 4. R je 1 M mustergemäß zun = 132 M. Nach 50 cm = 134 R ab Bund alle M abk.

Ferigstellung: Schulternähte schließen. Aus dem Halsausschnittrand mit der Rundstrick-N in Meliert ca. 114 (122) 130 M auffassen und 3 cm im Rippenmuster str. Danach alle M abk, wie sie erscheinen. Ärmel einsetzen, Seiten und Ärmelnähte schließen.

Zeichenerklärung zum Zählmuster

1 Kästchen = 1 M + 1 R
⊡ = *Meliert*
☐ = *Grün*
⊟ = *Bordeaux*

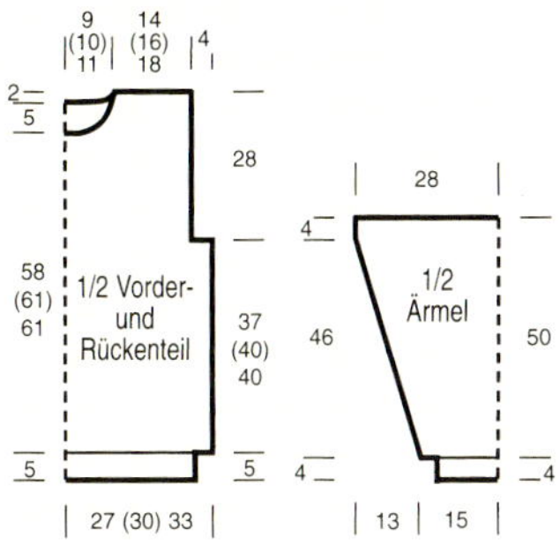

Zählmuster

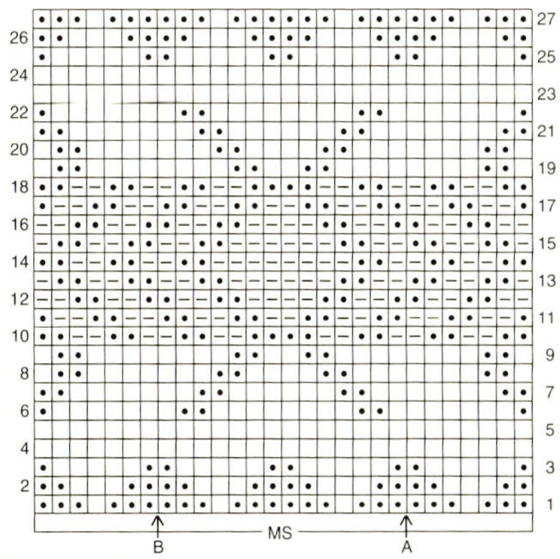

Hellblauer Pulli mit Taillierung und rosa Patentpulli

Hellblauer Pulli

Größe: 38/40

Material:
- 550 g hellblaues mittelstarkes Baumwoll-Mikrofaser-Mischgarn (LL ca. 135 m/50 g)
- 1 Paar Schnellstrick-N Nr 4
- Rundstrick-N Nr 4
- Häkel-N Nr 3,5

Gl li: Hinr li M, Rückr re M.
Patentmuster: M-Zahl teilbar durch 3 + 1.* 1 Patent-M (Hinr: 1 M mit 1 U wie zum Li-Str abh; Rückr: die M mit dem U li zusstr), 2 M gl li, ab * stets wdh, enden mit 1 Patent-M.
Zopf A (über 6 M): 1. R: 1 M li, 4 M re, 1 M li; 2.+4. R: M str, wie sie erscheinen; 3. R: 1 M li, 4 M nach re verkr (=2 M auf Hilfs-N hinter die Arbeit legen, folg 2 M re, dann die M der Hilfs-N re str), 1 M li. Die 1.–4. R stets wdh.
Zopf B (über 6 M): Wie Zopf A, jedoch in der 3. R: 1 M li, 4 M nach li verkr (=2 M auf Hilfs-N vor die Arbeit legen, folg 2 M re, dann die M der Hilfs-N re str), 1 M li.
Maschenprobe im Patentmuster: 17 M und 31,5 R = 10 x 10 cm;
Zopf A bzw. B: 2,5 cm breit.

Rückenteil: 100 M anschl und 1 Rückr li M str (wird nachfolgend nicht mitgezählt). Danach in folg Einteilung arb: Rdm, 1 M gl li, 16 M Patentmuster, 6 M Zopf A, 52 M Patentmuster, 6 M Zopf B, 16 M Patentmuster, 1 M gl li, Rdm. Für die Taillierung 10 x in jeder 8. R je 1 M wie folgt abn: Die letzte M von Zopf A mit der 1. M des Patentmusters li zusstr und die letzte M des Patentmusters mit der 1. M von Zopf B li zusstr = 80 M. Nach 28 cm = 88 R ab Anschlag 10 x in jeder 8. R je 1 M nach Zopf A und vor Zopf B aus dem Querfaden zun und in das Patentmuster einfügen = 100 M. Nach 57 cm = 180 R ab Bund beids je 35 M für die Schultern abk, die restl 30 M stilllegen.

Vorderteil: Genauso, jedoch mit Schlitz arb. Dafür nach 47 cm = 148 R ab Anschlag die Arbeit in der Mitte teilen und beide Seiten getrennt weiterarb. Die je 35 Schulter-M in Rückenteilhöhe abk und die restl je 15 M stilllegen.

Ärmel: 36 M anschl und 1 Rückr li M str. Dann im Patentmuster weiterarb. Gleichzeitig für die Ärmelschrägungen ab Anschlag beids 16 x in jeder 8. R je 1 M mustergemäß zun = 68 M. Nach 42 cm = 132 R ab Anschlag alle M abk.

Fertigstellung: Schulternähte schließen. Die stillgelegten M auf die Rundstrick-N nehmen (= 60 M) und über 5 cm das Patentmuster fortsetzen, dann alle M abk, wie sie erscheinen. Die Schlitzkanten mit 1 R fe M umhäkeln. Ärmel einsetzen, Seiten- und Ärmelnähte schließen.

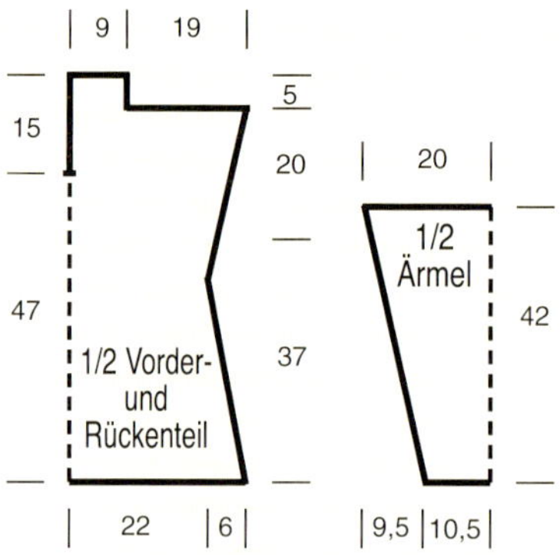

Rosa Patentpulli

Größe: 34/36 (38/40) 44/46

Material:
- 700 (800) 850 g rosafarbenes mittelstarkes Baumwoll-Mikrofaser-Mischgarn (LL ca. 135 m/50 g)
- 1 Paar Schnellstrick-N 3,5
- Rundstrick-N Nr 3

Rippenmuster mit N Nr 3: 1 M re, 1 M li im Wechsel.
Alle weiteren Muster mit N Nr 3,5.
Zackenmuster: M-Zahl teilbar durch 48 + 5. Lt Strickschrift arb. Es sind nur Hinr gezeichnet, in den Rückr M str, wie sie erscheinen bzw. wie beschrieben. Den MS 2 x arb, enden mit den M nach dem MS. Die 1.–60. R stets wdh.
Patentmuster: Gerade M-Zahl. Ebenfalls lt Strickschrift arb, dabei die 1.+2. M des MS und die 1.+ 2. R stets wdh.
Maschenprobe: 21 M und 48 R = 10 x 10 cm. Darauf achten, dass beim Zacken- und Patentmuster nur jede 2. R sichtbar im M-Bild erscheint.

Rückenteil: 103 (119) 131 M anschl und in folg Einteilung arb: Rdm, 0 (8) 14 M Patentmuster, 101 M Zackenmuster, 0 (8) 14 M Patentmuster, dabei mit 1 M li beginnen, Rdm. Für den Halsausschnitt nach 63 cm = 302 R ab Anschlag die mittl 29 (29) 33 M abk und beide Seiten getrennt beenden. Für die Rundung am inneren Rand in jeder 2. R 1 x 3 und 1 x 2 M abk. Die restl je 32 (40) 44 Schulter-M nach 65 cm = 310 R ab Anschlag abk.

Vorderteil: Genauso, jedoch mit tieferem Halsausschnitt arb. Dafür bereits nach 60 cm = 288 R ab Anschlag die mittl 11 (11) 15 M abk und in jeder 2. R 2 x je 3, 3 x je 2 und 2 x je 1 M abk.

Ärmel: 51 M anschl und im Zackenmuster arb, dabei mit 1 Rdm beginnen, die 49 M von Pfeil A-B 1 x arb, enden mit 1 Rdm und die 1.–60. R 1 x arb, dann im Patentmuster weiterstr. Gleichzeitig für die Ärmelschrägungen ab Anschlag beids 22 x abw in jeder 6. und 8. R und 7 x in jeder 6. R (22 x abw in jeder 6. und 8. R und 7 x in jeder 6. R) 18 x abw in jeder 4. und 6. R und 16 x in jeder 6. R je 1 M mustergemäß zun = 109 (109) 119 M. Nach 42 cm = 202 R (42 cm = 202) 40 cm = 192 R ab Anschlag alle M abk.

Fertigstellung: Schulternähte schließen. Aus dem Halsausschnittrand mit der Rundstrick-N ca. 100 (100) 108 M auffassen und 2 cm im Rippenmuster str. Danach alle M abk, wie sie erscheinen. Ärmel einsetzen, Seiten- und Ärmelnähte schließen.

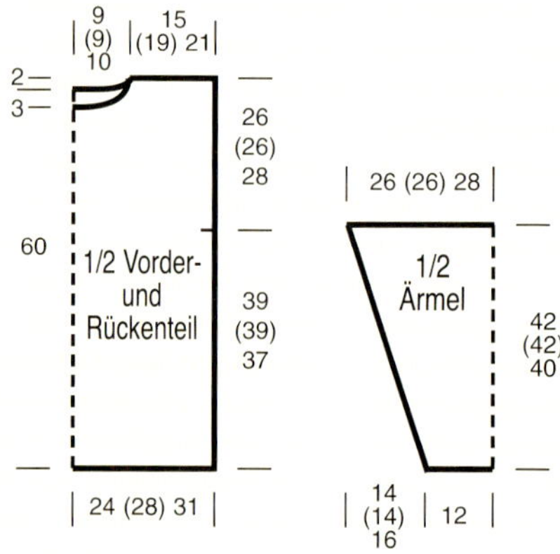

Strickschrift auf Seite 88

Pulli mit Biesenmuster

Größe: 38/40 (42/44)

Material:

- 1000 (1100) g grau (Fb 1) „Bingo" (100% Wolle, LL = 80 m/50 g) von Lana Grossa
- Je 1 Paar Schnellstrick-N Nr 4 und 5
- Je 1 Rundstrick- und Häkel-N Nr 4

Rippenmuster mit N Nr 4: 1 M re, 1 M li im Wechsel.
Alle weiteren Muster mit N Nr 5.
Gl re: Hinr re M, Rückr li M; in Rd: stets re M.
Kr re: Hin- und Rückr re M.
Patent-M: 1. R: 1 M re; 2. R: 1 M li; 3. R: 1 M re, dabei 1 R tiefer einstechen und die M der Vor-R auflösen. Die 1.–3. R 1 x arb, danach die 2.+3. R stets wdh.
Patentrippen (über 7 M): * 1 M gl li, 1 Patent-M, ab * noch 2 x wdh, 1 M gl li.
Biesenmuster 1 (über 5 M):
1.–10. R: gl re.
11. R: jede M mit der entsprechenden M 4 R tiefer re zusstr.
12.–16. R: gl re.
17. R: wie 11. R.
18.-22. R: gl re.
23. R: wie 11. R.
24.–32. R: gl re. Die 1.–32. R stets wdh. Biesenmuster 2 (über 5 M):
1.–26. R: gl re, 27., 33. und 39. R: jede M mit der entsprechenden M 4 R tiefer re zusstr.
28.–32. und 34.–38. R: gl re.
40. R: li M.
Die 1.–40. R 1 x arb, danach die 9.–40. R stets wdh.
Maschenprobe im Durchschnitt: 18,5 M und 36 R = 10 x 10 cm; gl re: 19,5 M und 25,5 R = 10 x 10 cm.

Rückenteil: 106 (114) M anschl und in folg Einteilung str: Rdm, 2 (6) M kr re, * 5 M Biesenmuster 1, 2 M kr re, 7 M Patentrippe, 5 M kr re, 5 M Biesenmuster 2 #, 2 M kr re, 7 M Patentrippe, 5 M kr re, ab * 2 x wdh, dabei bei der 2. Wdh enden mit den M bis #, 2 (6) M kr re, Rdm. Für den Halsausschnitt nach 57 cm = 206 R (60 cm = 216 R) ab Anschlag die mittl 26 M abk und jede Seite getrennt beenden. Für die Rundung am inneren Rand in jeder 2. R 1 x 3 und 1 x 2 M abk. Die restl je 35 (39) Schulter-M nach 59 cm = 212 R (62 cm = 222 R) ab Anschlag abk.

Vorderteil: Genauso arb, jedoch mit V-Ausschnitt enden. Dafür bereits nach 48 cm = 172 R (51 cm = 182 R) ab Anschlag die Arbeit in der Mitte teilen und jede Seite getrennt hocharb. Für die Ausschnittschrägung am inneren Rand 18 x in jeder 2. R je 1 M abk. Die restl 35 (39) Schulter-M in Rückenteilhöhe abk.

Ärmel: 46 (50) M anschl und für den Bund 1 cm im Rippenmuster str. Anschließend gl re weiterarb. Gleichzeitig für die Ärmelschrägungen ab Bund beids 26 x in jeder 4. R (3 x in jeder 2. und 25 x in jeder 4. R) je 1 M zun = 98 (106) M. Nach 42 cm ab Bund alle M abk.

Fertigstellung: Schulternähte schließen. Aus dem Halsausschnittrand mit der Rundstrick-N ca. 100 M auffassen und gl re str. Zur Formgebung nach 1 cm Blendenhöhe die 3 M in der Ausschnittspitze re zusstr. Nach 5 cm Blendenhöhe alle M locker abk. Ärmel einsetzen, Seiten- und Ärmelnähte schließen. Die untere Saumkante mit 1 Rd Krebs-M (= fe M von li nach re) umhäkeln.

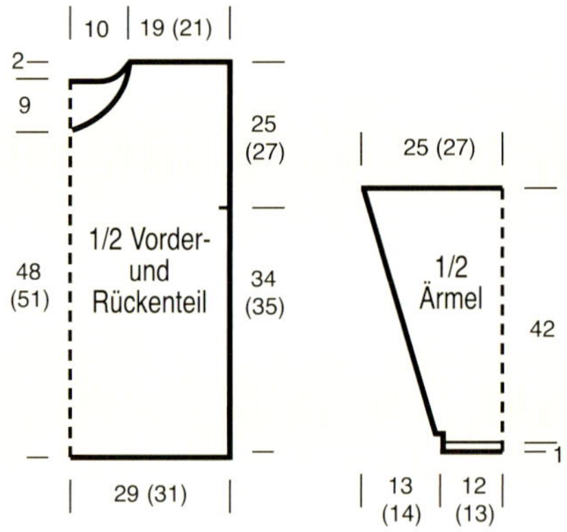

Zeichenerklärung und Strickschrift: Rosa Patentpulli von Seite 86

- = *1 M li*
- = *1 Patent-M (Hinr: 1 M mit 1 U wie zum Li-str abh; Rückr: die M mit dem U li zusstr)*
- = *1 Patent-M vor die Arbeit legen, folg M als Patent-M str, dann die M der Hilfs-N als Patent-M str*
- = *1 Patent-M vor die Arbeit legen, folg M li str, dann die M der Hilfs-N als Patent-M str*
- = *1 Patent-M hinter die Arbeit legen, folg M als Patent-M str, dann die M der Hilfs-N als Patent-M str*
- = *1 M hinter die Arbeit legen, folg M als Patent-M str, dann die M der Hilfs-N li str*

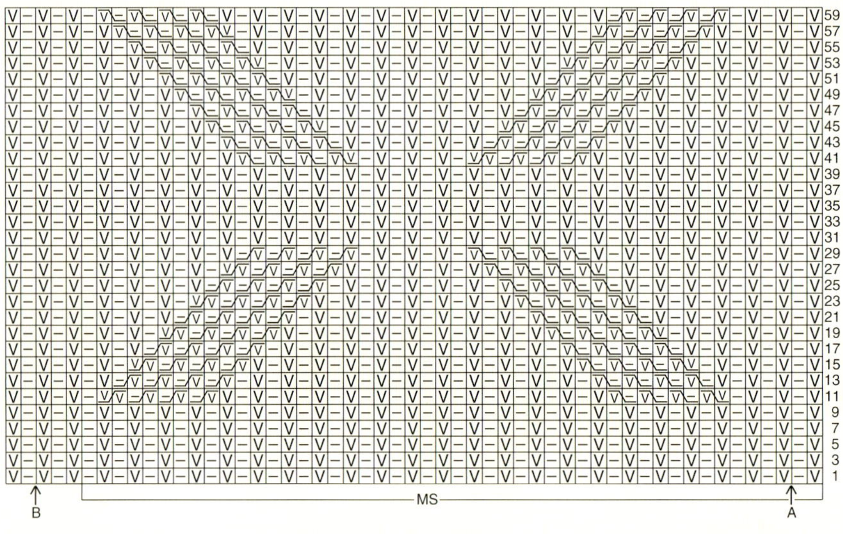

Grüne Kinderjacke und weinroter Pulli

Grüne Kinderjacke

Größe: 116/122 (140/146)

Material:
- 450 (550) g lodengrün (Fb 80) „Bingo" (100 % Schurwolle, LL = 80 m/50 g) von Lana Grossa, 100 g lodengrünes Fransengarn (LL = 80 m/50 g)
- 1 Paar Schnellstrick-N Nr 4
- Rundstrick-N Nr 4
- Vier kleine und zwei große Edelweißknöpfe

Gl re: Hinr re M, Rückr li M.
Gl li: Hinr li M, Rückr re M.
Grundmuster: Lt Strickschrift arb. Es sind nur Hinr gezeichnet, in den Rückr M str, wie sie erscheinen. Für das Rückenteil mit 1 Rdm und den M vor MS A beginnen, MS A 8 (10) x arb, die folg 8 M 1 x arb, MS B 8 (10) x arb, enden mit den M nach MS B und 1 Rdm. Die M für die Vorderteile genauso einteilen, jedoch MS A bzw. B nur 3 (4) x arb, ebenso die Ärmel str, jedoch MS A bzw. B nur 2 (3) x arb. Die 1.–8. R stets wdh.
Maschenprobe im Grundmuster/„Bingo": 20,5 M und 25 R = 10 x 10 cm; gl re bzw. gl li/„Amica": 15 M = 10 cm.

Rückenteil: 60 (72) M in „Amica" anschl und für die Blende 10 cm gl re str. Danach in „Bingo" im Grundmuster weiterarb, dabei in der 1. R gleichmäßig vert 22 (26) M zun = 82 (98) M. Für den Halsausschnitt nach 34 cm = 86 R (42 cm = 106 R) ab Blende die mittl 16 (20) M abk und beide Seiten getrennt beenden. Für die Rundung am inneren Rand in der folg 2. R 1 x 4 M abk. Die restl je 29 (35) Schulter-M nach 36 cm = 90 R (44 cm = 110 R) ab Blende abk.

Li Vorderteil: 30 (36) M in „Amica" anschl und für die Blende 10 cm gl re str. Danach in „Bingo" im Grundmuster weiterarb, dabei in der 1. R gleichmäßig vert 12 (14) M zun = 42 (50) M. Für den Halsausschnitt am li Arbeitsrand nach 29 cm = 72 R (37 cm = 92 R) ab Blende in jeder 2. R 1 x 4 (6), 1 x 3, 2 x je 2 und 2 x je 1 M abk. Die restl 29 (35) Schulter-M in Rückenteilhöhe abk.

Re Vorderteil: Ggl und mit Knopflöchern arb. Dafür die 4.–6.M abk und in der folg Rückr wieder anschl. Das 1. Knopfloch 2 cm = 6 R ab Blende einarb, die weiteren 3 folgen im Abstand von je 18 (24) R.

Ärmel: 25 (31) M in „Amica" anschl und für die Blende 6 cm gl li str. Danach in „Bingo" im Grundmuster weiterarb, dabei in der 1. R gleichmäßig vert 9 (11) M zun = 34 (42) M. Gleichzeitig für die Ärmelschrägungen ab Blende beids 15 (18) x in jeder 4. R und 5 (4) x in jeder 2. R je 1 M mustergemäß zun = 74 (86) M. Nach 29 cm = 72 R (33 cm = 82 R) ab Blende alle M abk.

Fertigstellung: Schulternähte schließen. Aus dem Halsausschnittrand mit der Rundstrick-N in „Amica" von der Innenseite her ca. 54 (60) M auffassen und für den Kragen 9 cm gl re str. Danach alle M abk. Ärmel einsetzen, Seiten- und Ärmelnähte schließen, dabei die unteren 6 cm der Ärmelnähte von der Außenseite her schließen. Die Knöpfe abbildungsgemäß annähen.

Weinroter Pulli

Größe: 110/116 (128/134)

Material:
- 350 (450) g weinrot (Fb 507) „Bingo Chiné" (100 % Schurwolle, LL = 80 m/50 g) von Lana Grossa, 100 g lodengrünes Fransengarn (LL = 80 m/50 g)
- 1 Paar Schnellstrick-N Nr 4,5
- Rundstrick-N Nr 4,5
- Ein Lederriegel

Rippenmuster: 1 M re, 1 M li im Wechsel. **Gl re:** Hinr re M, Rückr li M.
Gl li: Hinr li M, Rückr re M.
Falsches Patentmuster: M-Zahl teilbar durch 4 + 3 + 2 Rdm.
Hinr: Rdm, * 2 M re, 2 M li, ab * stets wdh, enden mit 2 M re, 1 M li, Rdm;
Rückr: genauso arb.
Maschenprobe im falschen Patentmuster: 20 M und 30 R = 10 x 10 cm.

Rückenteil: 77 (85) M in Weinrot anschl und im falschen Patentmuster arb. Für die Armausschnitte nach 24 cm = 72 R (28 cm = 84 R) ab Anschlag beids in jeder 2. R 1 x 3, 1 x 2 und 2 x je 1 M abk = 63 (71) M. Für den Halsausschnitt nach 40 cm = 120 R (46 cm = 138 R) ab Anschlag die mittl 19 M abk und beide Seiten getrennt beenden. Für die Rundung am inneren Rand in jeder 2. R 1 x 2 und 1 x 1 M abk. Die restl je 19 (23) Schulter-M nach 42 cm = 126 R (48 cm = 144 R) ab Anschlag abk.

Vorderteil: Genauso, jedoch mit Poloschlitz arb. Dafür nach 28 cm = 84 R (32 cm = 96 R) ab Anschlag die mittl 3 M abk und beide Seiten getrennt hoch arb. Für die Halsrundung am inneren Rand nach 36 cm = 108 R (42 cm = 126 R) ab Anschlag 1 x 6, 1 x 2 und 3 x je 1 M abk.

Ärmel: 41 M in Hellgrau anschl und für den Umschlag 6 cm gl li str. Dann mit Weinrot im falschen Patentmuster weiterarb. Gleichzeitig für die Ärmelschrägungen ab Umschlag beids 4 (2) x in jeder 6. R und 12 (18) x in jeder 4. R je 1 M mustergemäß zun = 73 (81) M. Für die Armkugel nach 25,5 cm = 76 R (29,5 cm = 88 R) ab Umschlag beids in jeder 2. R 7 x je 4 M abk. Die restl 17 (25) M nach 30 cm = 90 R (34 cm = 102 R) ab Umschlag abk.

Fertigstellung: Schulternähte schließen. Aus den Schlitzrändern in Weinrot je ca. 13 (17) M auffassen und 2 cm im Rippenmuster str. Danach alle M abk, wie sie erscheinen. Untere Blendenschmalseiten übereinanderlegen und festnähen. Aus dem Halsausschnittrand von der Innenseite her in Hellgrau ca. 84 M auffassen und 8 cm gl re str. Danach alle M abk. Ärmel einsetzen, Seiten- und Ärmelnähte schließen, dabei an den Ärmelnähten die unteren 6 cm von der Außenseite her schließen. Lederriegel abbildungsgemäß anbringen.

Schnitt und Strickschrift für grüne Jacke

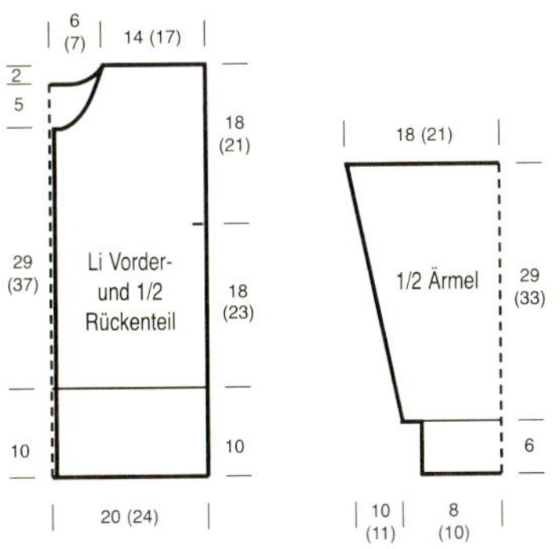

Strickschrift

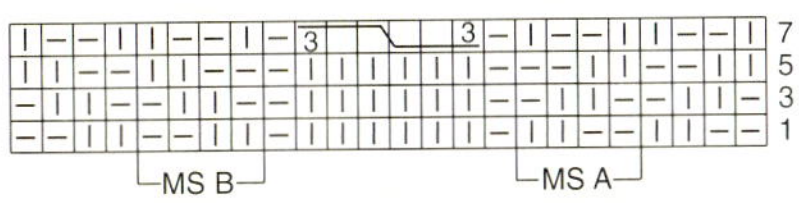

Zeichenerklärung

| = *1 M re*

— = *1 M li*

3 — 3 = *6 M nach li verzopfen re: 3 M auf eine Zopf-Nd vor die Arbeit legen, 3 M re und die M der Zopf-Nd re str*

Schnitt für weinroten Pulli

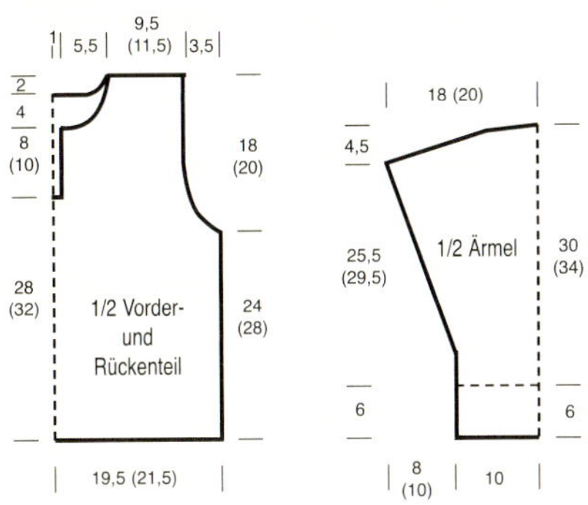

Pulli mit Zip und Taschen

Größe: 36/38 (42/44) 48/50

Die abweichenden Angaben der größeren Größen stehen in Klammern bzw. hinter den Schrägstrichen.

Material:

- 550 (600) 700 g dunkelorangefarbenes mittelstarkes Wolle-Baumwolle-Mischgarn (LL ca. 130 m/50 g)
- Stricknadeln 3 und 3,5
- Eine kurze Rundstrick-N 3,5
- Reißverschluss 25 cm

Glatt rechts: Hin-R re M, Rück-R li M.
Glatt links: Hin-R li M, Rück-R re M.
Bundmuster mit N 3: 4 M glatt re, 4 M glatt li im Wechsel.
Streifenmuster 1 über 17 M: Laut Strickschrift str. Es sind die Hin-R gezeichnet, in den Rück-R M str, wie sie erscheinen. Den MS und die 1.–4. R des Streifenmusters stets wiederholen.
Streifenmuster 2 über 17 M: Laut Strickschrift str. Es sind die Hin-R gezeichnet, in den Rück-R M str, wie sie erscheinen. Den MS und die 5.–8.R des Streifenmusters stets wiederholen.
Streifenmuster 3 über 12 M: Laut Strickschrift str. Es sind die Hin-R gezeichnet, in den Rück-R M str, wie sie erscheinen. Den MS und die 4 R stets wiederholen.
Maschenprobe: Im Streifenmuster 1 + 2 sind 28 M und 32 R =10 x 10 cm. Im Streifenmuster 3 sind 24 M und 32 R = 10 x 10 cm.

Rückenteil: 155 (172/188) M anschl. Zwischen den Rand-M 17 (17/25) M Streifen 2 bei A (A/B) beginnend, 34 M Streifen 1, 51 (68/68) M Streifen 2, 34 M Streifen 1, 17 (17/25) M Streifen 2 str. 41 cm ab Anschlag für die Armausschnitte beids je 1 x 10 (10/19) M abk. 27 cm ab Armausschnitt für den Ausschnitt die mittleren 31 (32/32) M abk. Über beide Schultern getrennt zu Ende str. Dabei in jeder 2. R am Ausschnittrand 2 x 5 M abk. Die restlichen je 42 (50/49) Schulter-M 29 cm ab Armausschnitt gerade abk.

Vorderteil: Wie Rückenteil, jedoch mit Taschen, Schlitz und tieferem Ausschnitt. Für die Taschen 15 cm ab Anschlag für die Tascheneingriffe über den je 34 M des Streifen 1 im Bundmuster 2 cm str. Die M abk. 34 M für die Taschenbeutel neu anschl und im Streifen 2 je 15 cm str. Diese M anstelle der abgeketteten in das Gestr einfügen. Über alle M im Streifen 2 weiter str. Für den Schlitz 10 cm ab Armausschnitt die Mittel-M abk (Größe 42/44 und 48/50: die M in der Mitte teilen). Über beide Schultern getrennt zu Ende str. Für den Ausschnitt 14 cm ab Schlitzbeginn in jeder 2. R am Ausschnittrand 1x 6, 1x 5, 1x 4, 2x 3, 1x 2 und 3x 1 M abk. Die restlichen je 42 (50/49) Schulter-M bei einer Ausschnitthöhe von 5 cm gerade abk.

Ärmel: Dafür je 48 (54/58) M anschl. Zwischen den Rand-M im Streifen 3 bei A (B/C) beginnend str. Für die Ärmelschrägung in jeder 3. R beids 24 (26/36) x 1 M und in jeder 2. R beids 22 (17/5) x 1 M mustergemäß zun. 40 (39/38) cm ab Anschl über alle M noch 4 (4/7) cm gerade str und die M gerade abk.

Fertigstellung: Die Pulloverteile leicht anfeuchten und laut der im Schnitt stehenden Maße spannen und trocknen lassen. Die Schulternähte schließen. Aus dem Halsausschnitt mit der Rund-N 104 M aufnehmen und 12 cm im Bundmuster str. Die M abk. Die Ärmel einnähen, dabei darauf achten, dass die Ärmelmitte an der Schulternaht liegt. Die Ärmel-Seitennähte schließen. Den Reißverschluss einnähen, dabei das zu Nähende rund über den Finger laufen lassen – mit Reißverschluss unten liegend –, damit der Reißverschluss nicht beult. Zum Schluss alle Nähte leicht ausdämpfen.

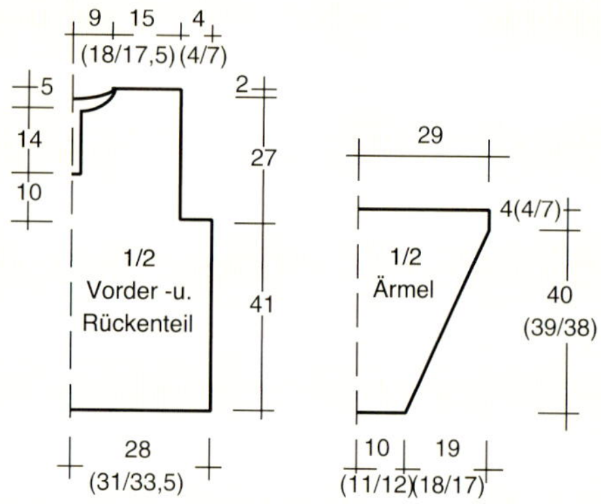

Streifen 1 + 2 über 17 Maschen

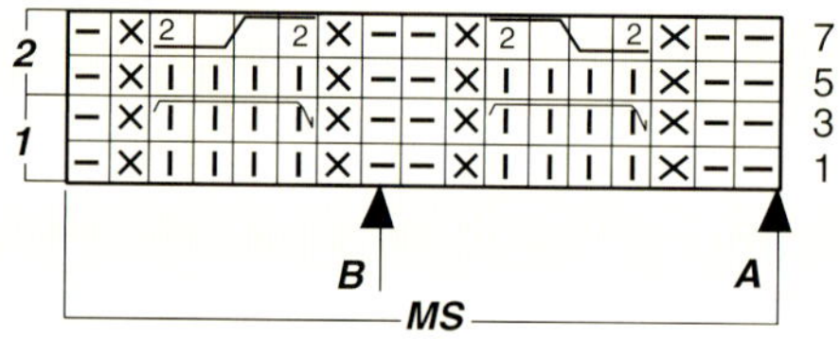

Streifen 3 über 12 Maschen

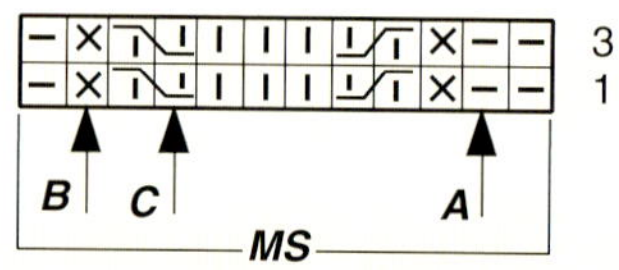

Zeichenerklärung für Strickschrift

- I = *1 M re*
- – = *M li*
- X = *1 M kraus: Hin- und Rück-R re str*
- = *2 M nach re verkreuzen re: 1 M auf eine Zopf-N hinter die Arbeit legen, 1 M re und die M der Zopf-N re str*
- = *2 M nach li verkreuzen: 1 M auf eine Zopf-N vor die Arbeit legen, 1 M re und die M der Zopf-N re str*
- = *4 M nach re verzopfen re: 2 M auf eine Zopf-N hinter die Arbeit legen, 2 M re und die M der Zopf-N re str*
- = *4 M nach li verzopfen re: 2 M auf eine Zopf-N vor die Arbeit legen, 2 M re und die M der Zopf-N re str*
- = *1 Umschlag, 4 M re und den Umschlag über die 4 M ziehen*

Zopfpulli mit Noppenmuster

Größe: 38/40 (42/44)

Material:
- 1000 (1050) g wollweiß (Fb 5) „Bingo“ (100 % Schurwolle, LL = 80 m/50 g) von Lana Grossa
- 1 Paar Schnellstrick-N Nr 5
- 1 Rundstrick-N Nr 5

Kr re: Hin- und Rückr re M.
Gl li: Hinr li M, Rückr re M.
Für alle folg Strickschriften gilt: Es sind nur Hinr gezeichnet. In den Rückr M str, wie sie erscheinen bzw. wie angegeben, die Noppen-M re str.
Muster A (über 16 M): Nach Strickschrift 1 arb. Die 1.–16. R 1 x arb, danach die 3.–16. R noch 3 x wdh = 58 R.
Muster B (über 16 M): Nach Strickschrift 2 arb. Die 1.–44. R 1 x arb, danach die 1.–14. R 1 x arb = 58 R.
Muster C (über 20 M): Nach Strickschrift 3 arb. Die 1.–10. R 2 x arb, dann die 1.–38. R 1 x arb = 58 R.
Muster D (über 8 M): Nach Strickschrift 4 arb. Die 1.–20. R 2 x arb, dann die 1.–18. R 1 x arb = 58 R.
Muster E (über 14 M): Nach Strickschrift 5 arb. Die 1.–20. R 2 x arb, dann die 1.–18. R 1 x arb = 58 R.
Noppenmuster: M-Zahl teilbar durch 10 + 4 (10) + 2 Rdm. Nach Strickschrift 6 arb. Mit 1 Rdm und den M ab Pfeil A (B) beginnen, den MS stets wdh, enden mit den M bis Pfeil C (D) und 1 Rdm. Die 1.–20. R stets wdh.
Maschenprobe im Durchschnitt: 20 M und 26,5 R = 10 x 10 cm;
im Noppenmuster: 17 M und 24, 5 R = 10 x 10 cm;
im Muster A (für Ärmel): 21 M und 26,5 R = 10 x 10 cm.

Rückenteil: 98 (106) M anschl und für die Blende 3 cm = 8 R kr re arb, dabei in der letzten R gleichmäßig vert 14 M zun = 112 (120) M. Danach in folg Einteilung weiterarb: Rdm, 1 (5) M gl li, 16 M Muster A, 1 M gl li, 16 M Muster A, 3 M gl li, 16 M Muster B, 3 M gl li, 16 M Muster A, 20 M Muster C, 16 M Muster A, 2 (6) M gl li, Rdm. Nach 22 cm = 58 R ab Anschlag 8 R kr re arb, dabei in der 1. R gleichmäßig vert 14 M abn = 98 (106) M und in der letzten R wieder 14 M zun = 112 (120) M. Danach in folg Einteilung weiterarb: Rdm, 6 (10) M gl li, 8 M Muster D, 8 M gl li, 8 M Muster D, 4 M gl li, 16 M Muster A, 4 M gl li, 14 M Muster E, 4 M gl li, 16 M Muster A, 4 M gl li, 8 M Muster D, 10 (14) M gl li, Rdm. Nach 47 cm = 124 R ab Blende 8 R kr re str, dabei in der 1. R gleichmäßig vert 16 (18) M abn = 96 (102) M. Anschließend für die Passe im Noppenmuster weiterarb. Für den Halsausschnitt nach 14 cm = 34 R Passenhöhe die mittl 26 M abk und beide Seiten getrennt beenden. Für die Rundung am inneren Rand in jeder 2. R 1 x 3 und 2 x je 1 M abk. Die restl je 30 (33) Schulter-M nach 17 cm = 42 R Passenhöhe abk.

Vorderteil: Genauso, jedoch mit tieferem Halsausschnitt arb. Dafür bereits nach 10 cm = 24 R Passenhöhe die mittl 12 M abk und in jeder 2. R 1 x 4, 1 x 3, 1 x 2 und 3 x je 1 M abk.

Ärmel: 40 M anschl und für die Blende 3 cm = 8 R kr re arb, dabei in der letzten R gleichmäßig vert 8 M zun = 48 M. Danach im Muster A wie folgt weiterarb: Mit 1 Rdm beginnen, den MS 3 x arb, enden mit der M nach dem MS und 1 Rdm. Die 1.–16. R 1 x arb, dann die 3.–16. R stets wdh. Gleichzeitig für die Ärmelschrägungen ab Blende beids 25 x in jeder 4. R und 6 x in jeder 2. R je 1 M mustergemäß zun = 110 M. Nach 44 cm = 116 R ab Blende alle M abk.

Fertigstellung: Schulternähte schließen. Mit der Rundstrick-N aus dem Halsausschnittrand 100 M auffassen und im Noppenmuster in Rd str, dabei den MS stets wdh und in den geraden Rd die Noppen-M li str. Nach 6 cm = 15 Rd Kragenhöhe die Arbeit wenden und auf der bisherigen Innenseite im Noppenmuster weiterstr. Nach 14 cm = 34 Rd Kragenhöhe alle M abk. Ärmel einsetzen, Seiten- und Ärmelnähte schließen.

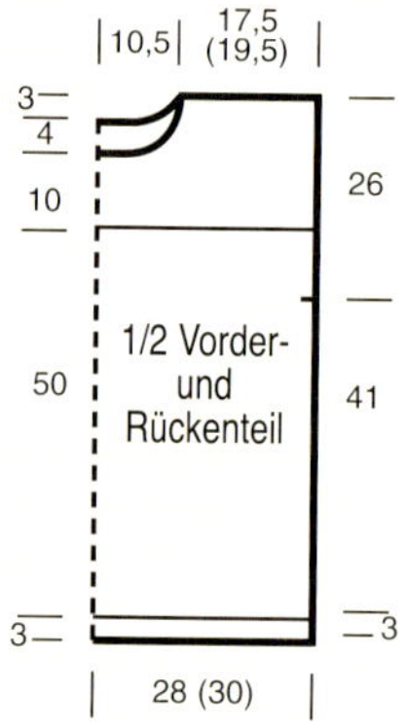

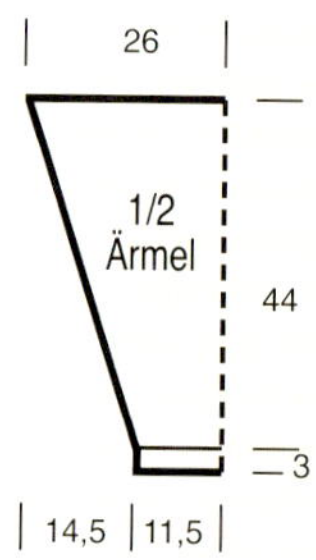

Zeichenerklärung für Strickschriften

= 1 M re

= 1 M li

= in den Hinr 1 M wie zum Li-str abh, dabei den Faden hinter der M weiterführen; in den Rückr die M li str

= 10 M nach li verzopfen re: 5 M auf eine Zopf-Nd vor die Arb legen, 5 M re und die M der Zopf-Nd re str

= 6 M nach li verzopfen re: 3 M auf eine Zopf-Nd vor die Arbeit legen, 3 M re und die M der Zopf-Nd re str

= 4 M nach re verzopfen re/li: 1 M auf eine Zopf-Nd hinter die Arbeit legen, 3 M re und die M der Zopf-Nd li str

= 4 M nach li verzopfen li/re: 3 M auf eine Zopf-Nd vor die Arbeit legen, 1M li und die M der Zopf-Nd re str

= 5 M nach li verzopfen li/re: 4 M auf eine Zopf-Nd vor die Arbeit legen, 1 M li und die M der Zopf-Nd re str

= 5 M nach re verzopfen re/li: 1 M auf eine Zopf-Nd hinter die Arbeit legen, 4 M re und die M der Zopf-Nd li str

*= 1 Noppe: aus der M 5 M herausstr, dann 2 x * die Arbeit wenden, 5 M li, die Arbeit wenden, 5 M re*, anschließend die 4., 3., 2. und 1. M über die 5. M ziehen*

Strickschrift 1

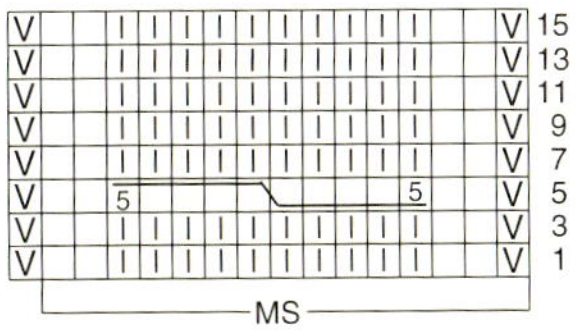

Strickschrift 2

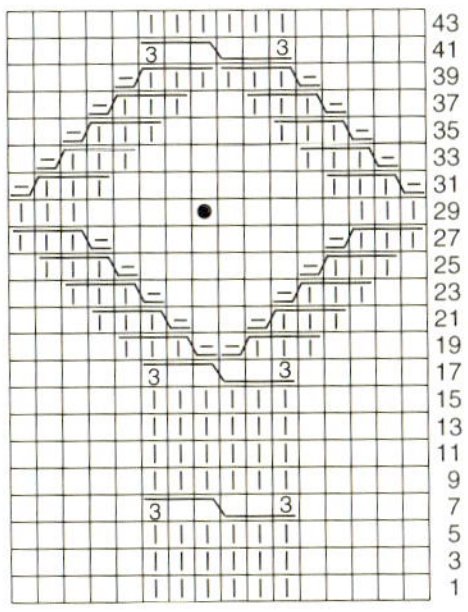

Strickschrift 3

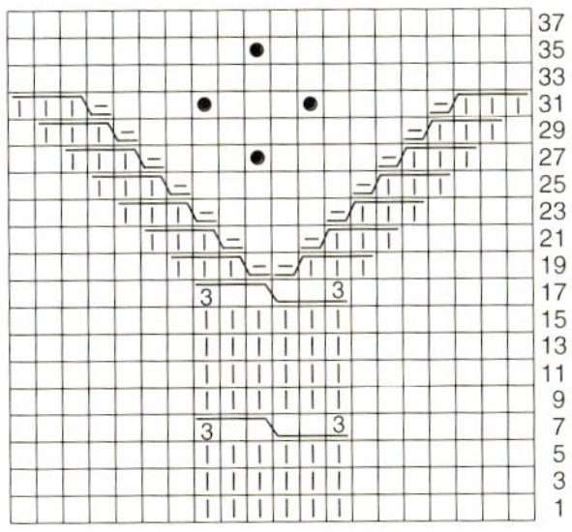

Strickschrift 4

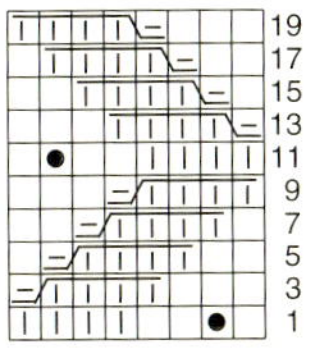

Strickschrift 5

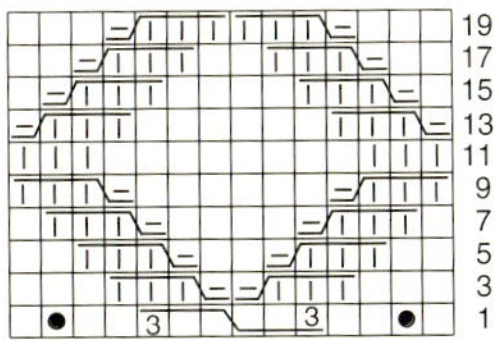

Strickschrift 6

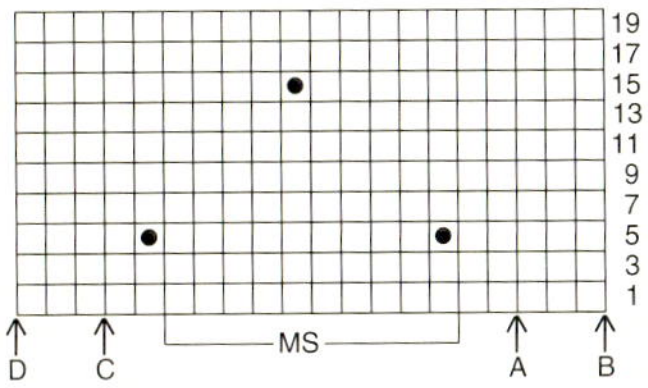

Pulli mit großen Noppen

Größe: 40/42, 52/54

Die abweichenden Angaben der größeren Größe stehen in Klammern, sofern sie von den Angaben der kleineren Größe abweichen.

Material:
- 550 (700) g grün (Fb 67) „Leggero" (100% Microfaser, LL = 160 m/50 g) von Lana Grossa
- Stricknadeln 4,5
- 1 kurze Rundstricknadel 4,5
- 1 Zopf-N

Bundmuster über 7 M in R bzw Rd: 1. R bzw Rd: *1 M li, 1 M re verschr, 1 M li, 4 M re.
2.und 4.R bzw Rd:
M str, wie sie erscheinen, dabei die verschr M li bzw re verschr str.
3. R bzw Rd: * 1 M li, 1 M re verschr, 1 M li, 4 M nach re verzopfen (2 M auf eine Zopf-N hinter die Arbeit legen, 2 M re und die M der Zopf-N re str). Ab * und die 4 R bzw Rd wdh.
Blattstreifen über 30 M: Laut Strickschrift str. Es sind die Hin-R gezeichnet. In den Rück-R die M str, wie sie erscheinen. Die 11.–38. R stets wiederholen. An den mit A bezeichneten Stellen der Strickschrift die Blätter lt Detailzeichnung A str.
Streifen über 16 M: Laut Strickschrift str. Es sind die Hin-R gezeichnet. In den Rück-R die M str, wie sie erscheinen. Die 4 R stets wiederholen.
Maschenprobe: Im Mustermix sind 17,5 M und 28 R = 10 x 10 cm.

Rückenteil: 107 (121) M anschl und zwischen den Rand-M 4 cm im Bundmuster str. In der letzten R verteilt 1 M abn (3 M zun). Weiter zwischen den Rand-M 21 (30) M Blattstreifen bei A (B) beginnend, 16 M Streifen, 30 M Blattstreifen, 16 M Streifen, 21 (30) M Blattstreifen str. 62 cm ab Bund für den Ausschnitt die mittleren 24 M abk. Über beide Schultern getrennt zu Ende str. Dabei in jeder 2. R am Ausschnittrand 2 x 3 M abk. 64 cm ab Bund die restlichen 35 (44) Schulter-M abk.

Vorderteil: Wie Rückenteil, jedoch mit tieferem Ausschnitt. Dafür 56 cm ab Bund die mittleren 14 M abk. Beide Schultern getrennt beenden. Dabei in jeder 2.R am Ausschnittrand 1 x 3, 3 x 2, 2 x 1 M abk. 8 cm ab Ausschnittbeginn die restlichen 35 (44) Schulter-M abk.

Ärmel: Je 37 (44) M anschl. Zwischen den Rand-M 3 cm im Bundmuster str. In der letzten R verteilt 9 (8) M zun. Weiter zwischen den Rand-M 7 (10) M Streifenmuster bei A (B) beginnend, 30 M Blattstreifen, 7 (10) M Streifenmuster str. Für die Ärmelschrägung beids in jeder 4. R 26 (20) x 1 M und in jeder 3. R 0 (6) x 1 M mustergemäß zun. 38 (36) cm ab Bund alle M abk.

Fertigstellung: Schulternähte schließen. Aus dem Halsausschnitt mit der Rund-N 91 M aufnehmen und 3 cm im Bundmuster str. Die M abk. Die Ärmel einnähen, so dass die Ärmelmitte an der Schulternaht liegt. Die Ärmel-Seitennähte schließen.

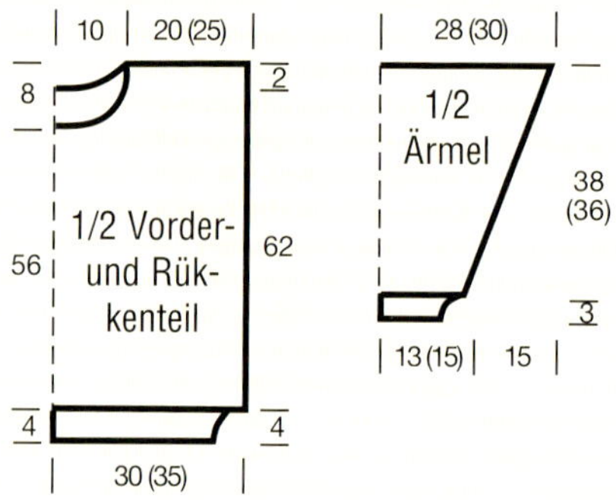

Streifen über 16 M

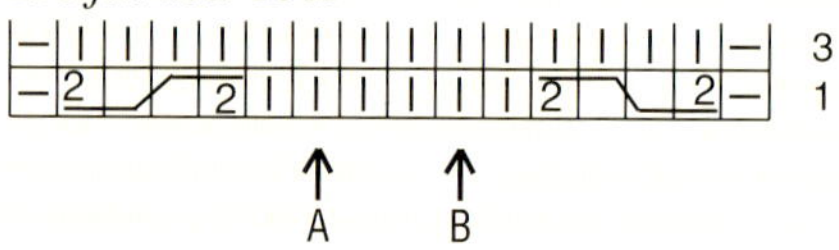

Blattstreifen über 30 M

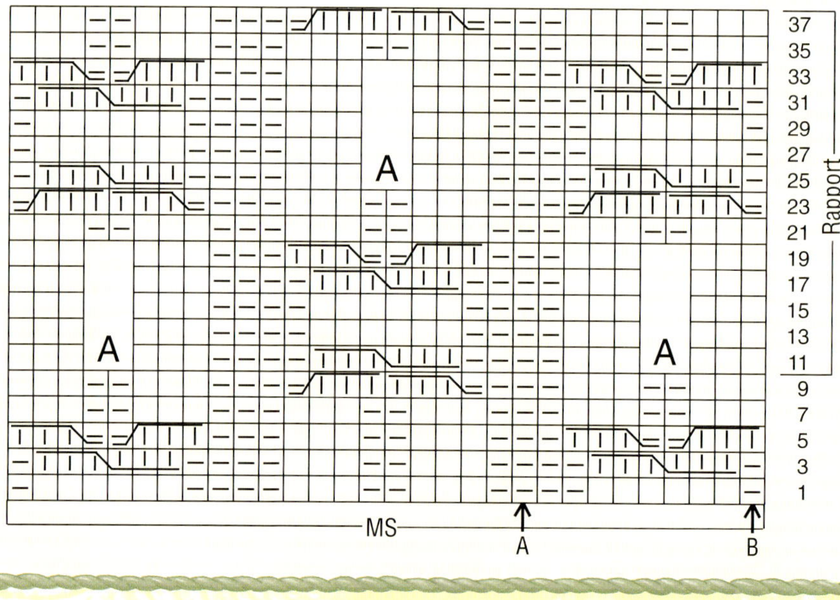

Zeichenerklärung für Strickschrift:

Über jedem leeren Feld ein Motiv A arbeiten. In der Höhe 1 x die 1. – 38. R str., dann die 11. – 38. R stets wdh.

| + □ = *1 M re*

— = *1 M li*

U = *1 Umschlag*

2 = *2 M re zusstr*

↓ = *1 Überzug: 1 M abheben, 1 M re str und die abgehobene M drüberziehen*

↑ = *1 doppelter Überzug: 2 M zus re verschränkt abh, 1 M re str und die abgehobenen M drüberziehen*

2 ╱ 2 = *4 M nach re verzopfen re: 2 M auf eine Zopf-Nd hinter die Arbeit legen, 2 M re und die M der Zopf-Nd re str*

2 ╲ 2 = *4 M nach li verzopfen re: 2 M auf eine Zopf-Nd vor die Arbeit legen, 2 M re und die M der Zopf-Nd re str*

= *4 M nach re verzopfen re/li: 1 M auf eine Zopf-Nd hinter die Arbeit legen, 3 M re und die M der Zopf-Nd li str*

= *4 M nach li verzopfen li/re: 3 M auf eine Zopf-Nd vor die Arbeit legen, 1 M li und die M der Zopf-Nd re str*

= *6 M nach li verzopfen re: 3 M auf eine Zopf-Nd vor die Arbeit legen; 3 M re und die M der Zopf-Nd re str*

— | U | U | U | — = *1 M links str, aus dem folgenden Querfaden 1 M rechts, 1 U, 1 M rechts 1 U, 1 M rechts, 1 U, und 1 M rechts herausstr.; 1 M links str = 9 M*

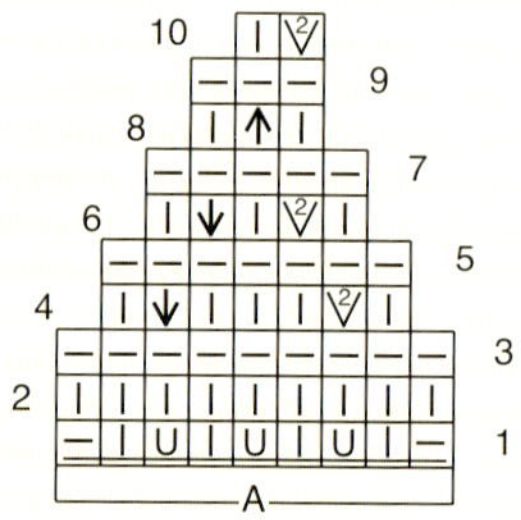

Pulli mit Farbflächen

Größe: 36/38 (40/42)

Material:

- 150 g türkis (Fb 1) und je 100 g maigrün (Fb 10) und grün (Fb 13) „Cotofilo" (88 % Baumwolle, 12 % Elitè, LL = 85 m/50 g), je 50 g grün meliert (Fb 217) und türkis (Fb 42) „Leggero" (100 % Microfaser, LL = 160 m/50 g), je 50 g oliv (Fb 61), petrol (Fb 19) und neongrün (Fb 60) „Pep" (80 % Microfaser, 20 % Polyamid, LL = 110 m/50 g) und je 50 g türkis (Fb 28) und oliv (Fb 17) „Rotonda" (100 % Microfaser, LL = 130 m/50 g) von Lana Grossa
- Je 1 Paar Schnellstrick-N Nr 4 und 4,5
- Eine Häkel-N Nr 4
- Holzperlen

Gl re: Hinr re M, Rückr li M.
Gl li: Hinr li M, Rückr re M.
Kr re: Hin- und Rückr re M.
Gr Perlmuster: 1. R: 1 M re, 1 M li im Wechsel.
2. und 4. R: M str, wie sie erscheinen.
3.R: 1 M li, 1 M re im Wechsel. Die 1.–4. R stets wdh.
Einstrickmuster: Nach Zählmuster 1 bzw 2 arb. Dabei für jede Farbfläche ein extra Knäuel verwenden und beim Farbwechsel die Fäden auf der Rückseite der Arbeit miteinander verkr, damit keine Löcher entstehen. In der 1. R nach einem Farbwechsel stets gl re str. Zählmuster 1 zeigt das Vorderteil, das Rückenteil ggl (d. h. Zählmuster von li nach re lesen) arb. Zählmuster 2 zeigt die re Hälfte des li Ärmels, die li Hälfte ohne Mittel-M ggl arb. Für die gr Größe beids je 3 M (= Vorderteil/Rücken) bzw. 2 M (=Ärmel) mustergemäß hinzufügen. Die Rdm sind eingezeichnet.
Achtung: Die Qual „Rotonda" wird mit dopp Faden gestrickt!
Maschenprobe im Durchschnitt: 15,5 M und 24 R = 10 x 10 cm;
re Ärmel: 14 M u. 30 R = 10 x 10 cm;
li Ärmel: 16 M u. 28,5 R = 10 x 10 cm.

Vorderteil: 84 (90) M mit N Nr 4 in folg **Einteilung anschl:** 16 (19) M in Maigrün, 13 M in Grün, 13 M in Grün meliert, 11 M in „Multicot" in Türkis, 17 M in „Pep" in Oliv, 14 (17) M in Grün meliert und für die Blende 2 cm = 6 R kr re str. Danach mit N Nr 4,5 farbgemäß in folg Mustern weiterarb: 16 (19) M gr Perlmuster, 13 M kr re, 13 M gl li, 11 M gr Perlmuster, 17 M gl re, 14 (17) M gl li. Nach 29 cm = 70 R ab Blende lt Zählmuster 1 weiterarb. Für den V-Ausschnitt nach 36,5 cm = 88 R (35 cm = 84) R ab Blende die beiden mittl M abk und jede Seite getrennt beenden. Für die Ausschnittschrägung 3 x in jeder 2. R und 6 (8) x in jeder 4. R je 1 M abk. Die restl je 32 (33) Schulter-M nach 53,5 cm = 128 R ab Blende abk.

Rückenteil: Ggl und ohne Halsausschnitt arb.

Re Ärmel: 43 (48) M mit N Nr 4,5 in „Multicot" in Türkis anschl und zwischen den Rdm kr re arb. Gleichzeitig für die Ärmelschrägungen ab Anschlag beids 9 x in jeder 4. R je 1 M zun = 61 (66) M. Nach 12,5 cm = 38 R ab Anschlag die M abk.
Li Ärmel: 49 (53) M mit N Nr 4,5 in Grünmeliert anschl und lt Zählmuster 2 arb und enden.

Fertigstellung: Schulternähte schließen. Den Halsausschnittrand mit je 1 Rd fe M und Krebs-M (= fe M von li nach re) in Grünmeliert bzw in „Multicot" in Türkis umhäkeln. Ärmel einsetzen, Seiten- und Ärmelnähte schließen. Das Vorderteil mit Kreuzstichen in Grün und Maigrün lt Foto besticken und an die Garnenden blaue und grüne Holzperlen knoten.

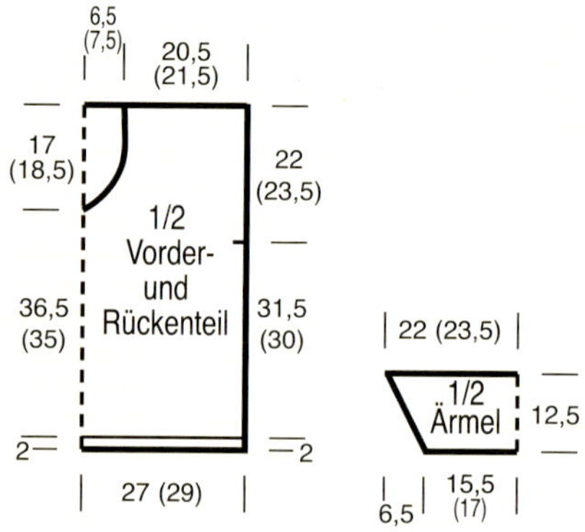

Zeichenerklärung

1 = *„Multicot" in Türkis gr Perlmuster*
2 = *Maigrün gr Perlmuster*
3 = *Grün kr re*
4 = *Grün meliert gl li*
4a = *Grün meliert kr re*
5 = *„Leggero" in Türkis gl li*
6 = *„Rotonda" in Türkis gl re*
6a = *„Rotonda" in Türkis kr re*
7 = *Petrol gl re*
8 = *Neongrün gl re*
9 = *„Rotonda" in Oliv gl re*
□ = *1 M + 1 R*

Zählmuster 2

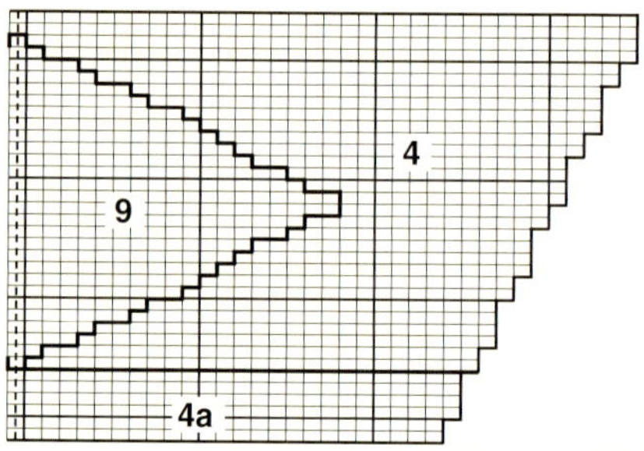

Zählmuster 1

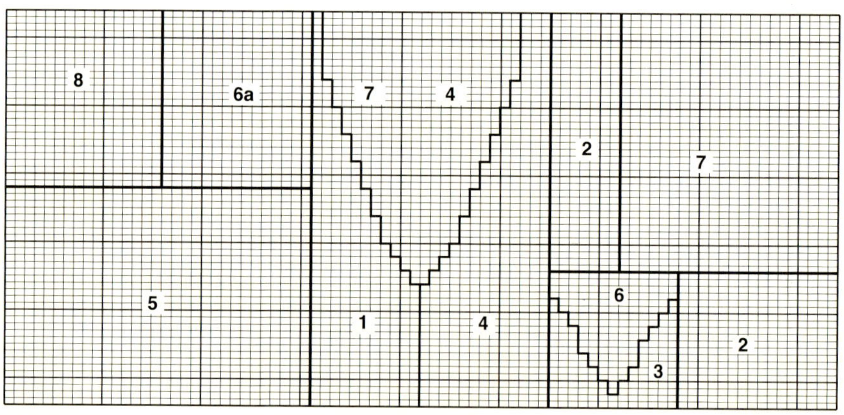

Bunt gestreifte Jacke

Größe: 36/38 (40/42) 44/46

Material:

- Je 150 (200) 200 g pink (Fb 41) und weiß (Fb 5), 100 (150) 150 g dunkelblau (Fb 23), je 50 (100) 100 g blau (Fb 24) und orange (Fb 29) „Leggero“ (100 % Microfaser, LL = 160 m/50 g) von Lana Grossa
- Rundstrick-N Nr 4,5
- Eine Häkel-N Nr 3,5
- Ein Reißverschluss, 50 cm lang

Gl re: Hinr re M, Rückr li M.
Kr re: Hin- und Rückr re M.
Streifenfolge: °°, * 2 R Pink, 2 R Weiß gl re, ab * noch 5 x wdh, 6 R Anthrazit kr re, * 2 R Orange, 2 R Weiß gl re, ab * noch 5 x wdh, 6 R Anthrazit kr re, * 2 R Blau, 2 R Weiß gl re, ab * noch 5 x wdh, 6 R Anthrazit kr re, ab °° wdh.
Maschenprobe im Durchschnitt: 16 M und 30 R = 10 x 10 cm.

Rückenteil: 86 (92) 98 M in Pink anschl und in der Streifenfolge str. Für die Armausschnitte nach 36 cm = 108 R (34 cm = 102 R) 32 cm = 96 R ab Anschlag beids in jeder 2. R 8 x je 1 M abk = 70 (76) 82 M. Für die Schulterschrägungen nach 58 cm = 174 R ab Anschlag beids in jeder 2. R 3 x je 6 (6) 7 M abk. Gleichzeitig mit der 1. Schulterabnahme die mittl 18 (20) 22 M abk und beide Seiten getrennt beenden.
Für die Rundung am inneren Rand in jeder 2. R 1 x 2 und 1 x 1 M abk. Die restl je 5 (7) 6 Schulter-M nach 60 cm = 180 R ab Anschlag abk.

Li Vorderteil: 43 (46) 49 M in Pink anschl und in der Streifenfolge str. Den Armausschnitt und die Schulterschrägung am re Rand wie beim Rückenteil arb. Für die Ausschnittrundung am li Arbeitsrand nach 52 cm = 156 R ab Anschlag in jeder 2. R 1 x 5 (6) 7, 2 x je 2 und 3 x je 1 M abk. Die restl 5 (7) 6 Schulter-M in Rückenteilhöhe abk.

Re Vorderteil: Ggl arb.

Ärmel: 38 (44) 50 M in Pink anschl und in der Streifenfolge str. Gleichzeitig für die Ärmelschrägungen ab Anschlag beids 16 x in jeder 6. R je 1 M zun = 70 (76) 82 M. Für die flache Armkugel nach 35 cm = 104 R ab Anschlag beids 8 x in jeder 2. R je 1 M abk. Die restl 54 (60) 66 M nach 40 cm = 120 R ab Anschlag abk.

Kapuze: 106 M in Pink anschl und gl re str. Nach 14 cm = 42 R ab Anschlag beids 1 x 40 M abk. Die restl 26 M nach 39 cm = 118 R ab Anschlag abk.

Fertigstellung: Schulternähte schließen. Kapuzennähte schließen. Kapuze an den Halsrand nähen. Die Vorderteilkanten und den Kapuzenrand mit 1 R fe M in Orange umhäkeln. Reißverschluss einsetzen. Ärmel einsetzen, Seiten- und Ärmelnähte schließen.

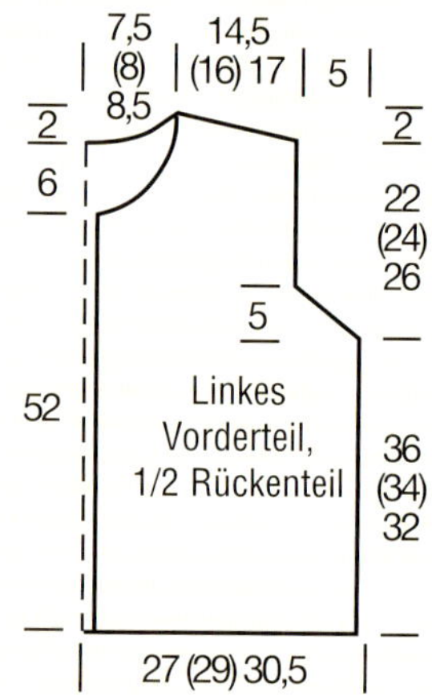

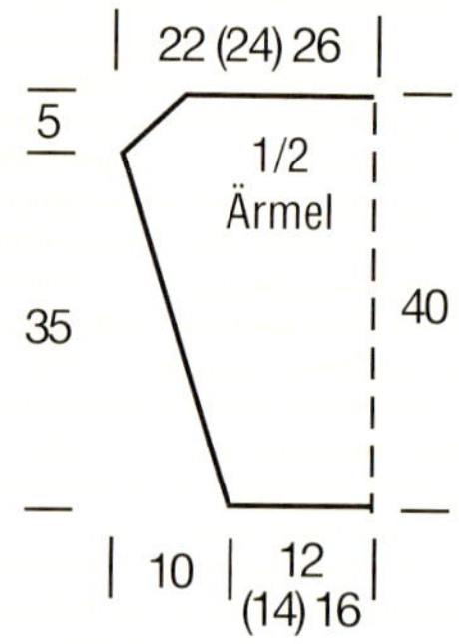

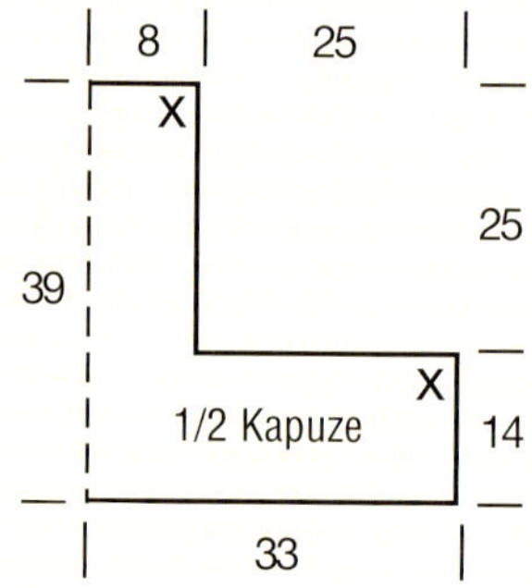

SCRAMBLER

Jacke im Hebemaschenmuster

Größe: 34/36 (38/40) 42/44

Material:

- 150 g dunkelblau (Fb 23) und je 100 g ecru (Fb 13), hellblau (Fb 24) und hellgrün (Fb 59) „Leggero“ (100 % Microfaser, LL = 160 m/50 g) von Lana Grossa
- 1 Paar Schnellstrick-N Nr 4,5
- 1 Rundstrick-N Nr 5
- Fünf Knöpfe

Kr re mit N Nr 4,5: Hin- und Rückr re M. Hebemaschenmuster mit N Nr 5: Gerade M-Zahl. Nach der Strickschrift arb. Es sind Hin- und Rückr gezeichnet, jede R beginnt und endet mit 1 Rdm. Zwischen den Rdm den MS stets wdh. Die 1.–26. R 1 x arb, danach die 3.–26. R stets wdh.
Maschenprobe im Hebemaschenmuster: 19,5 M und 38 R = 10 x 10 cm.
Achtung! Es ist nicht jede R im M-Bild erkennbar.

Rückenteil: 90 (98) 106 M in Dunkelblau anschl, 1 Rückr li M (zählen in der Berechnung der R-Angaben nicht mit) und weiter im Hebemaschenmuster str. Für die Schulterschrägungen nach 45 cm = 172 R ab Anschlag beids in jeder 2. R 3 x je 7 (8) 9 M abk. Gleichzeitig mit der 1. Schulterabnahme für den Halsausschnitt die mittl 24 M abk und jede Seite getrennt beenden. Für die Rundung am inneren Rand in jeder 2. R 1 x 3 und 1 x 2 M abk. Die restl je 7 (8) 9 Schulter-M nach 47 cm = 178 R ab Anschlag abk.
Li Vorderteil: 44 (48) 52 M in Dunkelblau anschl und im Hebemaschenmuster weiterarb. Für den Halsausschnitt nach 41 cm = 156 R ab Anschlag am li Arbeitsrand 1 x 5 M abk und in jeder 2. R 1 x 4, 1 x 3, 1 x 2 und 2 x je 1 M abk. Die Abnahmen für die Schulterschrägung am re Arbeitsrand wie beim Rückenteil arb. Die restl 7 (8) 9 Schulter-M in Rückenteilhöhe abk.

Re Vorderteil: Ggl arb.

Ärmel: 50 (50) 58 M in Dunkelblau anschl und im Hebemaschenmuster str. Gleichzeitig für die Ärmelschrägungen ab Anschlag beids 13 x in jeder 10. R und 5 x in jeder 8. R je 1 M mustergemäß zun = 86 (86) 94 M. Für die flache Armkugel nach 47 cm = 178 R ab Anschlag beids in jeder 2. R 6 x je 6 M abk. Die restl 14 (14) 22 M nach 50 cm = 190 R ab Anschlag abk.

Fertigstellung: Die Schulternähte schließen. Aus den Verschlusskanten in Dunkelblau je ca. 62 M auffassen und kr re str. Dabei nach 1 cm Blendenhöhe in die re Blende 4 Knopflöcher (= 2 M abk und in der folg R wieder anschl) einarb. Das 1. Knopfloch 4 M vom unteren Rand entfernt arb, die weiteren folgen im Abstand von je 13 M. Nach 2 cm Blendenhöhe alle M abk. Aus dem Halsausschnittrand inkl. der Blendenschmalseiten mit der Rundstrick-N in Dunkelblau ca. 78 M auffassen und kr re str. Dabei nach 1 cm Blendenhöhe 2 M vom re Arbeitsrand entfernt 1 Knopfloch einarb. Nach 2 cm Blendenhöhe alle M abk. Ärmel einsetzen, Seiten-Ärmelnähte schließen. Knöpfe annähen.

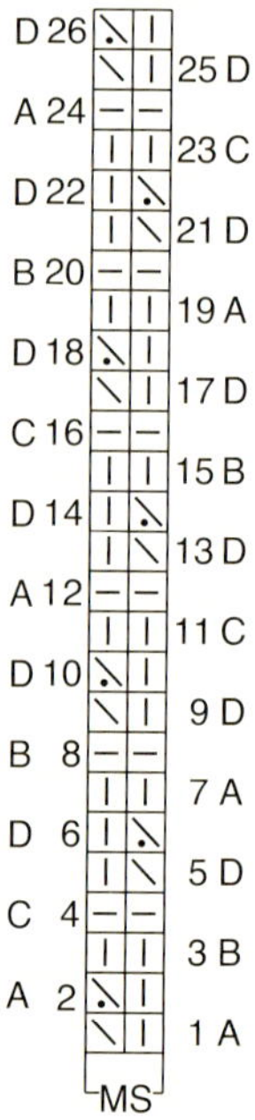

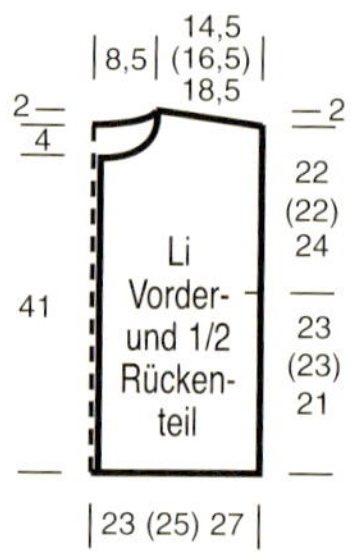

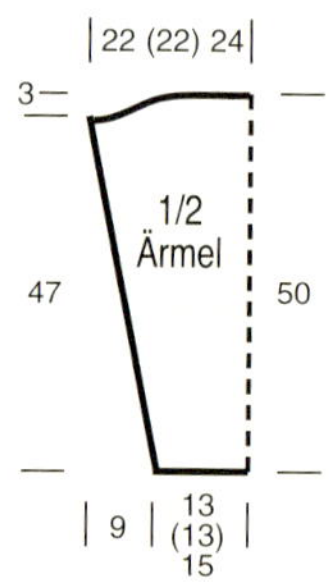

Zeichenerklärung zur Strickschrift

A = Hellblau
B = Ecru
C = Hellgrün
D = Dunkelblau
[|] = *1 M re*
[–] = *1 M li*
[\] = *1 M li abheben, dabei den Faden hinter der Arbeit weiterführen*
[\.] = *1 M li abheben, dabei den Faden vor der Arbeit weiterführen*

Blau-grüner Kinderpulli

Größe: 110/116 (122/128)

Material:
- 300 g kiwi (Fb 10), 100 g blau (Fb 15), je 50 g hellblau (Fb 14), türkis (Fb 1) und khaki (Fb 13) "Cotofilo" (80 % Baumwolle, 12 % Elité, LL = 85 m/ 50 g) von Lana Grossa
- Je 1 Paar Schnellstrick-N Nr 4,5 und 5
- Eine Rundstrick-N Nr 4,5

Kr re mit N Nr 4,5 in R: Hin- und Rückr re M;
in Rd: abw je 1 Rd li und re M str.
Alle weiteren Muster mit N Nr 5.
Gl re: Hinr re M, Rückr li M.
Hebemaschenmuster: M-Zahl teilbar durch 2 + 1 + 2 Rdm. Lt Strickschrift arb. Es sind nur Hinr gezeichnet, in den Rückr M farbgemäß str, wie sie erscheinen, abgehobene M wieder abh, dabei den Faden vor der Arbeit weiterführen. Mit 1 Rdm beginnen, den MS stets wdh, enden mit der M nach dem MS und 1 Rdm. Die 1.–16. R 1 x arb, dabei den Farbwechsel beachten.
Musterfolge A: 22 (26) R gl re in Blau, 16 R Hebemaschenmuster, restl R gl re in Kiwi.
Musterfolge B: 16 (20) R gl re in Blau, 16 R Hebemaschenmuster, restl R gl re in Kiwi.
Maschenprobe im Durchschnitt: 17 M und 25,5 R = 10 x 10 cm.

Rückenteil: 65 (71) M in Khaki anschl und für die Blende, mit 1 Rückr beginnend, 1 cm = 3 R kr re str. Danach in Musterfolge A weiterarb. Für die Armausschnitte nach 22,5 cm = 58 R (24 cm = 62 R) ab Blende beids in jeder 2. R 1 x 2, 1 x 1, 1 x 2 und 1 x 1 M wie folgt abn: Am re Rand für 1 abgenommene M die 3.+ 4. M re überzogen zusstr (= 1 M re abh, folg M re str, dann die abgehobene M darüber ziehen), für 2 abgenommene M die 3.–5. M re überzogen zusstr (= 1 M re abh, folg 2 M re zusstr, dann die abgehobene M darüber ziehen); am li Rand für 1 abgenommene M die 4.- und 3.-letzte M re zusstr, für 2 abgenommene M die 5.–3.-letzte M re zusstr = 53 (59) M. Für die Schulterschrägungen nach 39,5 cm = 100 R (42,5 cm = 108 R) ab Blende beids in jeder 2. R 2 x je 8 (9) M abk. Gleichzeitig mit der 1. Schulterabnahme die mittl 17 (19) M abk und beide Seiten getrennt beenden. Für die Rundung am inneren Rand in der folg 2. R noch 1 x 2 M abk. Nach 41 cm = 104 R (44 cm = 112 R) ab Blende sind alle M aufgebraucht.

Vorderteil: Genauso, jedoch mit V-Ausschnitt arb. Dafür nach 30 cm = 76 R (33 cm = 84 R) ab Blende die Mittel-M abk und beide Seiten getrennt beenden. Für die Schrägung 8 (9) x in jeder 2. R und 2 x in jeder 4. R je 1 M wie folgt abn: Am re Rand die 4.- und 3.-letzte M re zusstr, am li Rand die 3. und 4. M re überzogen zusstr.

Ärmel: 33 (37) M in Khaki anschl und für die Blende, mit 1 Rückr beginnend, 1 cm = 3 R kr re str. Danach in Musterfolge B weiterarb. Gleichzeitig für die Ärmelschrägungen ab Blende beids 10 x abw in jeder 4. und 6. R und 3 x in jeder 4. R (9 x in jeder 6. R und 4 x in jeder 4. R) je 1 M mustergemäß zun = 59 (63) M. Für die flache Armkugel nach 26 cm = 66 R (29 cm = 74 R) ab Blende beids in jeder 2. R 1 x 2, 1 x 1, 1 x 2 und 1 x 1 M abk. Die restl 47 (51) M nach 29 cm = 74 R (32 cm = 82 R) ab Blende abk.

Fertigstellung: Schulternähte schließen. Aus dem Halsausschnittrand mit der Rundstrick-N in Blau ca. 62 (66) M auffassen und 1 cm = 3 Rd kr re str. Danach alle M abk. Ärmel einsetzen, Seiten- und Ärmelnähte schließen.

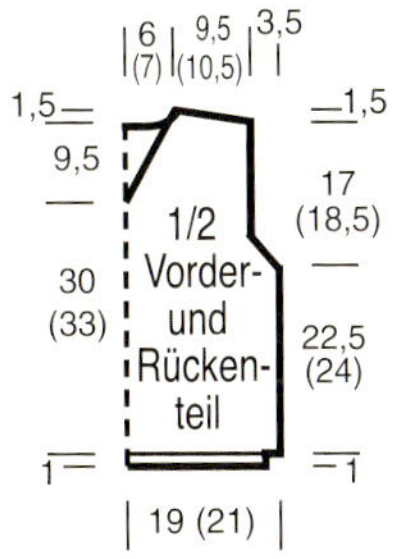

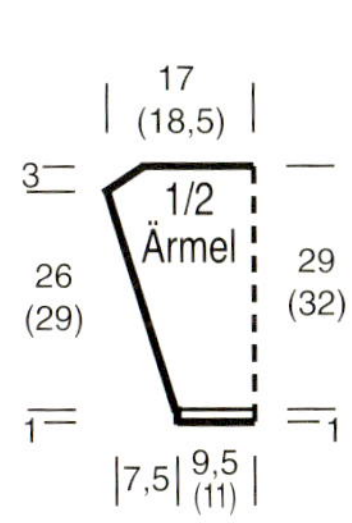

Zeichenerklärung und Strickschrift

☐ = *1 M re*
[V] = *1 M li abheben, dabei den Faden hinter der Arbeit weiterführen*
A = *Khaki*
B = *Hellblau*
C = *Türkis*
D = *Kiwi*

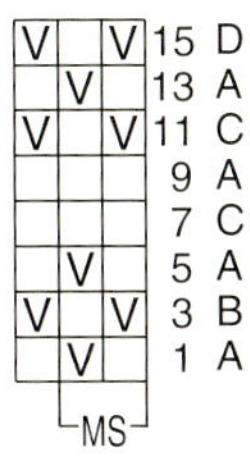

Damenpulli mit Haus

Größe: 34/36 (38/40)

Material:
- 350 g tanne (Fb 7), je 100 g grün (Fb 13), hellgrün (Fb 14) und hellblau (Fb 15) „Superlana" (100 % Merino-Schurwolle, LL = 110 m/50 g) von Lana Grossa
- Je 1 Paar Schnellstrick-N Nr 3 und 3,5
- Eine Rundstrick-N Nr 3
- Wollreste in Rot, Weiß, Gelb und Schwarz

Kr re mit N Nr 3: Hin- und Rückr re M, in Rd: 1 Rd re M, 1 Rd li M im Wechsel.
Streifenfolge 1: Je 2 R Grün und Hellgrün im Wechsel.
Streifenfolge 2: Je 2 Rd Hellblau und Grün im Wechsel.
Alle weiteren Muster mit N Nr 3,5.
Gl re: Hinr re M, Rückr li M.
Gl li: Hinr li M, Rückr re M.
Perlmuster: Hinr: 1 M re, 1 M li im Wechsel;
Rückr: Genauso, jedoch das Muster um 1 M versetzen.
Punktmuster: 1.+ 2., 4.– 6.+ 8. R: gl re; 3. R: * 5 M re, 1 M li, ab * wdh; 7. R: * 2 M re, 1 M li, 3 M re, ab *wdh. Die 1.– 8. R stets wdh.
Pikeemuster: 1.+ 2., 4.– 6.+ 8. R: gl re; 3. R: * 3 M re, 1 M li, ab *wdh; 7. R: * 1 M re, 1 M li, 2 M re, ab * wdh. Die 1.– 8. R stets wdh.
Einstrickmuster: Nach Zählmuster arb. Dabei für jede Farbfläche ein extra Knäuel verwenden und beim Farbwechsel die Fäden auf der Rückseite der Arbeit miteinander verkr, damit keine Löcher entstehen. Das Zählmuster zeigt das Vorderteil und die Ärmel, das Rückenteil wird ggl (Zählmuster von li nach re lesen) gearbeitet. Für die kleinere Größe beids je 5 M weglassen.

Stickerei: Die Gl-re-Fläche in Tanne im Vorder- und Rückenteil sowie im re Ärmel beliebig mit Blümchen besticken. Dafür jeweils einen M-Stich (= 1 M breit und 2 R hoch) in Grün oder Hellgrün, darüber je einen oder drei Knötchenstiche (Faden 3 x um die N wickeln) in Rot bzw Gelb arb. Die Vögel im Vorderteil lt Foto in Schwarz im Steppstich aufsticken, die Bäumchen wie beim Herrenpulli, Seite 103, arb. Die Pilze lt Foto auf die Perlmuster-Fläche in Vorder- und Rückenteil sowie im li Ärmel im Kettenstich in Rot bzw Weiß aufsticken, auf die rote Fläche je 3 Knötchenstiche in Weiß sticken. Für das Häuschen-Dach in Vorder- und Rückenteil je 13 M in Rot mit N Nr 3,5 anschl und 12 R kr re str, dabei in jeder 2. R am re Rand 1 M zun und am li Rand 2 M re zusstr. Die M abk und die Dächer aufnähen. Auf die Häuser je zwei Fenster in Schwarz im Steppstich lt Foto aufsticken.
Musterfolge: 22 R gl re in Tanne, 1x die ersten 28 R des Zählmusters, 10 R Streifen: 2 R gl re in Hellgrün und 2 R gl li in Grün im Wechsel, 20 R Perlmuster in Tanne, 1 x die letzten 66 R des Zählmusters, die restl R in Hellblau im Punktmuster str. Jede R beginnt und endet mit 1 Rdm.
Maschenprobe im Durchschnitt:
22 M und 33,5 R = 10 x 10 cm.

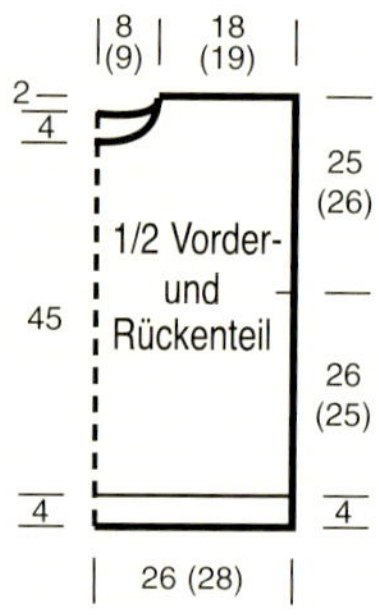

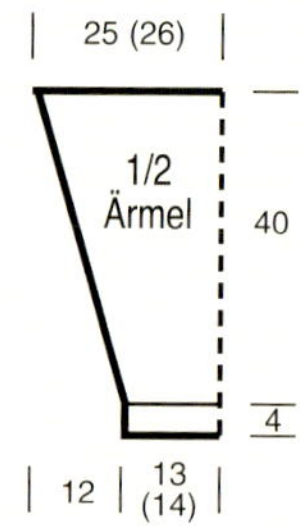

Zeichenerklärung

1 = Tanne gl re
2 = Grün Perlmuster
3 = Tanne Perlmuster
4 = Weiß gl re
5 = Rot gl re
6 = Hellgrün Pikeemuster
7 = Hellblau Punktmuster
□ *= 1 M + 1 R*

Zählmuster

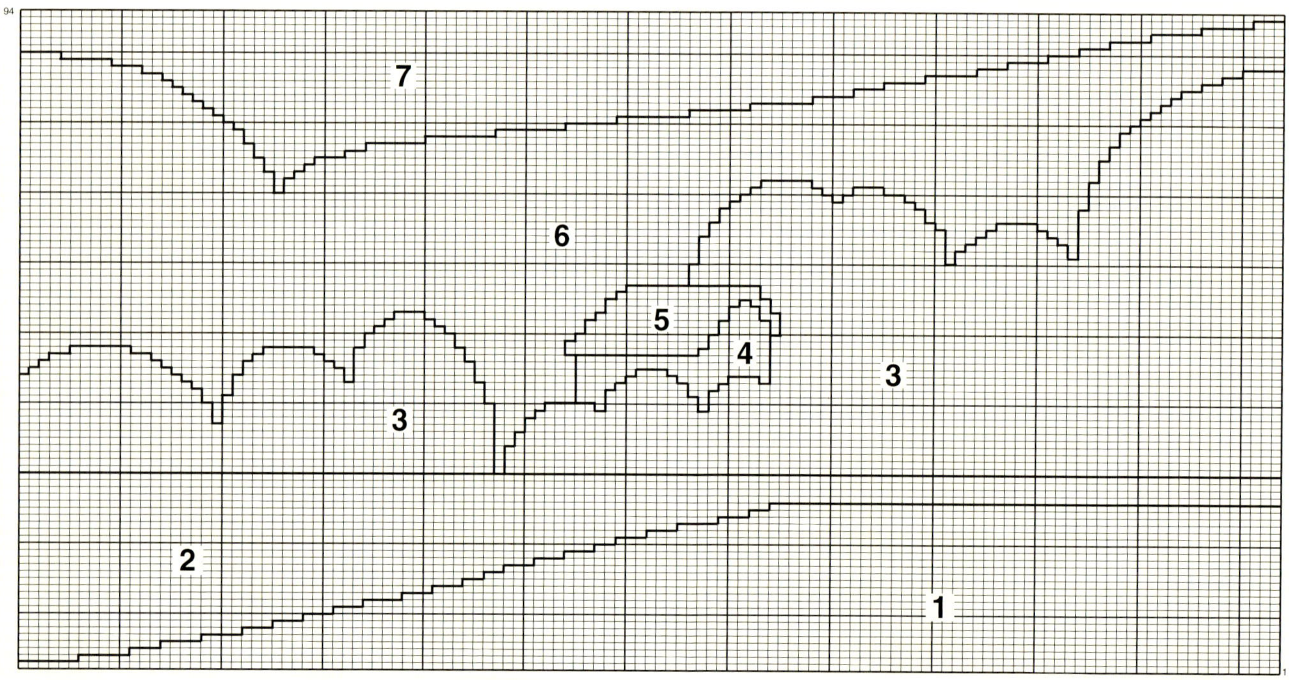

Vorderteil: 114 (124) M in Grün anschl und für die Blende 4 cm = 16 R kr re in Streifenfolge 1 arb, danach in der Musterfolge weiterarb, dabei das Punkt- und Pikeemuster von der Mitte aus einteilen. Für den Halsausschnitt nach 45 cm = 150 R ab Blende die mittl 10 (14) M abk und jede Seite getrennt beenden. Für die Rundung am inneren Rand in jeder 2. R 1 x 4, 2 x je 3, 1 x 2 und 1 x 1 M abk. Die restl je 39 (42) Schulter-M nach 51 cm = 170 R ab Blende abk.

Rückenteil: Ggl arb und für den höheren Halsausschnitt nach 49 cm = 164 R ab Blende die mittl 28 (32) M abk und in jeder 2. R 1 x 3 und 1 x 1 M abk.

Ärmel: 58 (62) M in Grün anschl und für die Blende 4 cm = 16 R kr re in Streifenfolge 1 arb, danach die ersten 80 R der Musterfolge arb, dabei das Zählmuster von der Mitte aus einteilen. Die restl R in Tanne im Perlmuster str. Gleichzeitig für die Ärmelschrägungen ab Blende beids 26 x abw in jeder 4. und 6. R je 1 M mustergemäß zun = 110 (114) M. Nach 40 cm = 134 R ab Blende die M abk.

Fertigstellung: Alle Teile besticken. Schulternähte schließen. Aus dem Halsausschnittrand mit der Rundstrick-N in Hellblau 94 (102) M auffassen und 3 cm = 14 Rd kr re in Streifenfolge 2 str, dann die M abk. Ärmel einsetzen, Seiten- und Ärmelnähte schließen.

Kinderpulli mit Käfern

Größe: 116/122 (128/134) 140/146

Material:
- 150 (150) 200 g grün (Fb 13), je 100 (100) 150 g hellgrün (Fb 14), hellblau (Fb 15), dunkelgrün (Fb 7), je 50 g rot (Fb 5), schwarz (Fb 11) „Superlana" (100 % Merino-Schurwolle, LL = 110 m/50 g) von Lana Grossa
- Je 1 Paar Schnellstrick-N Nr 3,5 und 4
- 1 Rundstrick-N Nr 3,5
- Wollreste in Weiß und Gelb zum Besticken.

Gl re: Hinr re M, Rückr li M.
Gl li: Hinr li M, Rückr re M.
Kr re in R: Hin- und Rückr re M;
in Rd: 1 Rd re M, 1 Rd li M im Wechsel.
Streifenfolge: Je 2 Rd Hellblau und Dunkelgrün im Wechsel.
Perlmuster:
Hinr: 1 M re, 1 M li im Wechsel;
Rückr: Genauso, jedoch das Muster um 1 M versetzen.
Punktmuster: M-Zahl teilbar durch 6 + 2 Rdm. Jede R beginnt und endet mit 1 Rdm.
1.+ 2., 4.–6. + 8. R: gl re; 3.R: * 5 M re, 1 M li, ab * wdh;
7. R: * 2 M re, 1 M li, 3 M re, ab * wdh.
Die 1.– 8. R stets wdh.
Einstrickmuster: Nach Zählmuster arb. Dabei für jede Farbfläche ein extra Knäuel verwenden und beim Farbwechsel die Fäden auf der Rückseite der Arbeit miteinander verkr, damit keine Löcher entstehen. Das Zählmuster zeigt das Vorderteil und die Ärmel, das Rückenteil wird ggl (Zählmuster von li nach re lesen) gearbeitet. Für die größeren Größen beids je 5 (9) M zufügen.

Stickerei: Das Vorderteil lt Foto mit Blümchen besticken. Dafür jeweils einen Maschenstich (= 1 M breit und 2 R hoch) in Grün oder Dunkelgrün, darüber je einen oder drei Knötchenstiche (Faden 3 x um die N wickeln) in Rot bzw Gelb arb. Die Vögel in Schwarz im Steppstich aufsticken, die Bäumchen wie beim Herrenpulli, Seite 103, arb. Zwei Pilze lt Foto auf den li Ärmel im Kettenstich in Rot bzw Weiß aufsticken, auf die rote Fläche je 3 Knötchenstiche in Weiß sticken. Für den gr Marienkäfer 13 M in Rot mit N Nr 3,5 anschl und 14 R gl re, dann in Schwarz 10 R gl re str und die M abk. Für die beiden kleineren Käfer 11 bzw 9 M in Rot anschl und 12 bzw 10 R, dann 8 R in Schwarz str und die M abk. Auf die roten Flächen in Schwarz jeweils eine Mittel-Linie im Steppstich und 6–8 Punkte im Knötchenstich sticken. Die Marienkäfer auf das Vorderteil nähen, dabei die Konturen rund formen und die Käfer mit Wolle ausstopfen. In Schwarz im Steppstich an die Köpfe je 2 Fühler sticken.
Musterfolge: 2 R kr re in Hellgrün, *2 R gl re in Grün, 2 R gl li in Dunkelgrün, ab * noch 1 x wdh, 8 R gl re in Grün, 2 R gl li in Dunkelgrün, 14 R gl re in Grün, 2 R gl li in Dunkelgrün, 8 (8) 12 R gl re in Grün, 66 R lt Zählmuster, die restl 40 (50) 56 R in Hellblau im Punktmuster arb = 150 (160) 170 R. Jede R beginnt und endet mit 1 Rdm.
Maschenprobe im Durchschnitt: 22 M und 35 R = 10 x 10 cm.

Vorderteil: 92 (102) 110 M in Dunkelgrün mit N Nr 3,5 anschl und für die Blende 2 cm im Perlmuster str, dann mit N Nr 4 in der Musterfolge weiterarb, dabei für die 2. Größe das Punktmuster von der Mitte aus einteilen. Für den Halsausschnitt nach 37,5 cm = 132 R (40,5 cm = 142 R) 43,5 cm = 152 R ab Blende die mittl 16 M abk und jede Seite getrennt beenden. Für die Rundung am inneren Rand in jeder 2. R 1 x 5, 1 x 3, 1 x 2 und 2 x je 1 M abk. Die restl je 26 (31) 35 Schulter-M nach 43 cm = 150 R (46 cm = 160 R) 49 cm = 170 R ab Blende abk.

Rückenteil: Ggl arb und mit höherem Halsausschnitt enden. Dafür nach 41 cm = 144 R (44 cm = 154 R) 47 cm = 164 R ab Blende die mittl 28 M abk und in jeder 2. R 1 x 4 und 1 x 2 M abk.

Ärmel: 40 (40) 44 M in Dunkelgrün mit N Nr 3,5 anschl und für die Blende 2 cm im Perlmuster str, dann mit N Nr 4 in der Musterfolge 90 R arb, danach noch 2 R gl re in Hellgrün (2 R gl re in Hellgrün, 2 R gl li in Grün und 6 R gl re in Hellgrün) 2 R gl re in Hellgrün, 2 R gl li in Grün und 18 R gl re in Hellgrün str, dabei das Einstrickmuster von der Mitte aus einteilen. Gleichzeitig für die Ärmelschrägungen ab Blende beids 10 (5) 6 x in jeder 6. R und 7 (17) 18 x in jeder 4. R je 1 M mustergemäß zun = 74 (84) 92 M. Nach 26 cm = 92 R (29 cm = 102 R) 32 cm = 112 R ab Blende die M abk.

Fertigstellung: Vorderteil und li Ärmel besticken. Schulternähte schließen. Aus dem Halsausschnittrand mit der Rundstrick-N in Hellblau 80 (80) 90 M auffassen und 2,5 cm kr re in der Streifenfolge str, dann die M abk. Ärmel einsetzen, Seiten- und Ärmelnähte schließen.

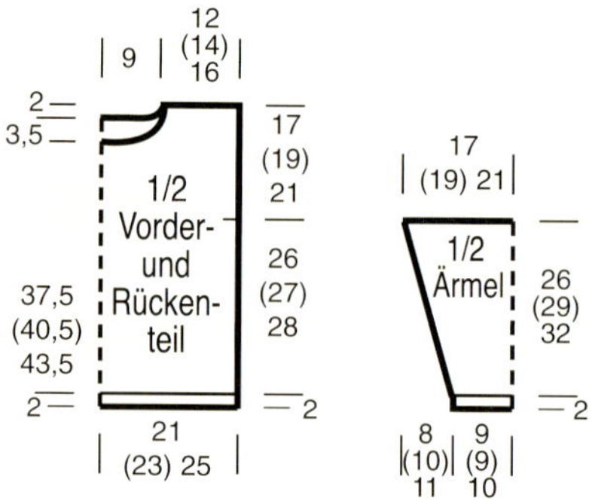

Zeichenerklärung zum Zählmuster, siehe Seite 107

1 = Dunkelgrün Perlmuster
2 = Grün gl re
3 = Hellgrün gl re
4 = Hellblau Punktmuster
5 = Grün gl li
6 = Dunkelgrün gl li
□ = 1 M + 1 R

Stickmotiv „Baum"

Herrenpulli mit Stickmotiv

Größe: 48/50 (52/54) 56/58

Material:
- 200 (250) 250 g dunkelblau (Fb 18), je 150 (200) 200 g hellblau (Fb 15), 150 g grün (Fb 13), je 100 (150) 150 g hellgrün (Fb 14), 100 g tanne (Fb 7), jeans (Fb 17) „Superlana" (100 % Merino-Schurwolle, LL = 110 m/50 g) von Lana Grossa
- 1 Paar Schnellstrick-N Nr 3,5
- Rundstrick-N Nr 3
- Schwarze Wollreste zum Besticken

Rippenmuster: 2 M re, 2 M li im Wechsel.
Gl re: Hinr re M, Rückr li M.
Gl li: Hinr li M, Rückr re M, in Rd: Nur li M.
Kr re: Hin- und Rückr re M.
Gr Perlmuster: 1. R: 1 M re, 1 M li im Wechsel.
2. und 4. R: M str, wie sie erscheinen.
3. R: 1 M li, 1 M re im Wechsel. Die 1.– 4. R stets wdh.
Streifenfolge: 4 R kr re in Hellgrün, * 2 R gl re in Dunkelblau, 2 R gl li in Tanne, ab * 1 x wdh, 4 R gl re in Dunkelblau, 8 R gl li in Tanne, 2 R gl re in Dunkelblau, 6 R gl li in Tanne, 18 R gl li, dabei abw je 2 R in Hellgrün und Grün str, 4 R gl re in Grün, 2 R gl li in Tanne, 6 R gl re in Grün, 2 R gl li in Tanne, 10 R gl li in Grün, 2 R gl re in Tanne, 8 R gl li in Grün, 2 R gl re in Hellgrün, 2 R gl li in Grün, 6 R gl re in Hellgrün, 2 R gl li in Grün, 4 R gl re in Hellgrün, je 2 R gl li in Grün und Hellgrün, 10 R gl re, dabei abw je 2 R in Jeans und Dunkelblau str, 2 R gl li in Hellblau, 6 R gl re in Jeans, 12 R gl li, dabei abw je 2 R in Hellblau und Jeans str, 4 R gl re in Hellblau, 2 R gl re in Jeans, 6 R gl re in Hellblau, 2 R gl re in Jeans, 8 R gl re in Hellblau, 2 R gl re in Jeans, 34 R gl li in Hellblau = 192 R.
Maschenprobe im Durchschnitt: 22,5 M und 33,5 R = 10 x 10 cm.

Rückenteil: 134 (144) 154 M in Dunkelblau anschl und 12 cm = 40 R im gr Perlmuster str, dann in der Streifenfolge weiterarb. Für den Halsausschnitt nach 67 cm = 224 R ab Anschlag die mittl 34 (34) 36 M abk und jede Seite getrennt beenden. Für die Rundung am inneren Rand in jeder 2. R 1 x 3 (3) 5 und 1 x 2 M abk. Die restl je 45 (50) 52 Schulter-M nach 69 cm = 232 R ab Anschlag abk.

Vorderteil: Genauso arb, jedoch mit tieferem Halsausschnitt enden. Dafür bereits nach 62 cm = 208 R ab Anschlag die mittl 14 (14) 16 M abk und in jeder 2. R 1 x 5 (5) 7, 2 x je 3, 1 x 2 und 2 x je 1 M abk.

Ärmel: 64 (68) 72 M in Dunkelblau anschl und 8,5 cm = 28 R im gr Perlmuster str, dann in der Streifenfolge weiterarb. Gleichzeitig für die Ärmelschrägungen ab Anschlag beids 13 x in jeder 6. R und 18 x in jeder 4. R je 1 M mustergemäß zun = 126 (130) 134 M. Nach 46 cm = 154 R ab Anschlag alle M abk.

Fertigstellung: Je 5 Bäumchen in Schwarz mit doppeltem Faden im Spannstich lt Foto und Motivzeichnung auf Seite 102 auf Vorder- und Rückenteil sticken. Schulternähte schließen. Aus dem Halsausschnittrand mit der Rundstrick-N in Hellblau 108 (108) 120 M auffassen, 5 Rd gl li und noch 3 cm im Rippenmuster str, dann die M abk, wie sie erscheinen. Ärmel einsetzen, Seiten- und Ärmelnähte schließen.

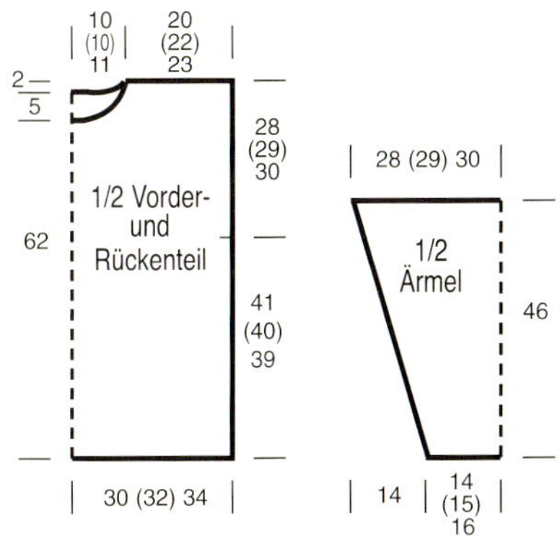

Zählmuster zum Kinderpulli mit Käfern von Seite 106

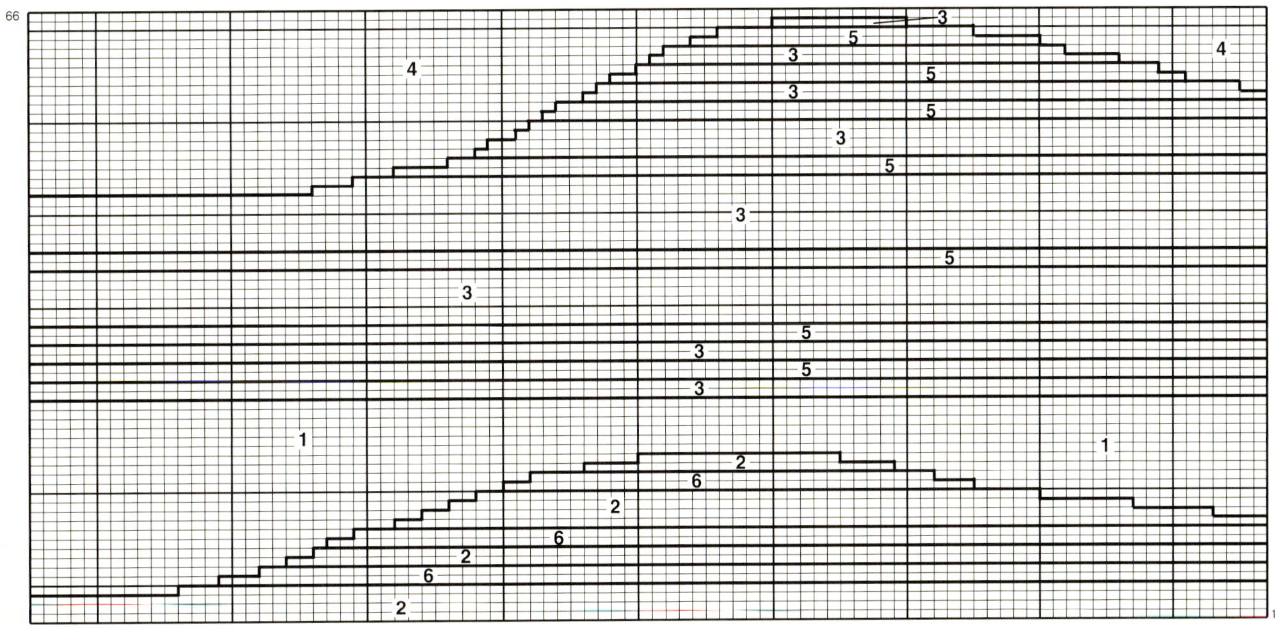

Blauweiße Zopf-Socken

Größe: 43/44

Material:

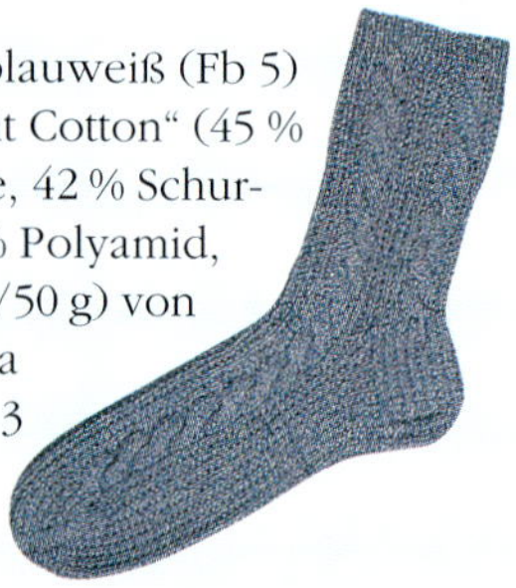

- Ca. 150 g blauweiß (Fb 5) „Meilenweit Cotton“ (45 % Baumwolle, 42 % Schurwolle, 13 % Polyamid, LL = 190 m/50 g) von Lana Grossa
- N-Spiel Nr 3

Rippenmuster: 1 M re, 1 M li im Wechsel **Gl re:** in Rd nur re M.
Zopfmuster: Gemäß Strickschrift den MS 1 stets wdh. In den geraden Rd alle M re str. Die 1.–10. Rd stets wdh.
Streifenmuster: Gemäß Strickschrift den MS 2 stets wdh. In den geraden Rd
bzw. Rück-R alle M re bzw. li str. Die 1.+ 2. R/Rd stets wdh.
Maschenprobe, gl re: 30 M + 40 R = 10 x 10 cm.

Ausführung: Anschlag je 68 M (= 17 M pro N) und 2 cm Rippenmuster str. Dann im Zopfmuster weiterarb. Nach 15 cm ab Bund über den Zöpfen der 1.+ 4. N je 1 M abnehmen und für die Ferse über 32 M 28 R im Streifenmuster str. Die Socken nach den allgemeinen Strumpfregeln auf Seite 107 weiterstr. Nach der Ferse die M der 1.+ 4. N im Streifenmuster, die M der 2.+ 3. N im Zopfmuster weiterarb. Nach 22 cm ab Fersenmitte mit der Bandspitze im Streifenmuster beginnen, dabei über den Zöpfen je 1 M abnehmen = 64 M. Die Abnahmen noch 1 x in der 4. Rd, 2 x in jeder 3. Rd, 3 x in jeder 2. Rd, dann in jeder Rd wdh.

Blaumelierte Socken

Größe: 37/38

Material:
- Ca. 100 g blaumeliert (Fb 505) „Meilenweit Cotton Fun“ (45 % Baumwolle, 42 % Schurwolle, 13 % Polyamid, LL = 380 m/100 g) von Lana Grossa
- N-Spiel Nr 2,5

Gl re: Hin-R re, Rück-R li; in Rd nur re M.
Grundmuster: Gemäß Strickschrift arb. In den geraden Rd die M str, wie sie erscheinen, U re str. Die 1.–4. Rd 1 x arb, dann die 3.+4. Rd stets wdh.
Maschenprobe, gl re: 30 M + 40 R = 10 x 10 cm.

Ausführung: Anschlag je 72 M (= 18 M pro N) und für den Rollrand 3 cm gl re str. Dann im Grundmuster weiterarb. Nach 15 cm ab Rollrand mit der Ferse beginnen, dabei über 36 M 24 R hoch str. Die Socken nach den allgemeinen Strumpfregeln auf Seite 107 weiterstr. Nach der Ferse die M der 1.+4. N gl re, die M der 2.+3. N im Grundmuster weiterarb. Nach 19 cm ab Fersenmitte mit der Bandspitze beginnen.

Blaugrünmelierte Socken

Größe: 42/43

Material:
- Ca. 200 g blaugrünmeliert (Fb 506) „Meilenweit Cotton Fun“ (45 % Baumwolle, 42 % Schurwolle, 13 % Polyamid, LL = 380 m/100 g) von Lana Grossa
- N-Spiel Nr 2,5

Gl re: Hin-R re, Rück-R li; in Rd nur re M
Grundmuster: 1. Rd: *2 M re, 2 M mit je 1 U li abheben, ab * wdh
2. Rd: *2 M mit je 1 U li abheben, 2 x die M mit dem U li zusstr, ab * wdh
3. Rd: *2 x die M mit dem U re zusstr, 2 M mit je 1 U li abheben, ab * wdh.
Die 2.+3. Rd stets wdh.
Maschenprobe, gl re: 30 M + 40 R = 10 x 10 cm.

Ausführung: Anschlag je 72 M (= 18 M pro N) und im Grundmuster str. Nach 17 cm ab Anschlag mit der Ferse beginnen, dafür über 36 M 30 R hoch str. Die Socken nach den allgemeinen Strumpfregeln auf Seite 107 weiterstr. Nach der Ferse die M der 1.+4. N gl re, die M der 2.+3. N im Grundmuster weiterarb. Nach 22 cm ab Fersenmitte mit der Bandspitze beginnen.

Fertigstellung: Den Schaft ca. 4 cm nach außen schlagen.

Hellblaue Zopf-Socken

Größe: 42/43

Material:
- Ca. 150 g hellblau (Fb 249) „Meilenweit Cotton“ (45 % Baumwolle, 42 % Schurwolle, 13 % Polyamid, LL = 190 m/50 g) von Lana Grossa
- N-Spiel Nr 3

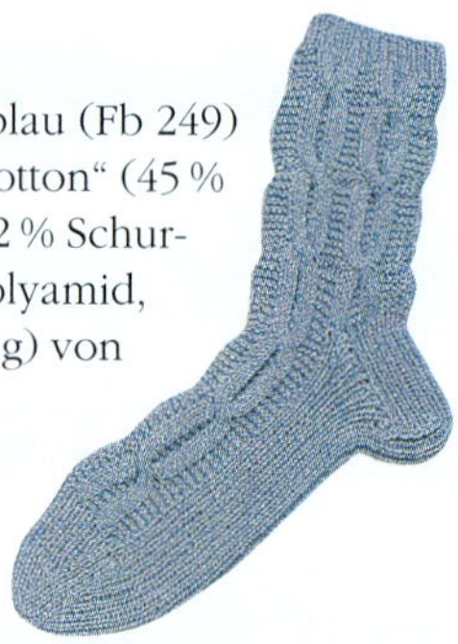

Rippenmuster:
1 M re, 1 M li im Wechsel Zopfmuster: Gemäß Strickschrift arb. In den geraden Rd alle M re str. Die 1.–20. Rd stets wdh.
Maschenprobe, gl re: 30 M + 40 R = 10 x 10 cm.

Ausführung: Anschlag je 64 M (= 16 M pro N) und 2 cm Rippenmuster str, dabei in der letzten Rd 1 M zunehmen = 65 M. Dann im Zopfmuster weiterarb. Nach 15 cm ab Bund die M so einteilen, dass in der hinteren Fersenmitte ein Zopf liegt: 1. N 17 M, 2.–4. N je 16 M. Nun auf der 1.+4. N je 1 M abnehmen und für die Ferse über 31 M 26 R im Rippenmuster str, dann die Socken nach den allgemeinen Strumpfregeln auf Seite 107 weiterstr. Nach der Ferse die M der 1.+4. N im Rippenmuster, die M der 2.+3. N im Zopfmuster mit beids 1 M re weiterarb. Nach 22 cm ab Fersenmitte auf der 2. N noch 1 M abnehmen = 62 M, und im Rippenmuster mit der Bandspitze beginnen.

Strickschrift für blau-weiße Zopfsocken

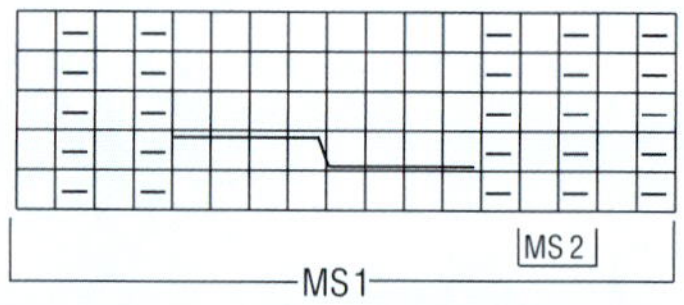

Strickschrift für blaumelierte Socken

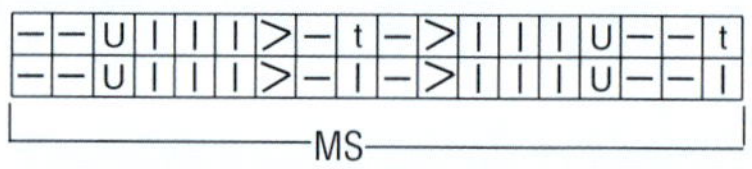

Strickschrift für hellblaue Zopf-Socken

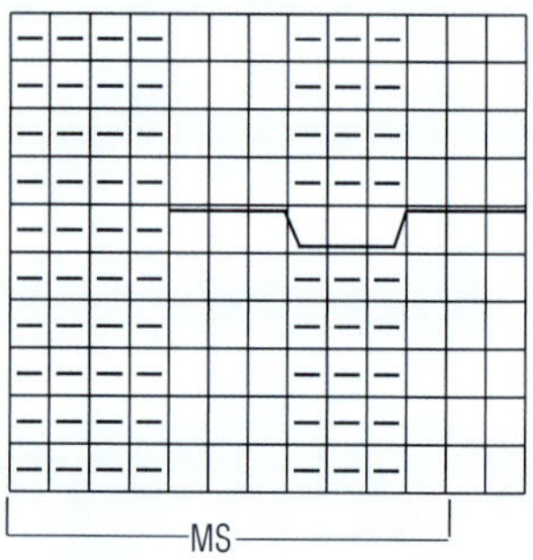

Zeichenerklärung für alle Strickschriften

I + □ = *1 M re*   – = *1 M li*

 = *4 M auf 1 Hilfs-N vor die Arb legen, 4 M re, die M der Hilfs-N re*

U = *1 Umschlag*

t = *1 tM: 1 M re str, jedoch 1 Rd tiefer einstechen*

> = *2 M li zusstr*

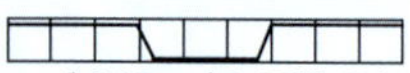 = *3 M auf 1. Hilfs-N vor und 3 M auf 2. Hilfs-N hinter die Arb legen, 3 M re, dann die M der 2. Hilfs-N li und die M der 1. Hilfs-N re str*

Allgemeine Strumpfregeln

1. Größe
Die Fußlänge, bei Socken in Zentimetern gemessen, berechnet man folgendermaßen: Schuhgröße geteilt durch 3 mal 2 = Zentimeterlänge. Beispiel: Schuhgröße 42 entspricht einer Fußlänge von 28 cm.

2. Fersenwand
Die Fersenwand über die Hälfte der angeschlagenen M str, d. h. die M der 2. und 3. N stilllegen und über die M der 1. und 4. N gl re oder wie angegeben str. Man str 2 R weniger als M auf diesen N liegen bzw. so viele cm wie angegeben.

3. Fersenkäppchen
*Über die mittl M bzw. das mittl Drittel der Fersenwand das Käppchen gl re str. * Die letzte M des Käppchens mit der folg M re verschr zusstr, wenden, die erste M li abheben, die letzte M des Käppchens mit der folg M li zusstr, wenden, die erste M re abheben, ab * wdh bis nur noch die M des Käppchens übrig sind.*

4. Zwickel
Für den Zwickel str man wieder in Rd, dafür zunächst aus den seitl Kanten der Fersenwand so viele M auffassen wie angegeben bzw. aus jeder 2. R 1 M plus 1 M zusätzlich. Nun in jeder 2. Rd die letzten 2 M der 1. N re zusstr und die ersten 2 M der 4. N re überzogen zusstr (= 1 M re abheben, 1 M re, die abgehobene M überziehen). Der Zwickel ist beendet, sobald die ursprüngliche Maschenzahl wieder erreicht ist.

5. Bandspitze
Die Bandspitze gl re str und für die Bandabnahmen jeweils die dritt- und zweitletzte M der 1. und 3. N re zusstr sowie die zweite und dritte M der 2. und 4. N re überzogen zusstr. Wenn nicht anders angegeben, die Abnahmen in jeder 2. Rd ausführen, bis nur noch die Hälfte der M auf der N sind, dann in jeder Rd abnehmen. Die letzten M entweder im M-Stich zusnähen oder mit dopp Faden zusziehen.

Größentabelle für Socken

Maschenprobe: 30 Maschen und 42 Reihen/Runden = 10 x 10 cm

Größe	20/21	22/23	24/25	26/27	28/29	30/31	32/33	34/35	36/37	38/39	40/41	42/43	44/45	46/47
Fußlänge	13	14,5	15,5	17	18	19,5	21	22	23,5	25	26,5	27,5	28,5	30
Maschenanschlag	40	44	48	48	52	52	56	56	60	60	64	64	68	72
Fersenwandbreite in Maschen	20	22	24	24	26	26	28	28	30	30	32	32	34	36
Fersenwandhöhe in Reihen	18	20	22	22	24	24	26	26	28	28	30	30	32	34
Maschenzahl für das Käppchen	8	8	8	8	8	8	10	10	10	10	10	10	12	12
Maschenaufnahme beidseitig	10	11	12	12	13	13	14	14	15	15	16	16	17	18
Fußlänge von Fersenmitte bis Spitzenbeginn in cm	10	11,5	12,5	14	14	15,5	17	18	18,5	20	21	22	22,5	24

Maschenprobe: 22 Maschen und 30 Reihen/Runden = 10 x 10 cm

Größe	22/23	24/25	26/27	28/29	30/31	32/33	34/35	36/37	38/39	40/41	42/43	44/45	46/47
Fußlänge	14,5	15,5	17	18	19,5	21	22	23,5	25	26,5	27,5	28,5	30
Fersenwandbreite in Maschen	16	18	18	20	20	22	22	24	24	26	26	28	28
Fersenwandhöhe in Reihen	14	16	16	18	18	20	20	22	22	24	24	26	26
Maschenzahl für das Käppchen	6	6	6	8	8	8	8	8	8	10	10	10	10
Maschenaufnahme beidseitig	8	9	9	10	10	11	11	12	12	13	13	14	14
Fußlänge von Fersenmitte bis Spitzenbeginn:	12	12	13,5	14	15	16,5	17	18	20	21,5	22,5	23	24,5

Grundkurs Sockenstricken

Das Socken-Prinzip

Alle Socken in diesem Buch werden nach einem Prinzip gestrickt, das wir Ihnen hier Schritt für Schritt vorstellen.

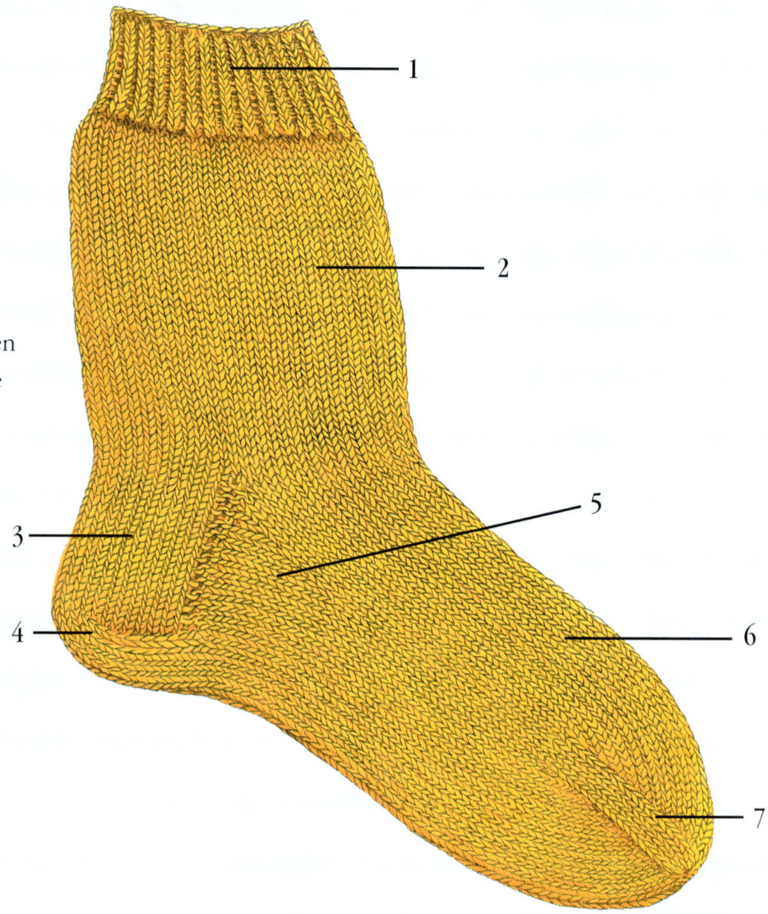

Kleine Socken-Terminologie

1 = Bund oder Bündchen
2 = Schaft
3 = Fersenwand, umschließt die Ferse hinten
4 = Käppchen, sitzt am Fuß unter der Ferse
5 = Zwickel, das ist der Übergang zwischen Ferse und Fuß
6 = Fuß, wird wieder über alle 4 Nadeln gestrickt
7 = Bandspitze – das gute Ende

1. Maschen anschlagen und gleichmäßig auf die 4 Nadeln des Nadelspiels verteilen. Der Anfangsfaden markiert den Rundenübergang, der immer in der rückwärtigen Mitte zwischen der 4. und 1. Nadel liegt. Wie Bund und Schaft gestrickt werden, steht in der jeweiligen Anleitung.

2. Fersenwand: Die Maschen der 1. und 4. Nadel zusammen auf eine Nadel nehmen und in Reihen glatt rechts stricken. Die Maschen der 2. und 3. Nadel sind stillgelegt. In der Größentabelle auf Seite 111 ist angegeben, wie viele Reihen je Größe für die Fersenwand gestrickt werden.

Tipp:
Stricken Sie die beiden äußeren Maschen der Fersenwand kraus rechts, das erleichtert das Zählen der Reihen.

3. Fersenkäppchen: Die Maschen der Fersenwand durch 3 teilen. Über das mittlere Drittel glatt rechts stricken und dabei nach und nach die äußeren Maschen wie folgt mitstricken:
In den Hin-Reihen immer die letzte Masche mit der folgenden Masche des äußeren linken Drittels rechts verschränkt zusammenstricken, wenden und die 1. Masche links abheben.

Schritt für Schritt erklärt

4. In den Rück-Reihen immer die letzte Masche mit der folgenden Masche des äußeren rechten Drittels links zusammenstricken, wenden und die 1. Masche rechts abheben.

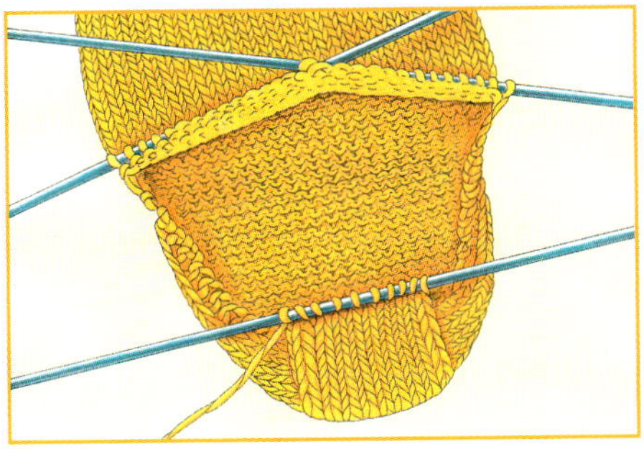

5. Durch das Zusammenstricken entstehen rechts und links vom mittleren Drittel Lücken, und man sieht deutlich, wo die Reihe beginnt und endet. Das Käppchen so weiter stricken, bis alle äußeren Maschen aufgebraucht sind und nur noch die Maschen des mittleren Drittels übrig sind.

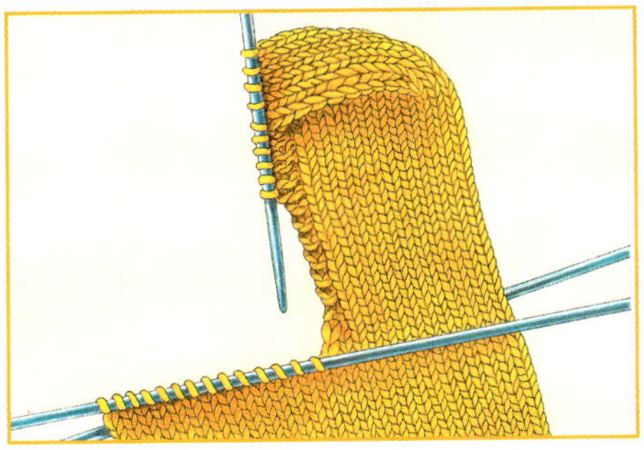

6. In Runden weiterstricken, die Maschen wie folgt auf 4 Nadeln verteilen: Die Käppchenmaschen je zur Hälfte auf die 1. und 4. Nadel nehmen. Mit der 1. Nadel aus dem linken seitlichen Rand der Fersenwand aus jeder 2. Reihe 1 Masche auffassen. Die stillgelegten Maschen der 2. und 3. Nadel wieder mitstricken. Mit der 4. Nadel ausdem rechten seitlichen Rand der Fersenwand aus jeder 2. Reihe 1 Masche auffassen.

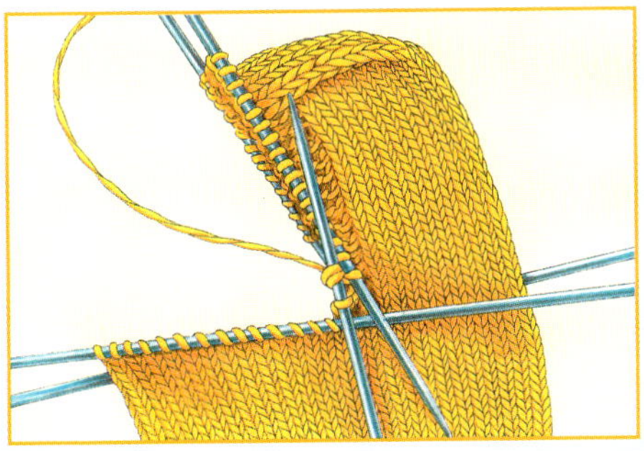

7. Die seitlich aus der Fersenwand aufgenommenen Maschen für den Zwickel wieder abnehmen. Dazu in jeder 2. Runde auf der 1. Nadel die dritt- und zweitletzte Masche rechts zusammenstricken sowie auf der 4. Nadel die zweite Masche rechts abheben, die dritte Masche rechts stricken, dann die abgehobene Masche überziehen. Diese Abnahmen so oft wiederholen, bis auf der 1. und 4. Nadel wieder so viele Maschen sind wie bei Fersenbeginn. Den Fuß wie in der Anleitung beschrieben weiterstricken. Die Fußlänge steht in der Größentabelle auf Seite 58, sie wird jeweils vom Käppchenbeginn bis zum Spitzenbeginn gemessen.

8. Die Bandspitze glatt rechts stricken, dabei wie folgt Maschen abnehmen: Auf der 1. und 3. Nadel jeweils die dritt- und zweitletzte Masche rechts zusammenstricken sowie auf der 2. und 4. Nadel jeweils die zweite Masche rechts abheben, die dritte Masche rechts stricken, dann die abgehobene Masche überziehen. Diese Abnahmen nur in jeder 2. Runde arbeiten und so oft wiederholen, bis nur noch die Hälfte der Maschen vorhanden ist. Dann in jeder Runde auf diese Art abnehmen. Die letzten 8-12 Maschen mit doppeltem Faden fest zusammenziehen oder im Maschenstich zusammennähen.

Strickmuster

Relief,
Noppen, Patent,
Zöpfe, Ajour,
Jacquard,
Struktur

Reliefmuster

Reliefmuster sind einfach, aber effektvoll. Sie geben gestrickten Flächen Struktur, sind unkompliziert zu nadeln und daher bei Strickanfängern beliebt. Doch auch Profis setzen immer wieder auf das reizvolle Wechselspiel von rechten und linken Maschen. Denn Reliefmuster geben dem Strickstück „Stand“, sie lassen sich leicht variieren, Zu- und Abnahmen stören den Musterverlauf nicht und sie sind so einfach, dass das Stricken schnell und leicht von der Hand geht.

Die simpelste Form ist auch eine der meist gestrickten: das Perlmuster – rechte und linke Maschen im Wechsel, Reihe für Reihe um eine Masche versetzt. Seine markante, körnige Struktur passt wunderbar zu allen dekorativen Mustermaschen und dazu ist es der ideale Problemlöser rechts und links vom Mustersatz, bei Zu- und Abnahmen, Übergängen und wenn ein paar Zentimeter mehr oder weniger Weite gebraucht werden.

Doch Reliefmuster können noch viel mehr! Wellen, Rauten, Kästchen, Rippen oder Bordüren – der einfache Wechsel von rechten und linken Maschen lässt die interessantesten Effekte entstehen. Wir stellen Ihnen die schönsten auf den nächsten Seiten vor. Allover, in Kombination miteinander oder mit anderen Mustern –
Reliefs sind vielseitig einsetzbar!
Probieren Sie es aus!

Kleiner Stricklehrgang: Rechte und linke Maschen

Beim Stricken von rechten Maschen liegt der Faden hinter der Arbeit. Sie stechen mit der rechten Nadel von vorn nach hinten in die folgende Masche auf der linken Nadel ein und holen den Faden nach vorne durch (siehe Pfeil im Bild). Die neue Masche liegt nun auf der rechten Nadel.

Beim Stricken von linken Maschen liegt der Faden vor der Arbeit. Sie stechen mit der rechten Nadel von hinten nach vorn in die folgende Masche auf der linken Nadel ein und holen den Faden nach hinten durch (siehe Pfeil im Bild). Die neue Masche liegt nun auf der rechten Nadel.

Relief-Rippenmuster

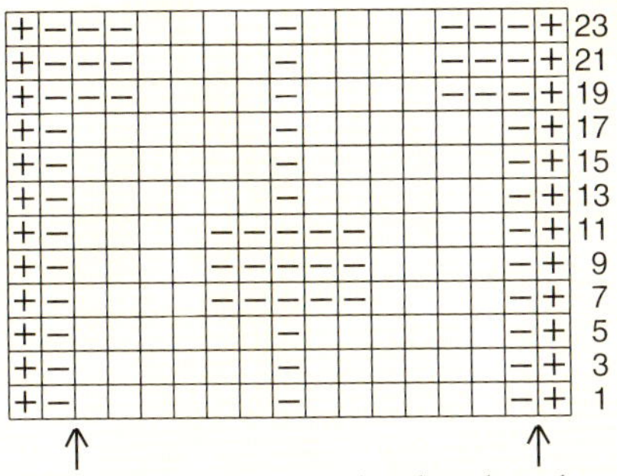

In den Rück-R die M li stricken.

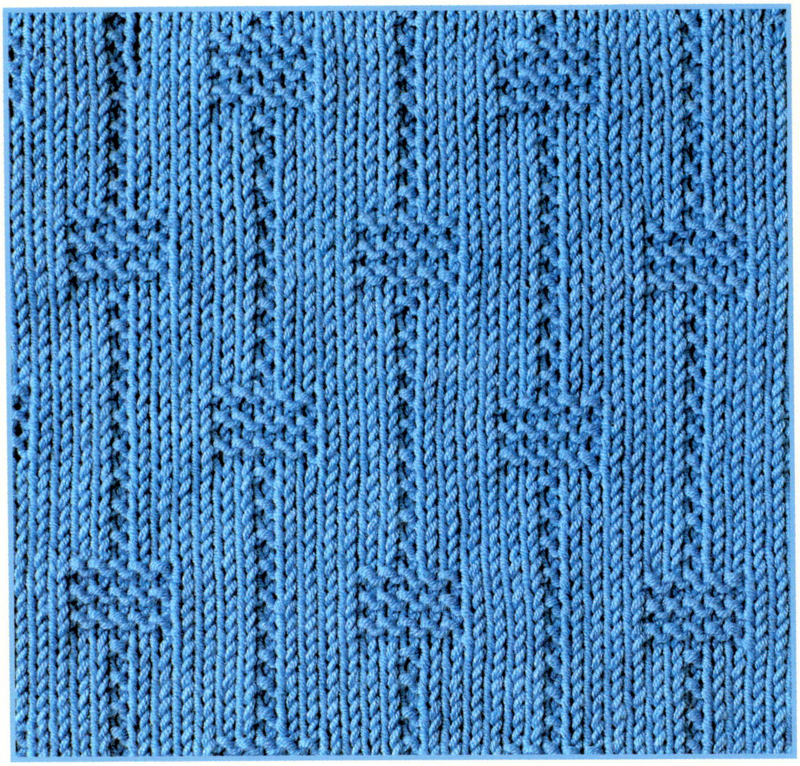

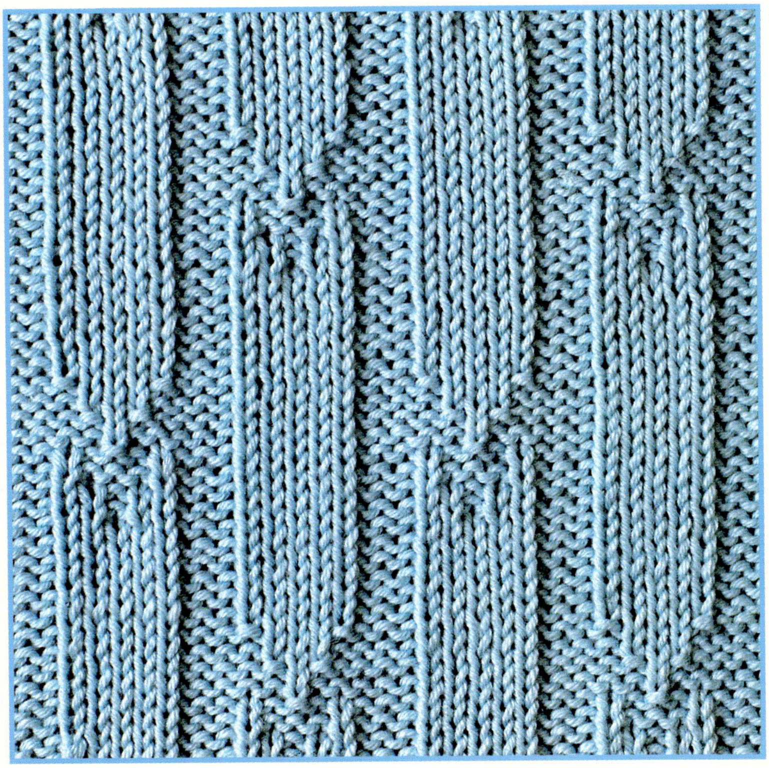

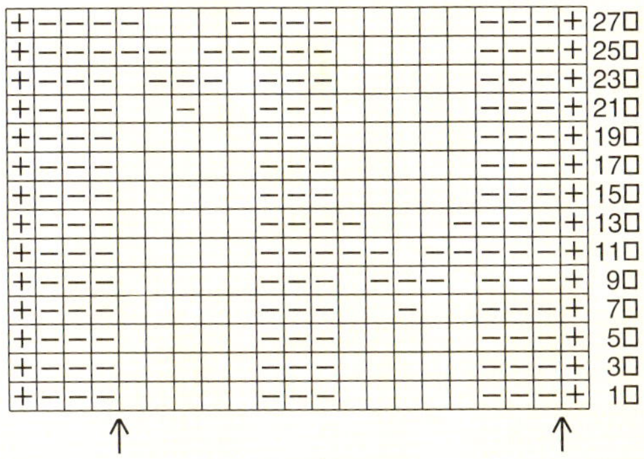

In den Rück-R die M stricken, wie sie erscheinen.

Relief- Rippenmuster

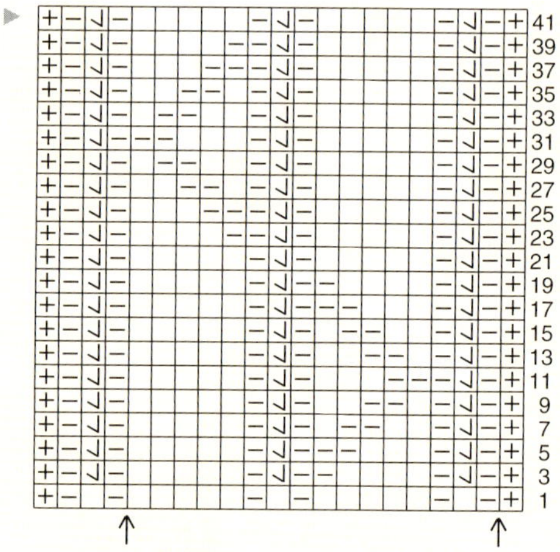

In den Rück-R die M stricken, wie sie erscheinen. In der Höhe 1 x die 1.–42. R stricken, dann die 3.–42. R stets wdh.

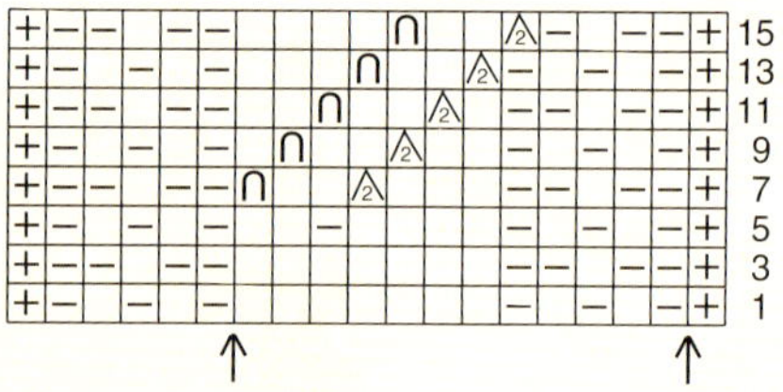

In den Rück-R die M stricken, wie sie erscheinen. Umschläge re verschränkt stricken.

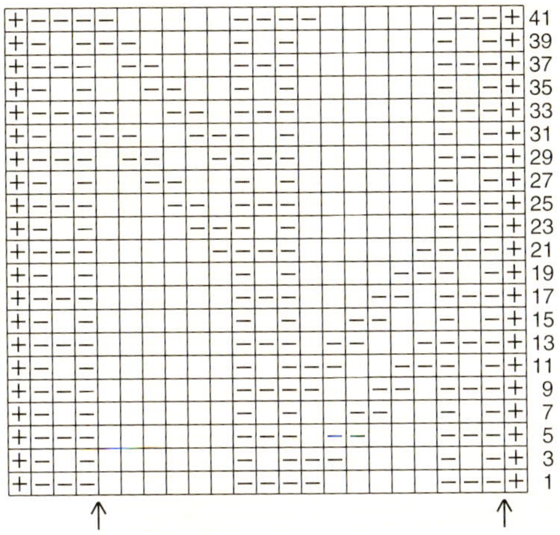

In den Rück-R die M stricken, wie sie erscheinen.
In der Höhe 1 x die 1.–42. R stricken,
dann die 3.–42. R stets wdh.

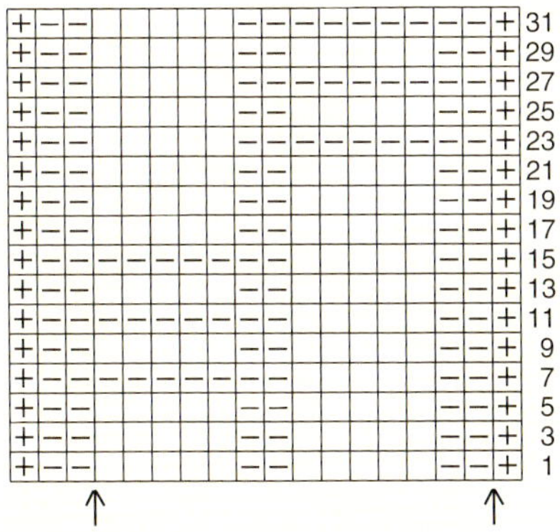

In den Rück-R die M stricken, wie sie erscheinen.

Reliefmuster-Pulli mit Poloausschnitt

Größe: 36/38 (40/42) 46/48

Die abweichenden Angaben der größeren Größen stehen in Klammern bzw. hinter den Klammern. Ist nur eine Angabe gemacht, so gilt diese für alle Größen.

Materialbedarf:
- 700 (750) 800 g braun meliertes mittelstarkes Merino-Baumwoll-Mischgarn (LL ca. 130 m/50 g)
- Stricknadeln Nr 3,5 und 4
- Rundstricknadel Nr. 3,5
- 4 Büffelhornknöpfe

Rippenmuster mit Nadel Nr. 3,5:
2 M re, 2 M li im Wechsel.
Glatt re mit Nadel Nr. 3,5:
Hin-R re M, Rück-R li M.
Alle weiteren Muster mit Nadel Nr 4.
Kraus re: Hin- und Rück-R re M.
Grundmuster: M-Zahl teilbar durch 14 + 1 + 2 Rdm. Laut Strickschrift arb. Es sind die Hin-R gezeichnet. In den nicht gezeichneten Rück-R die M str, wie sie erscheinen bzw. wie beschrieben. Mit 1 Rdm beginnen, den MS stets wdh, enden mit der M nach dem MS und 1 Rdm. Die 1.-24. R stets wdh. Maschenprobe im Grundmuster: 22 M und 34 R = 10 x 10 cm.

Rückenteil: 110 (122) 134 M an-schlagen und für den Bund 3 cm im Rippenmuster str, dabei in der letzten R gleichmäßig verteilt 5 (7) 9 M zunehmen = 115 (129) 143 M. Danach im Grundmuster weiterarb. Für die Schulterschrägungen nach 64 cm = 218 R ab Bund beidseitig in jeder 2. R 3 x je 10 (11) 13 M abketten. Gleichzeitig mit der 1. Schulterabnahme für den Halsausschnitt die mittleren 27 (27) 31 M abketten und beide Seiten getrennt beenden.
Für die Rundung am inneren Rand in jeder 2. R 1 x 4 M und 1 x 2 M abketten. Die restlichen je 8 (12) 11 Schulter-M nach 66 cm = 224 R ab Bund abketten.

Vorderteil: Genauso, jedoch mit Polo-Schlitz arb. Dafür nach 39 cm = 132 R ab Bund die mittleren 23 M abketten und beide Seiten getrennt beenden. Für die Rundung am inneren Rand nach 55 cm = 186 R ab Bund in jeder 2. R 1 x 2 M und 4 (4) 6 x 1 M, dann in jeder 4. R 2 x je 1 M abketten.

Ärmel: 54 (58) 62 M anschlagen und für den Bund 3 cm im Rippen-muster str, dabei in der letzten R gleichmäßig verteilt 19 (15) 11 M zunehmen = 73 M. Danach im Grundmuster weiterarbeiten. Gleichzeitig für die Ärmelschrägungen ab Bund beidseitig 8 (8) 0 x abwechselnd in jeder 4. und 6. R und 22 (22) 30 x in jeder 4. R je 1 M mustergemäß zunehmen = 133 M. Nach 39 cm = 132 R (39 cm = 132 R) 36 cm = 122 R ab Bund alle M abketten.

Fertigstellung: Schulternähte schließen. Aus den Polokanten je ca. 44 M auffassen und im Rippen-muster str. Dabei in die re Polo-blende nach 2 cm Blendenhöhe 2 Knopflöcher einarb (= 2 M abketten und in der folgenden R wieder anschlagen). Das 1. Knopfloch 6 M ab unterem Rand einarb, das 2. folgt mit 13 M Abstand. Nach 8 cm Blendenhöhe an gleicher Stelle wieder 2 Knopflöcher einarb. Nach 10 cm Blendenhöhe alle M abketten, wie sie erscheinen.
Aus dem Halsausschnittrand und jeweils der halben Poloblende mit der Rundstricknadel ca. 104 (104) 108 M auffassen, 1 R re M, 4 R glatt re, 1 R li M (= Umbruchkante) und 4 R glatt re str. Danach alle M abketten und die Blende zur Hälfte nach innen säumen.
Für den Kragen aus den li M der Umbruchkante ca. 104 (104) 108 M auffassen und im Rippenmuster str. Nach 11 cm Kragenhöhe alle M abketten, wie sie erscheinen. Ärmel einsetzen, Seiten- und Ärmelnähte schließen. Knöpfe annähen.

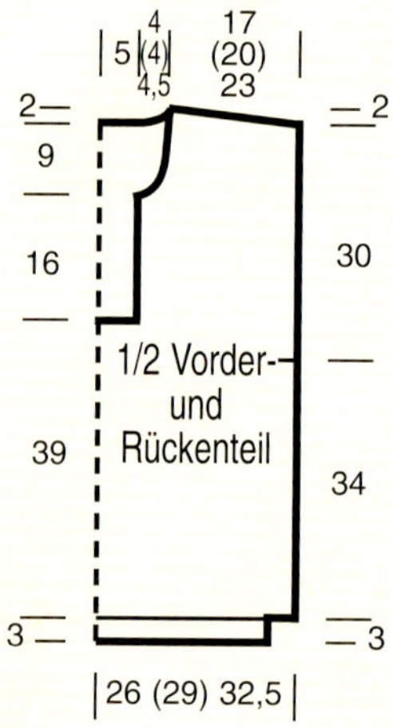

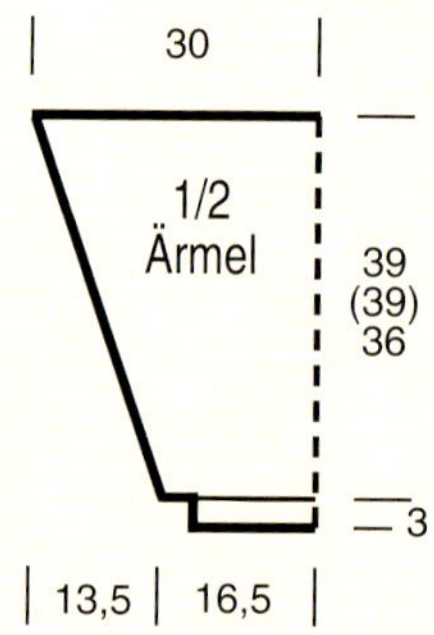

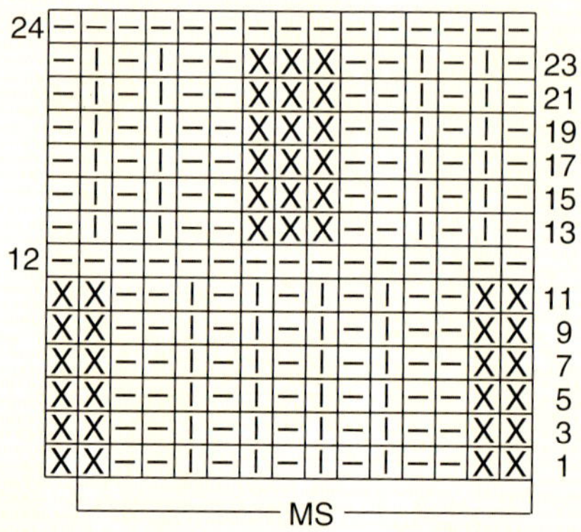

Grafische Reliefmuster

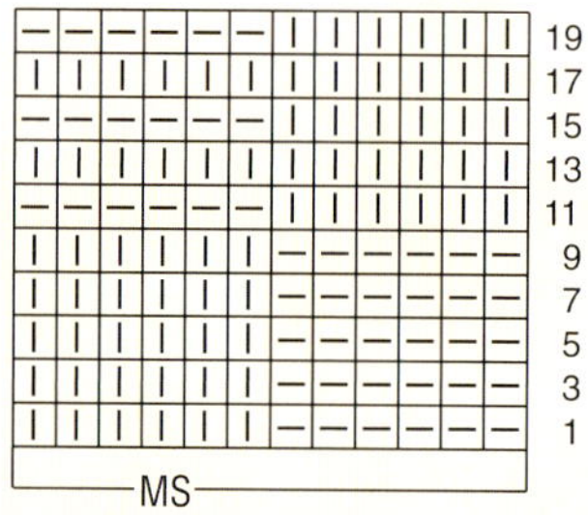

In den Rück-R die M stricken, wie sie erscheinen.

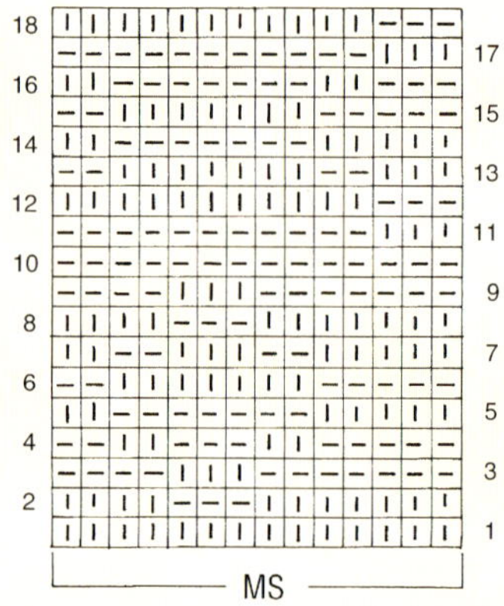

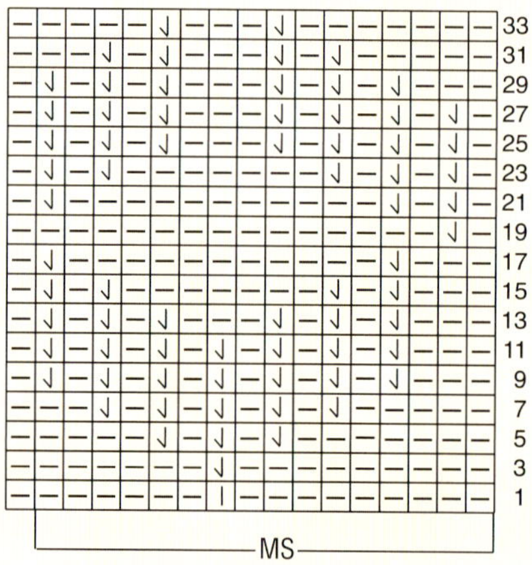

In den Rück-R die M stricken, wie sie erscheinen.
In der Höhe 1 x die 1.–34. R stricken, dann die 3.–34. R stets wdh.

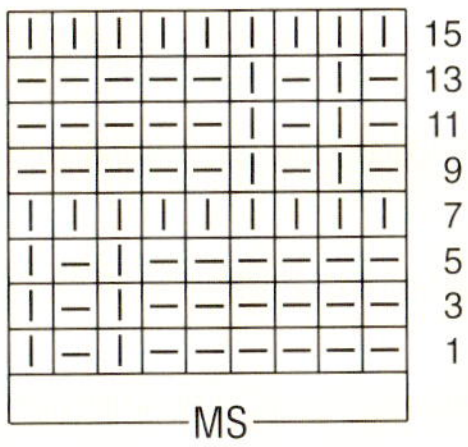

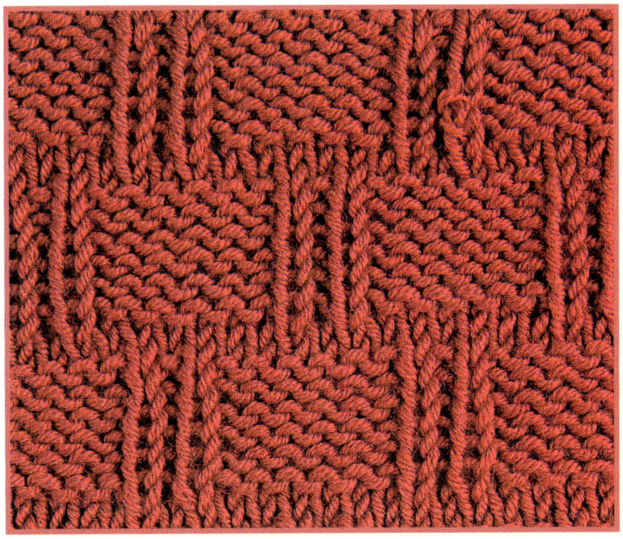

In den Rück-R die M stricken, wie sie erscheinen.

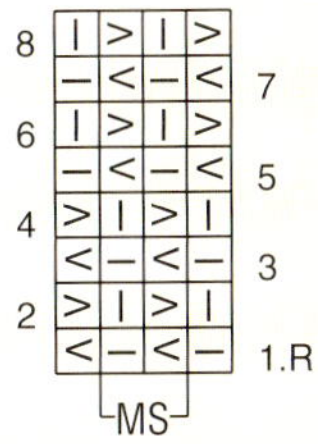

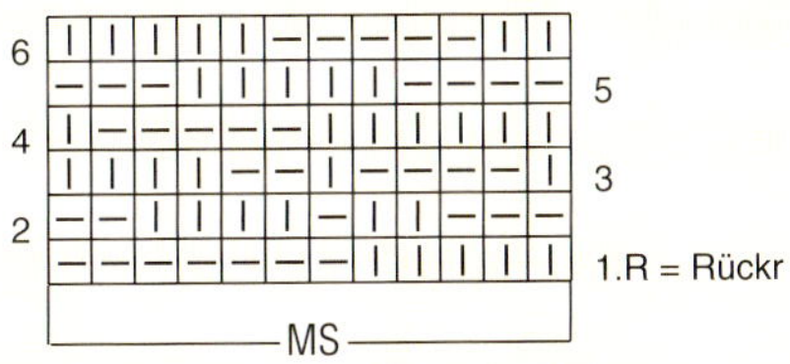

Zeichenerklärung für die Strickschriften auf den Seiten 198–201

Relief-Flechtmuster

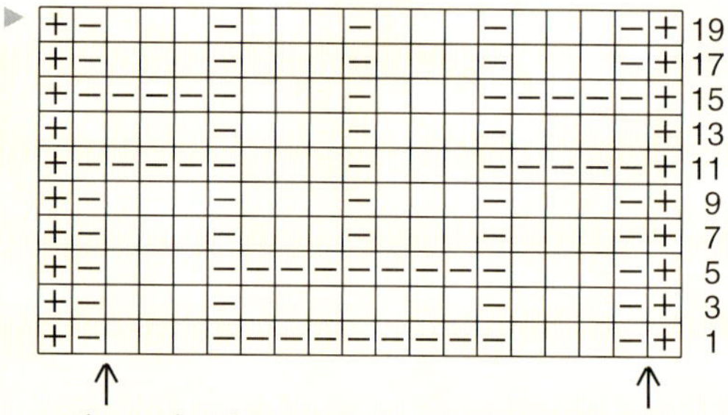

In den Rück-R die M stricken, wie sie erscheinen.

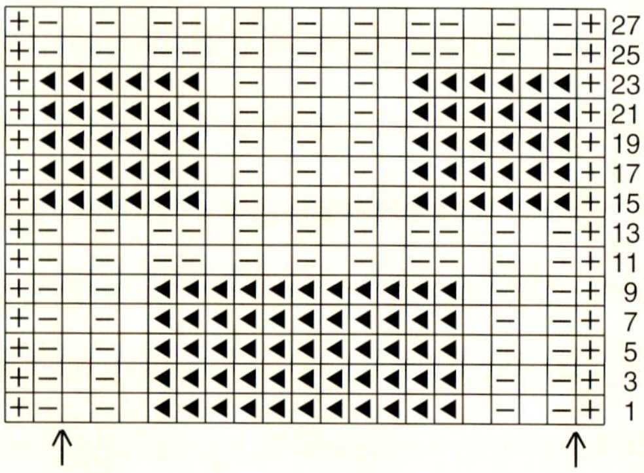

In den Rück-R die M stricken, wie sie erscheinen, bzw. wie beschrieben.

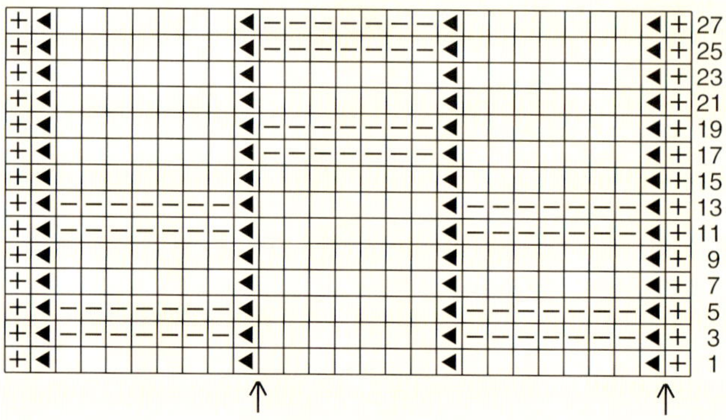

In den Rück-R die M stricken, wie sie erscheinen, bzw. wie beschrieben.

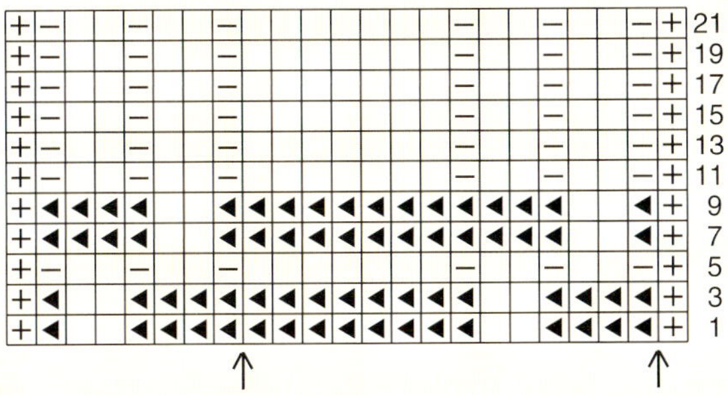

In den Rück-R die M stricken, wie sie erscheinen, bzw. wie beschrieben.

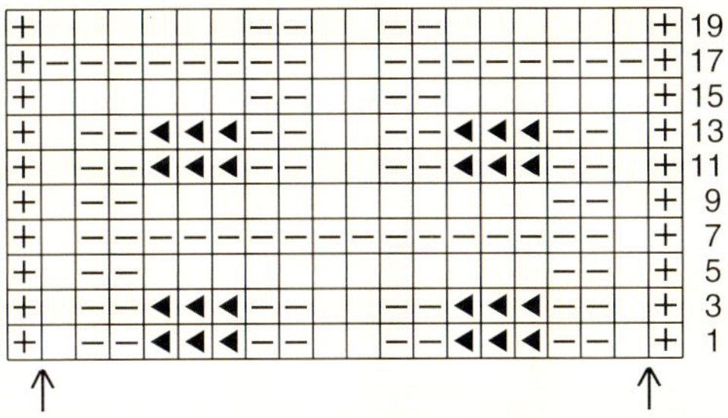

In den Rück-R die M stricken, wie sie erscheinen, bzw. wie beschrieben.

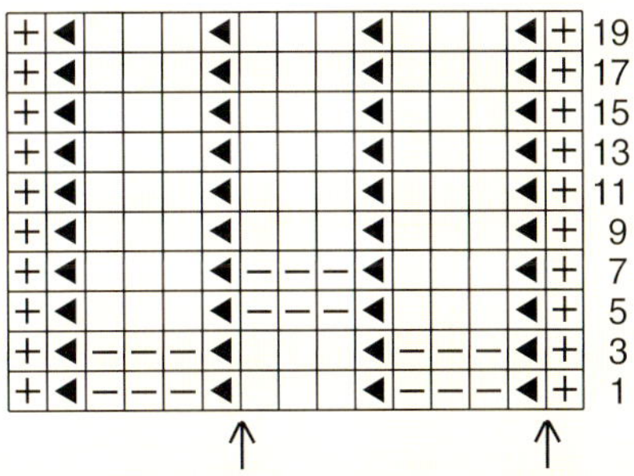

In den Rück-R die M stricken, wie sie erscheinen, bzw. wie beschrieben.

Zeichenerklärung für die Strickschriften auf den Seiten 198–201

Reliefmuster-Kinderpulli mit V-Ausschnitt

Größe: 122 (134) 146

Die abweichenden Angaben der größeren Größen stehen in Klammern bzw. hinter den Klammern. Ist nur eine Angabe gemacht, so gilt diese für alle Größen.

Materialbedarf:
- 250 (300) 350 g ecru (Fb 101); 200 (250) 300 g lila (Fb 213) und 100 (150) 200 g blau (Fb 78) „Toccata" (100% Baumwolle, LL = 110 m/50 g) von Lana Grossa
- Stricknadeln 2,5 und 3
- Rundstricknadel Nr. 3

Rippenmuster mit Nadel Nr. 2,5:
3 M re, 3 M li im Wechsel.
Reliefmuster über 14 M mit Nadel Nr. 3: Laut Strickschrift str. Es sind die Hin-R gezeichnet. In den Rück-R die M str, wie sie erscheinen.
Streifenfolge Bund: Je 1 cm in Ecru, Blau, Lila, Ecru.
Farbeneinteilung ab Bund (dabei nur nach der 2. oder 18. R die Farbe wechseln): 3 (4) 5 Musterstreifen (= je 16 R) in Ecru,
1 Musterstreifen in Blau,
2 Musterstreifen in Lila, 1 Musterstreifen in Blau, bis zur Schulter in Ecru.
Maschenprobe im Reliefmuster:
24 M und 32 R = 10 x 10 cm.

Rückenteil: 105 (119) 130 M in Ecru anschlagen und 4 cm im Rippenmuster in der Streifenfolge str. Danach im Reliefmuster in der Farbeinteilung weiterarb, dabei für die 1. und 2. Größe den MS stets wdh, enden mit ersten 5 M des MS, für die 3. Größe mit den letzten 2 M des MS beginnen und den MS stets wdh.
Nach 25 cm = 80 R (31 cm = 100 R) 35 cm = 112 R ab Bund für die Armausschnitte beidseitig in jeder 2. R 4 x je 1 M und 4 x je 2 M abketten = 81 (95) 106 M.
Nach 43 cm = 138 R (50 cm = 160 R) 55 cm = 176 cm ab Bund für den Halsausschnitt die mittleren 19 (21) 22 M abketten und beide Seiten getrennt beenden.
Für die Rundung am inneren Rand in der folgenden 2. R 1 x 4 M abketten.
Die restlichen 27 (33) 38 Schulter-M nach 44 cm = 142 R (51 cm = 164 R) 56 cm = 180 R ab Bund gerade abketten.

Vorderteil: Wie Rückenteil, jedoch mit V-Ausschnitt arb. Dafür nach 33 cm = 106 R (40 cm = 128 R) 44 cm = 140 R ab Bund die mittl 3 (3) 4 M abketten und beide Seiten getrennt beenden. Dabei in jeder 2. R am Ausschnittrand 5 (4) 5 x in jeder 4. R und 7 (9) 8 x in jeder 2. R x je 1 M abnehmen. Dafür auf der ersten Hälfte 2 M re zus str, auf der zweiten Hälfte 1 Überzug (1 M abheben, 1 M re str und die abgehobene M darüber ziehen) str.

Ärmel: Dafür je 52 M in Ecru an-schlagen und 4 cm im Rippenmuster str. Weiter in Lila zwischen den Rand-M im Reliefmuster str, dabei das Muster von der Mitte aus einteilen.
Für die Ärmelschrägungen ab Bund beidseitig 10 (12) 14 x in jeder 5. R und 9 (10) 10 x in jeder 4. R je 1 M zunehmen = 90 (96) 100 M. Nach 27 cm = 86 R (31 cm = 100 R) 35 cm = 112 R ab Bund für die Armausschnittschräge in Blau wie beim Rückenteil abnehmen.
Nach 32 cm = 102 R (36 cm = 116 R) 39 cm = 124 R ab Bund die restlichen 66 (72) 76 M gerade abk.

Fertigstellung: Die Schulternähte schließen. Aus dem Halsausschnitt mit der Rundstricknadel ca. 112 (112) 116 M auffassen, dabei in der Ausschnitt-Spitze beginnen und enden. Über diese M 3 cm im Rippenmuster wie folgt str: Je 4 R in Lila, Blau und Ecru. Die M abketten. In der vorderen Mitte die li Ausschnittblende über die re nähen. Ärmel einsetzen, Seiten- und Ärmelnähte schließen.

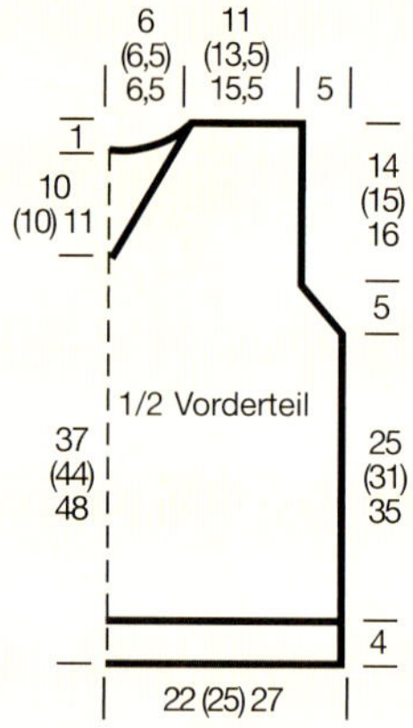

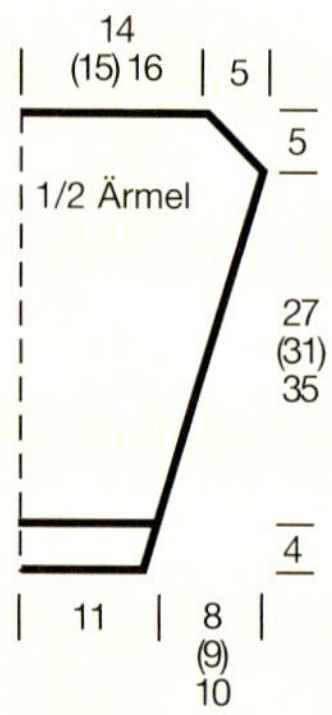

I	I	I	–	I	–	I	I	I	–	–	–	–	–	31
I	I	–	I	–	I	–	I	I	–	–	–	–	–	29
I	I	I	–	I	–	I	I	I	–	–	–	–	–	27
I	I	–	I	–	I	–	I	I	–	–	–	–	–	25
I	I	I	–	I	–	I	I	I	–	–	–	–	–	23
I	I	–	I	–	I	–	I	I	–	–	–	–	–	21
I	I	I	I	I	I	I	I	I	I	I	I	I	I	19
I	I	I	I	I	I	I	I	I	I	I	I	I	I	17
I	I	–	–	–	–	–	I	I	I	–	I	–	I	15
I	I	–	–	–	–	–	I	I	–	I	–	I	–	13
I	I	–	–	–	–	–	I	I	I	–	I	–	I	11
I	I	–	–	–	–	–	I	I	–	I	–	I	–	9
I	I	–	–	–	–	–	I	I	I	–	I	–	I	7
I	I	–	–	–	–	–	I	I	–	I	–	I	–	5
I	I	I	I	I	I	I	I	I	I	I	I	I	I	3
I	I	I	I	I	I	I	I	I	I	I	I	I	I	1

MS

➔ *Zeichenerklärung für die Strickschrift auf den Seiten 198–201*

Relief-Rautenmuster

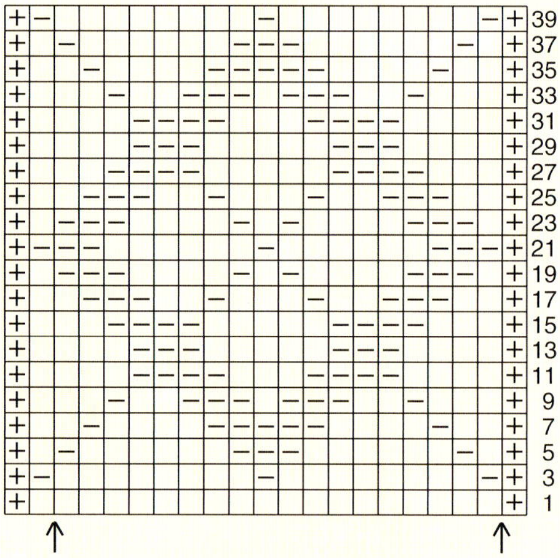

In den Rück-R die M stricken, wie sie erscheinen.

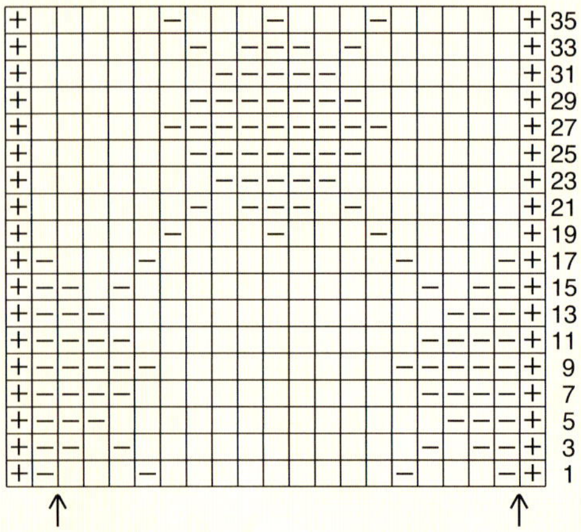

In den Rück-R die M li stricken.

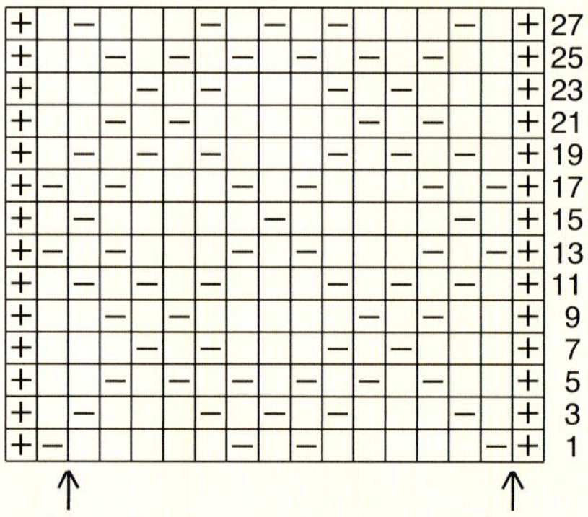

In den Rück-R die M stricken, wie sie erscheinen.

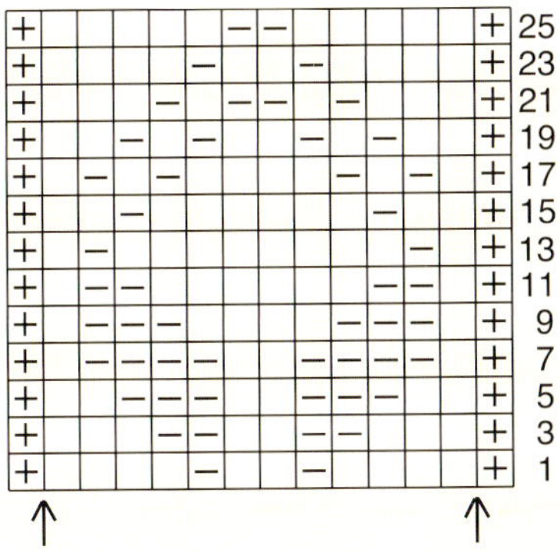

In den Rück-R die M li stricken.

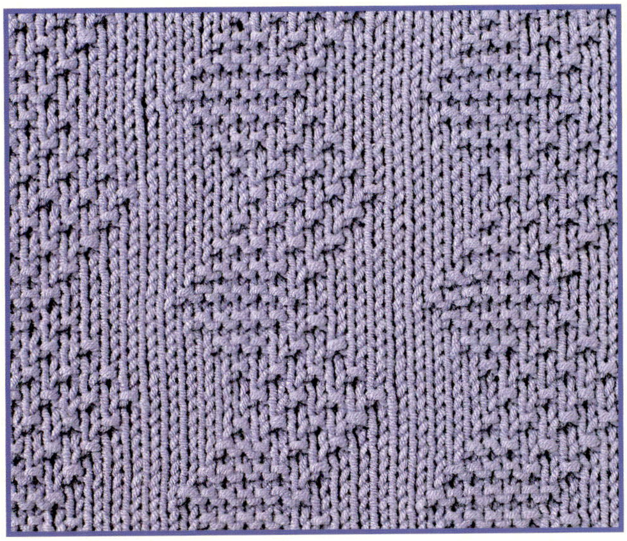

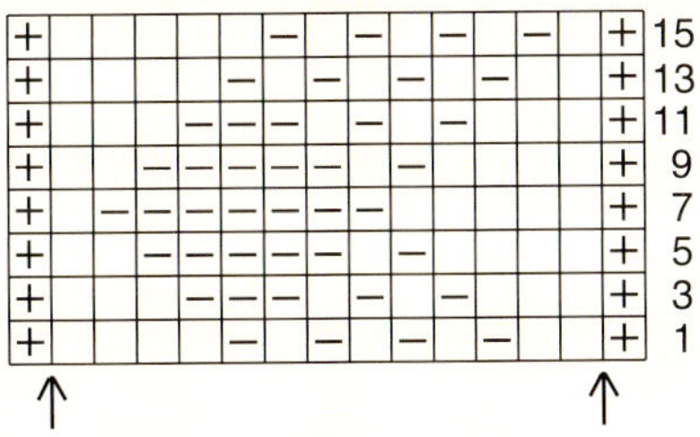

In den Rück-R die M li stricken.

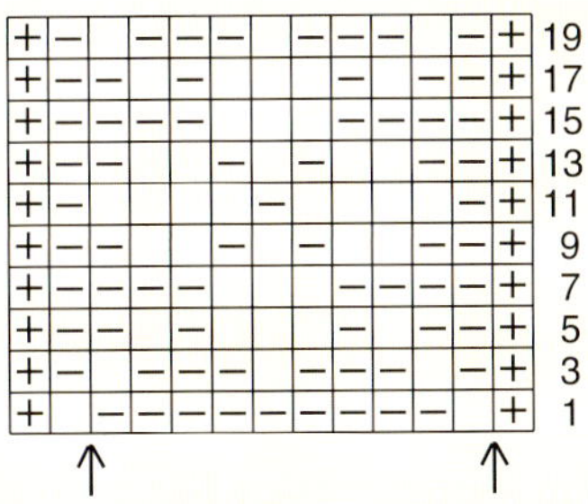

In den Rück-R die M stricken, wie sie erscheinen.

Zeichenerklärung für die Strickschriften auf den Seiten 198–201

Relief-Bordüren

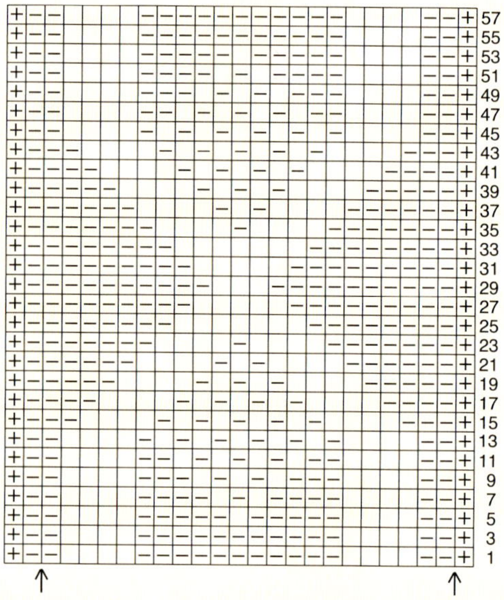

In den Rück-R die M str., wie sie erscheinen. In der Höhe die 1.–4. R beliebig oft wdh, dann 1 x die 5.–58. R stricken, danach die 55.–58. R beliebig oft wdh.

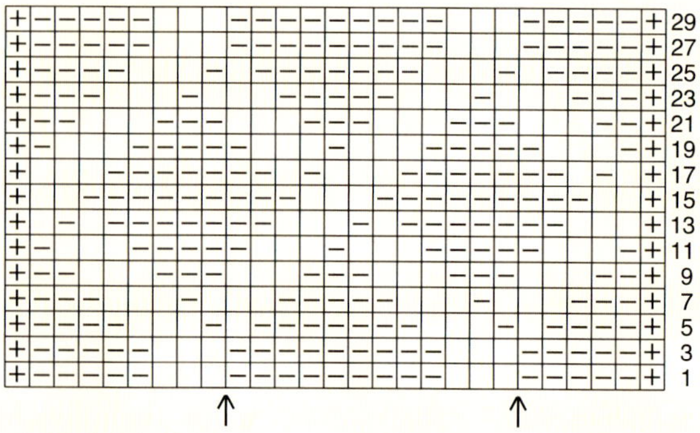

In den Rück-R die M str., wie sie erscheinen. In der Höhe die 1.–4. R beliebig oft wdh, dann 1 x die 5.–30. R stricken, danach die 27.–30. R beliebig oft wdh.

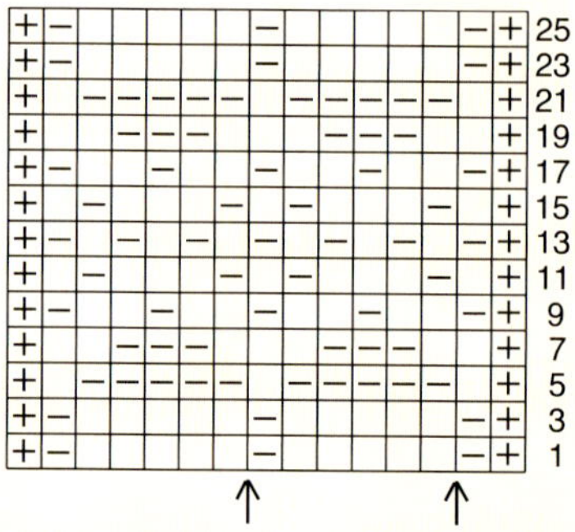

In den Rück-R die M li stricken. In der Höhe die 1.–4. R beliebig oft wdh, dann 1 x die 5.–26. R stricken, danach die 23.–26. R beliebig oft wdh.

➲ *Zeichenerklärung für die Strickschriften auf den Seiten 198–201*

Strukturmuster

Plastische Muster, Hebemaschen, Biesen oder Webeffekte – wenn durch abgehobene, hochgezogene oder tiefer gestochene Maschen erhabene Musterelemente entstehen, spricht man von Strukturmustern. Sie haben Höhen und Tiefen, Raffungen oder obenauf liegende, betonte Maschen, sind nicht flach, sondern zeigen ein bewegtes, ausdrucksstarkes Maschenbild.

Plastische Muster und Biesen können Sie als dekorativen Schmuck sparsam und gezielt in Kombination mit anderen Mustern einsetzen. Einige kommen aber auch als Solisten allover gestrickt toll zur Geltung, wie unser Kuschelpulli auf Seite 136 aufs Schönste beweist. Hebemaschen und Strukturmuster mit Weboptik haben dazu noch einen großen Vorteil: Pro Reihe wird nur mit einer Farbe gestrickt, in der Wirkung entstehen aber mehrfarbige Reihen. Das ergibt sehr reizvolle Effekte auf einfachste Art, denn der umständliche Farbwechsel während der Reihe entfällt.

Hebemaschen geben Ringelpullis eine interessantere Struktur und gestalten Farbübergänge abwechslungsreich. Und sie lassen sich wunderbar mit anderen Techniken kombinieren, da sie sich nicht verziehen und stets mit der gleichen Maschenzahl gearbeitet werden. Kurzum: Ein Musterspaß, der Anfängern Freude macht und Profis zu fantasievollen Modellen inspiriert!

Kleiner Stricklehrgang:

Hebemaschen

Im Bild zeigen wir Ihnen eine Hebemasche in einer Hinreihe. Sie stechen wie zum Linksstricken in die Masche ein, dann wird sie aber nicht abgestrickt, sondern nur auf die rechte Nadel genommen. Den Faden dabei locker hinter der Masche weiterführen.

Hier sehen Sie eine Hebemasche in einer Rückreihe. Sie stechen auch hier wie zum Linksstricken in die Masche ein, stricken die Masche aber nicht ab, sondern nehmen sie nur auf die rechte Nadel. Den Arbeitsfaden hier aber locker vor der Masche weiterführen.

Muster mit Hebemaschen

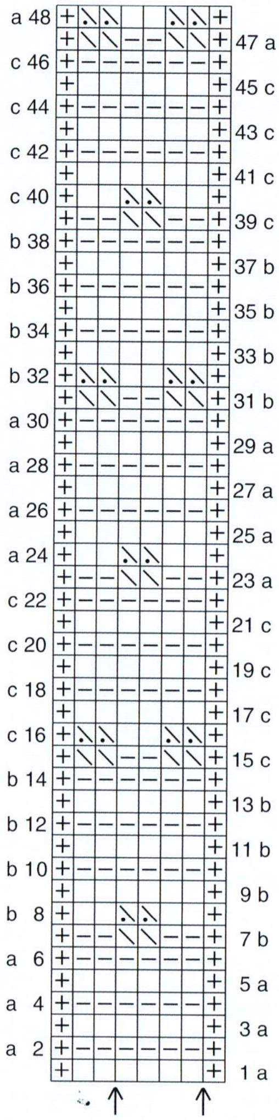

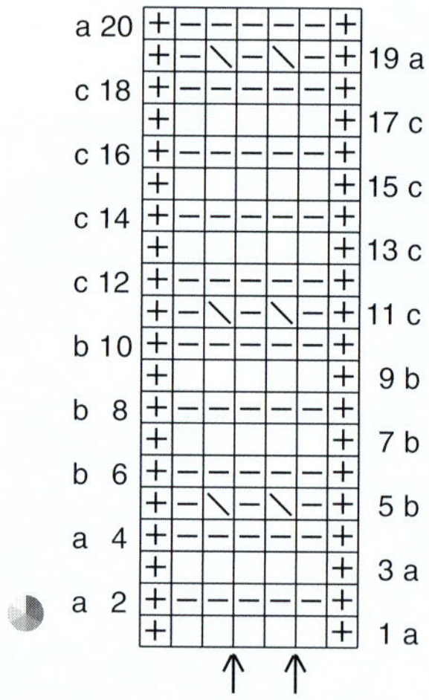

In der Höhe 1 x die 1.-20. R stricken, dann die 3.-20 R stets wdh.

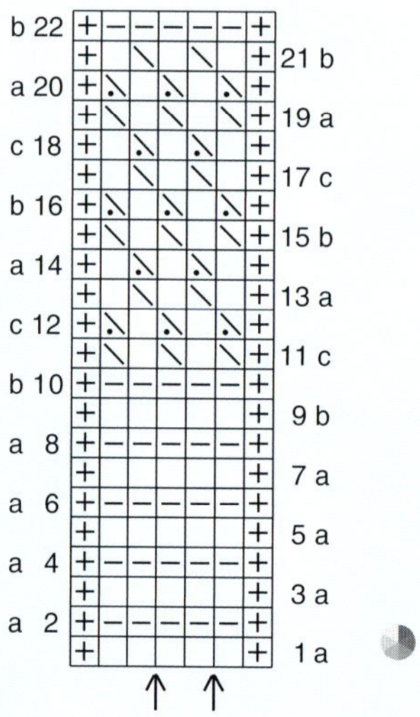

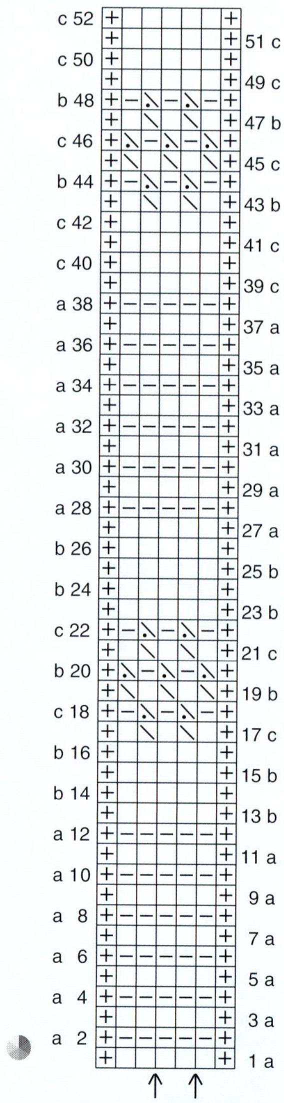

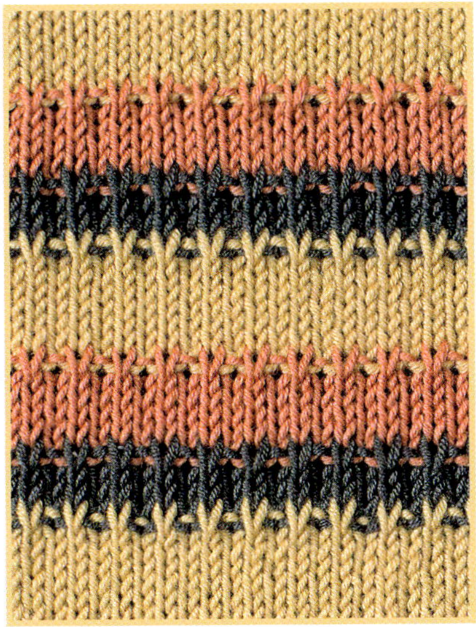

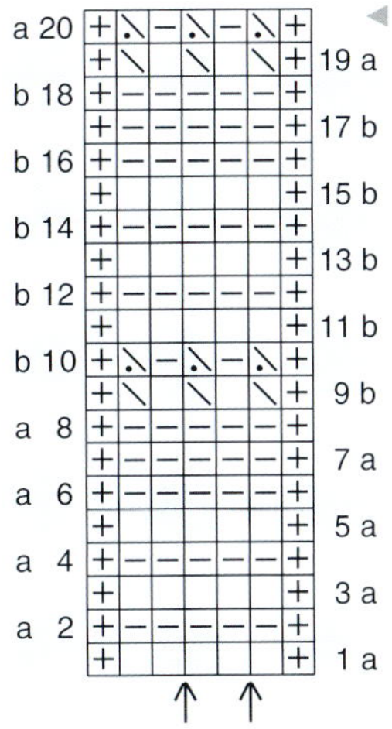

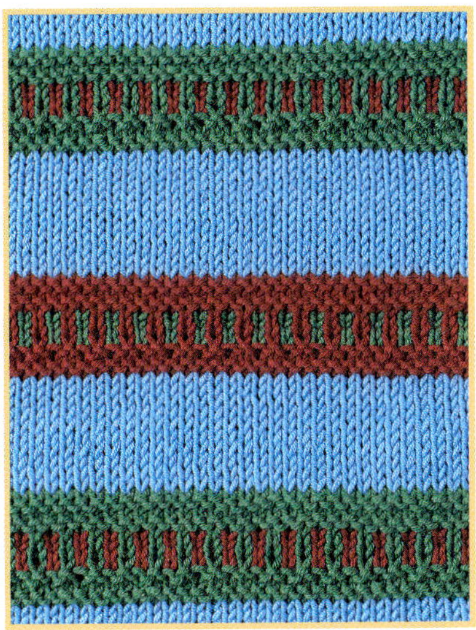

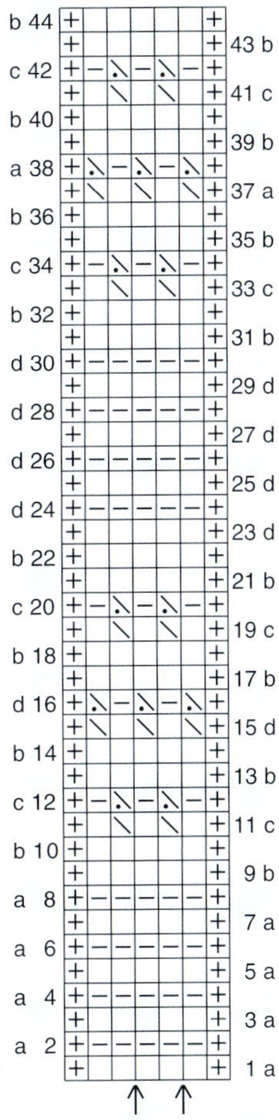

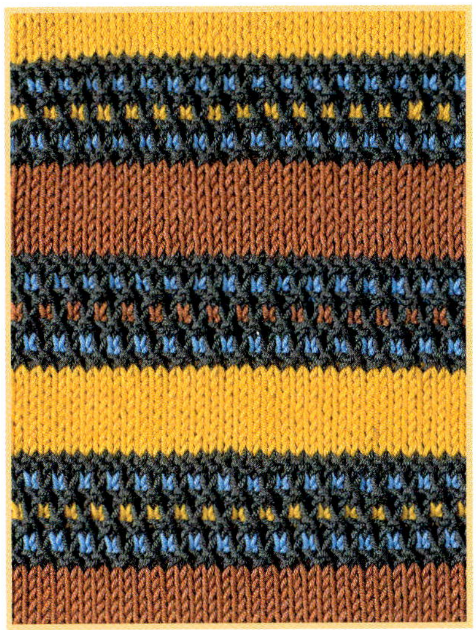

Die Buchstaben seitlich an den Strickschriften bezeichnen die verschiedenen Farben.

Zeichenerklärung für die Strickschriften auf den Seiten 198–201

Hebemaschen-Muster

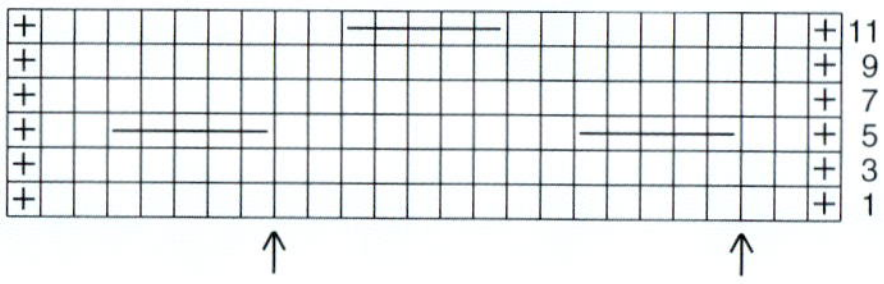

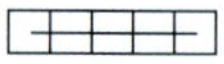 = 5 M re stricken, * wenden, 5 M re stricken, ab * 6 x wdh, dann die R fortsetzen. In den Rück-R die M li str.

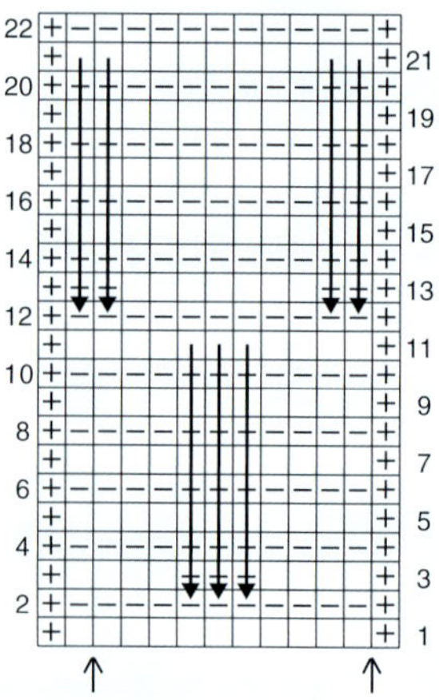

↓ = 1 M re abheben; mit der re Nadel auf der Rückseite der Arbeit in den Querfaden der entsprechenden M der 9. darunter liegenden R einstechen und diesen Querfaden mit der abgehobenen M re zusammenstricken.

In der Höhe 1 x die 1.–22. R stricken, dann die 1.–22. R stets wdh.

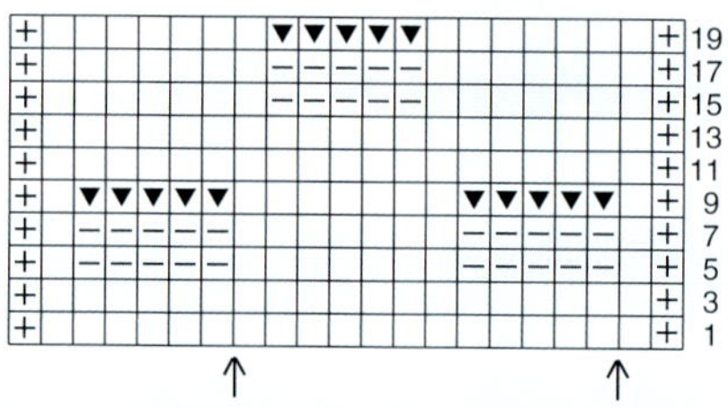

▼ = 1 M re abheben, mit der rechten Nadel auf der Rückseite der Arbeit in den Querfaden der entsprechenden M der 5. darunter liegenden R einstechen und diesen Querfaden mit der abgehobenen M re zusammenstricken.

In den Rück-R die M stricken, wie sie erscheinen.

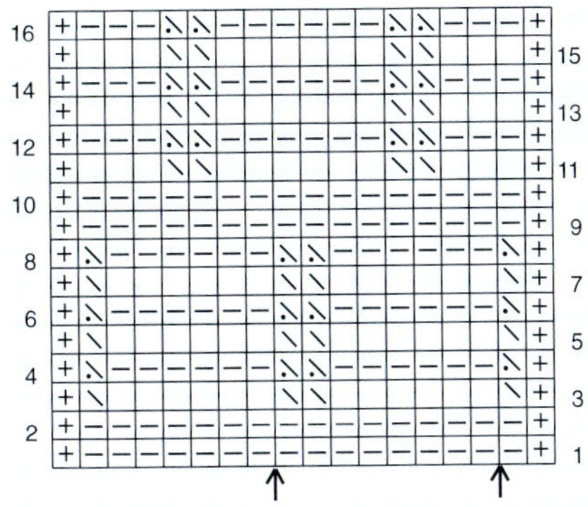

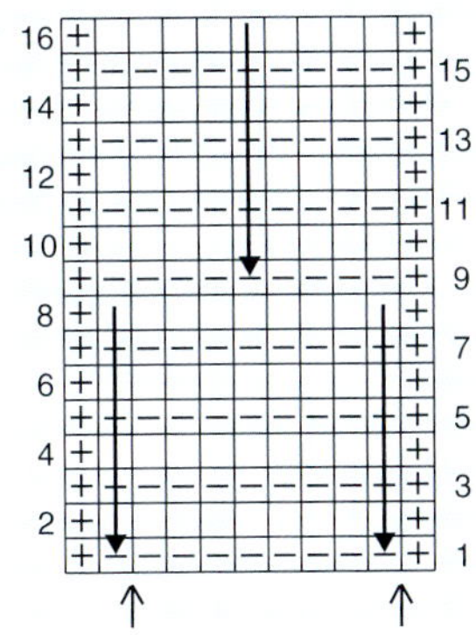

↓ = mit der rechten Nadel auf der Rückseite der Arbeit den Querfaden der entsprechenden M der 7. darunter liegenden R auffassen, die folgende M re stricken und diesen Querfaden über die soeben gestrickte M ziehen.

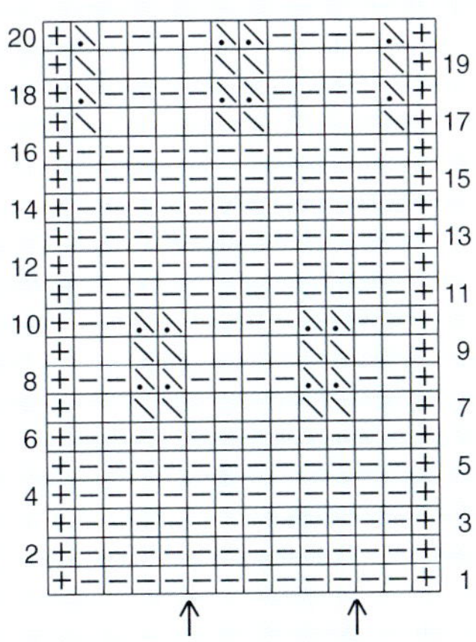

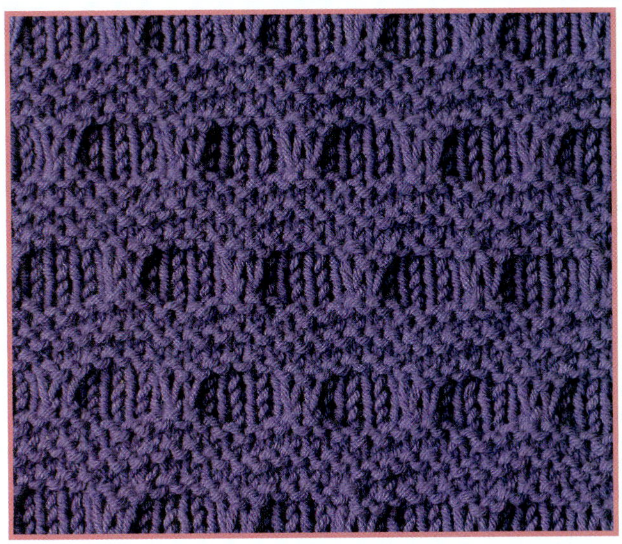

Zeichenerklärung für die Strickschriften auf den Seiten 198–201

Wellenmuster-Pulli mit Schlauchkapuze

Größe: 40/42

Materialbedarf:

- 700 g wollweiß (Fb 1) „Estivo" (85% Baumwolle, 15% Polyamid, LL = 150 m/50 g) von Lana Grossa
- Stricknadeln Nr. 3,5 und 4
- Rundstricknadel Nr. 4

Kraus re in R: Hin- und Rück-R re M; in Rd: abwechselnd je 1 Rd re und li M str.
Glatt re: Hin-R re M, Rück-R li M.
Grundmuster mit Nadel Nr. 4:
M-Zahl teilbar durch 15 + 2 Rdm. Laut Strickschrift arb. In den Rück-R alle M li str. Die 1.-72. R stets wdh.
Maschenprobe im Grundmuster:
22 M und 38 R = 10 x 10 cm.

Pulli:

Rückenteil: 122 M mit Nadel Nr. 3,5 anschlagen und für die Blende 0,5 cm = 3 R kraus re str, dabei mit 1 Rück-R beginnen. Dann im Grundmuster weiterarb. Nach 62 cm = 238 R ab Blende die M gerade abketten, dabei bilden die mittleren 40 M den Halsausschnittrand.

Vorderteil: Genauso, jedoch mit Halsausschnitt arb. Dafür nach 57 cm = 216 R ab Blende die mittleren 20 M abketten und beide Seiten getrennt beenden.
Für die Rundung am inneren Rand in jeder 2. R 1 x 3 M, 1 x 2 M und 5 x je 1 M abketten. Die restlichen je 41 Schulter-M in Rückenteilhöhe abk.

Ärmel: 62 M mit Nadel Nr. 3,5 anschlagen und für die Blende 0,5 cm = 3 R kraus re str. Dann im Grundmuster weiterarb. Gleichzeitig für die Ärmelschrägungen ab Blende beidseitig 16 x in jeder 8. R und 8 x in jeder 6. R je 1 M mustergemäß zunehmen = 110 M. Nach 48 cm = 182 R ab Blende die M gerade abketten.

Fertigstellung: Schulternähte schließen. Aus dem Halsausschnitt-rand mit der Rundstricknadel 84 M auffassen und 2 cm = 5 Rd kraus re str. Danach alle M abketten. Ärmel einsetzen, Seiten- und Ärmelnähte schließen.

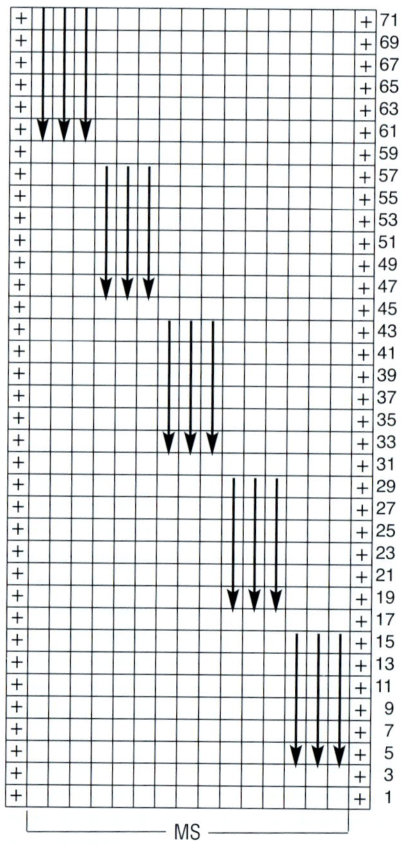

In der Höhe die 1.–72. R 1 x stricken, dann die 3.–72. R stets wdh

Schlauchkapuze:

Größe: 70 cm breit, 60 cm lang

Ausführung: 152 M mit Nadel Nr. 3,5 anschlagen und für die Blende 0,5 cm = 3 R kraus re str. Dann im Grundmuster arb. Nach 60 cm = 228 R noch 3 R kraus re str und alle M abketten. Die Naht schließen.

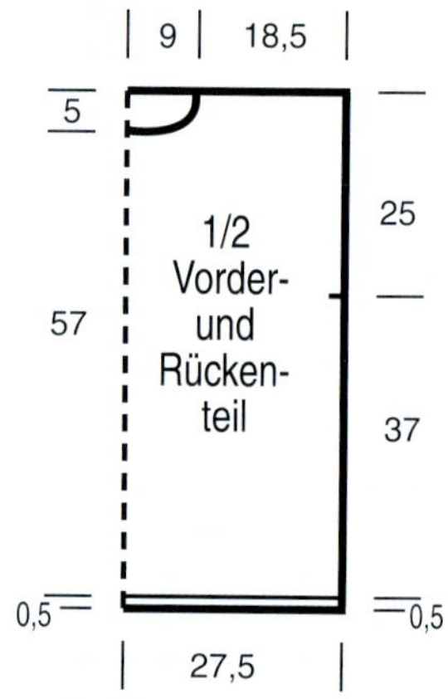

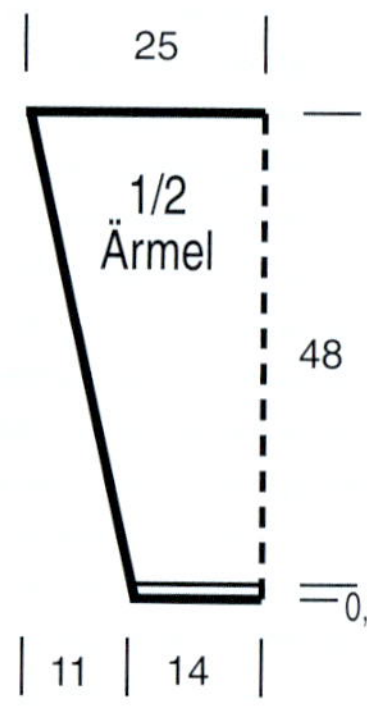

 = 1 M re abheben, mit der re Nadel auf der Rückseite der Arbeit in den Querfaden der entsprechenden M der 10. darunter liegenden R einstechen und diesen Querfaden mit der abgehobenen M re zusammenstr.

➔ *Zeichenerklärung für die Strickschrift auf den Seiten 198–201*

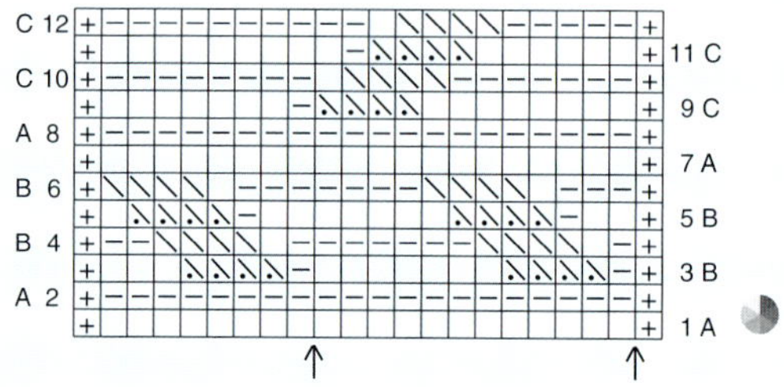

Die Buchstaben seitlich an den Strickschriften bezeichnen die verschiedenen Farben.

Zeichenerklärung für die Strickschriften auf den Seiten 198–201

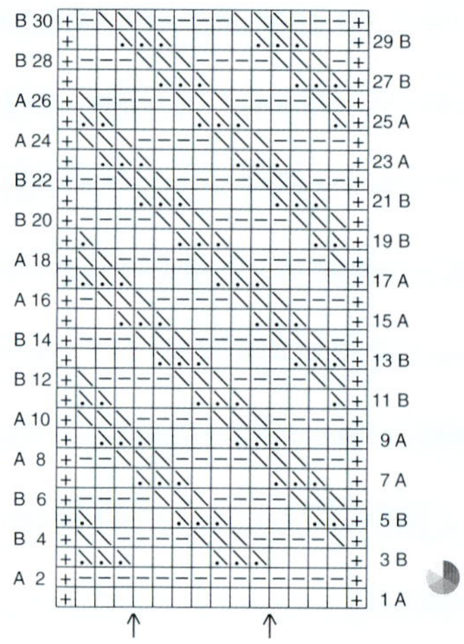

In der Höhe 1 x die 1.-30. R stricken, dann 3.-30 R stets wdh, dabei die Farbfolge sinngemäß fortsetzen.

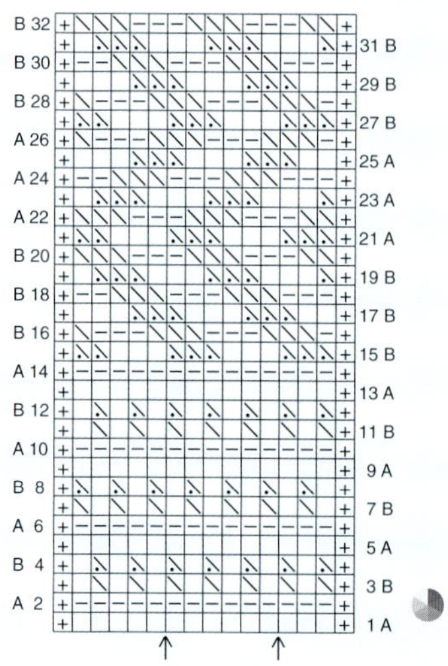

Zopfmuster

Von wegen alte Zöpfe!
Diese Klassiker der Strickmode haben zwar viel Tradition, sie sind dabei aber so variabel und abwechslungsreich, dass sie immer wieder modisch und überraschend neu wirken.
Alle Zöpfe entstehen im Grunde nach einem Prinzip: Die Reihenfolge der Maschen auf der Nadel wird verändert und dazu benötigen Sie eine Hilfsnadel. Diese sollte etwa 1/2 Nr. dünner sein als die Arbeitsnadeln. Praktisch sind extra kurze, gerade Hilfsnadeln oder so genannte Zopfnadeln, bei denen das Mittelstück durchgebogen ist, wodurch ein Wegrutschen der stillgelegten Maschen verhindert wird.
Die Lage der Hilfsnadel beim Abstricken der Folgemaschen entscheidet über die Richtung des Zopfes: Bei „linksdrehenden" liegen die stillgelegten Maschen vor, bei „rechtsdrehenden" hinter der Arbeit. Über wie viele Maschen, wie oft und in welche Richtung verzopft wird, entscheidet über die Wirkung eines Zopfmusters und da sind der Fantasie kaum Grenzen gesetzt. Allerdings: Zöpfe sind von der Rückseite nicht sehr ansehnlich, es wird immer auf der Vorderseite verzopft. Und: Zopfmuster ziehen sich relativ stark zusammen, deshalb die Maschenprobe nicht zu klein anfertigen.
Aber ansonsten hat man den Dreh für schöne Zöpfe schnell heraus – und wird mit besonders plastischen und dekorativen Mustermaschen belohnt!

Kleiner Stricklehrgang:
Verzopfungen

Dieser Zopf ist über 6 Maschen nach rechts verkreuzt. Zum Verkreuzen brauchen Sie eine Hilfsnadel, auf der Sie die ersten 3 Maschen hinter die Arbeit legen. Dann stricken Sie die folgenden 3 Maschen rechts, danach erst sind die 3 Maschen der Hilfsnadel an der Reihe.

Dieser Zopf geht ebenfalls über 6 Maschen, er ist allerdings nach links verkreuzt. Auch hier werden 3 Maschen auf einer Hilfsnadel „geparkt", nur liegen sie dabei vor und nicht hinter der Arbeit. Die folgenden 3 Maschen rechts stricken, dann wiederum die 3 Maschen der Hilfsnadel rechts stricken.

Schmale Zopfmuster-Streifen

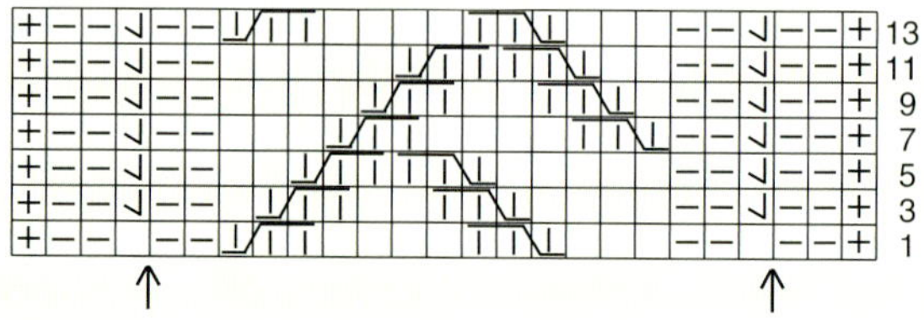

In den Rück-R die M stricken, wie sie erscheinen.
In der Höhe 1 x die 1.-14. R stricken, dann die 3.-14. R stets wdh.

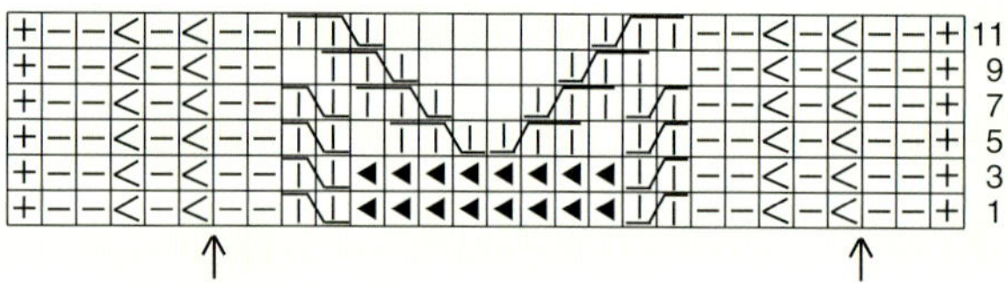

In den Rück-R die M stricken, wie sie erscheinen, bzw. wie beschrieben. Verschränkt gestrickte M links verschränkt stricken.

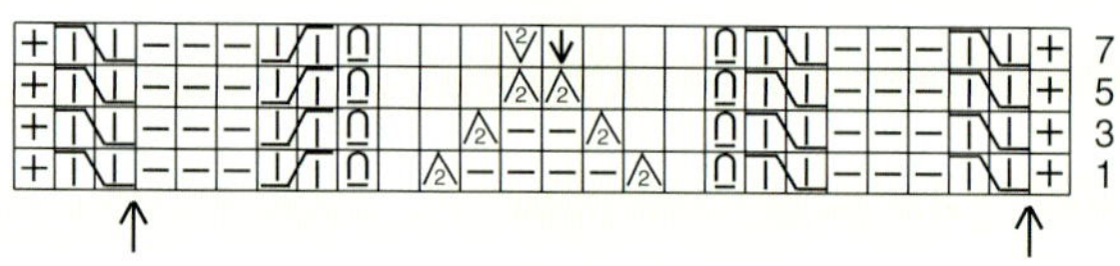

In den Rück-R die M stricken, wie sie erscheinen.

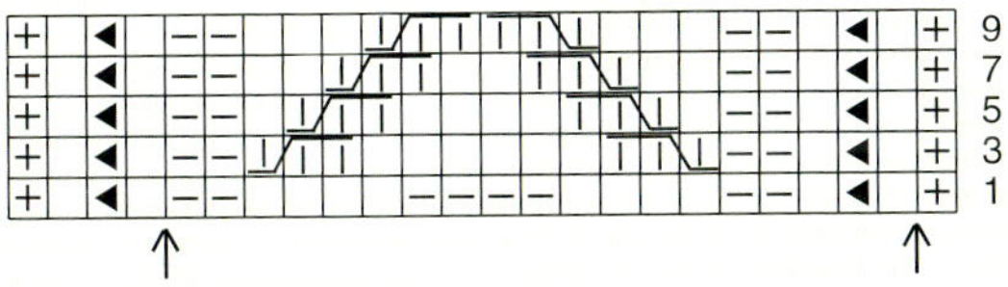

In den Rück-R die M stricken, wie sie erscheinen, bzw. wie beschrieben.

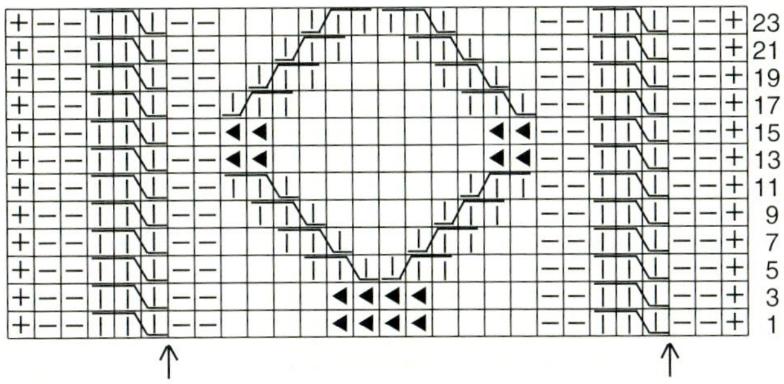

In den Rück-R die M stricken, wie sie erscheinen, bzw. wie beschrieben.

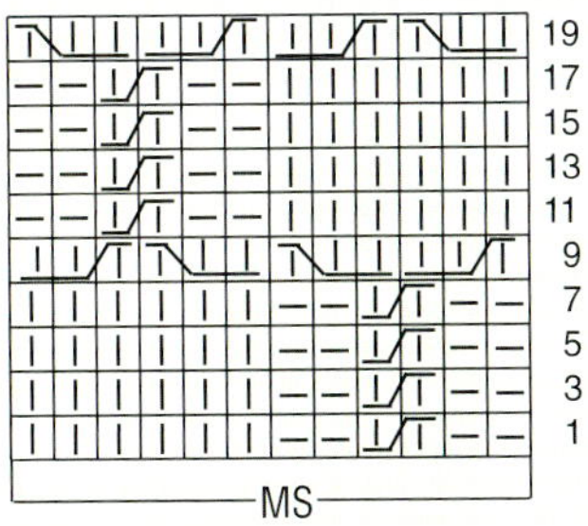

In den Rück-R die M stricken, wie sie erscheinen.

Zeichenerklärung für die Strickschriften auf den Seiten 198–201

Zopfmuster-Pulli in Beige mit großem Kragen

Größe: 38/40 (42/44) 48/50

Die abweichenden Angaben der größeren Größen stehen in Klammern bzw. hinter den Klammern. Ist nur eine Angabe gemacht, so gilt diese für alle Größen.

Materialbedarf:
- 950 (1000) 1050 g beige (Fb 2) „Bingo“ (100% Schurwolle, LL = 80 m/50 g) von Lana Grossa
- Stricknadeln Nr. 5,5
- Rundstricknadel Nr. 5,5

Rippenmuster: 1 M re, 1 M li im Wechsel.
Glatt re: Hin-R re M, Rück-R li M. Glatt li: Hin-R li M, Rück-R re M. Grundmuster: M-Zahl teilbar durch 18. Laut Strickschrift arb. Es sind die Hin-R gezeichnet, in den Rück-R die M str, wie sie erscheinen.
In der Breite den MS stets wdh. Die 1. und 2. R 9 x arb, danach die 1.–22. R stets wdh.
Betonte Abnahmen: re Arbeitsrand: Rdm, 1 M re, 3 M überzogen zu-sammenstr (= 1 M re abheben, 2 M re zusammenstr, dann die abgehobene M darüber ziehen);
li Arbeitsrand: die 5.–3. letzte M der R re zusammenstr, 1 M re, Rdm.
Maschenprobe im Grundmuster (leicht gedehnt gemessen):
19,5 M und 22,5 R = 10 x 10 cm.

Rückenteil: 110 (118) 128 M an-schlagen und in folgender Eintei-lung str. Rdm, 0 (2) 0 M glatt li, 0 (2) 0 M glatt re, 108 (108) 126 M Grundmuster, 0 (2) 0 M glatt re, 0 (2) 0 M glatt li, Rdm. Für die Armausschnitte nach 47 cm = 106 R (47 cm = 106 R) 45 cm = 102 R ab Anschlag beidseitig in jeder 2. R 5 x je 2 M betont abnehmen = 90 (98) 108 M. Für den Halsausschnitt nach 69 cm = 156 R (69 cm = 156 R) 71 cm = 160 R ab Anschlag die mittleren 32 M abketten und jede Seite getrennt beenden. Für die Rundung am inneren Rand in der folgenden 2. R 1 x 2 M abketten. Die restlichen je 27 (31) 36 Schulter-M nach 71 cm = 160 R (71 cm = 160 R) 73 cm = 164 R ab Anschlag abketten.

Vorderteil: Genauso, jedoch mit tieferem Halsausschnitt arb. Dafür bereits nach 64 cm = 144 R (64 cm = 144 R) 66 cm = 148 R ab Anschlag die mittleren 16 M abketten und in jeder 2. R 1 x 3 M, 2 x je 2 M und 3 x je 1 M abketten.

Ärmel: 56 (56) 60 M anschlagen und zwischen den Rdm im Grundmuster arb, dabei für die 3. Größe mit 1 Rdm und den M ab Pfeil A beginnen, den MS stets wdh, enden mit den M bis Pfeil B und 1 Rdm. Für die Ärmelschrägungen nach 10 cm = 22 R ab Anschlag beidseitig 19 x in jeder 4. R (19 x in jeder 4. R) 7 x in jeder 4. R und 18 x abwechselnd in jeder 2. und 4. R je 1 M mustergemäß zun = 94 (94) 110 M. Für die flache Armkugel nach 50 cm = 112 R (50 cm = 112 R) 48 cm = 108 R ab Anschlag beidseitig in jeder 2. R 5 x je 2 M betont abn. Die restlichen 74 (74) 90 M nach 55 cm = 124 R (55 cm = 124 R) 53 cm = 120 R ab Anschlag abketten.

Fertigstellung: Schulternähte schließen. Für den Rollkragen aus dem Halsausschnittrand mit der Rundstricknadel ca. 94 M auffassen und im Rippenmuster str.
Zur Formgebung nach 2 cm Kragenhöhe nach jeder 2. M 1 M li verschränkt aus dem Querfaden zunehmen und glatt li str (= in Rd stets li M) = 141 M. Nach 7 cm Kragenhöhe jeweils zwischen den glatt li M je 1 M li verschränkt aus dem Querfaden zunehmen und glatt li str = 188 M. Nach 19 cm Kragenhöhe alle M abketten, wie sie erscheinen. Ärmel einsetzen, Seiten-und Ärmelnähte schließen.

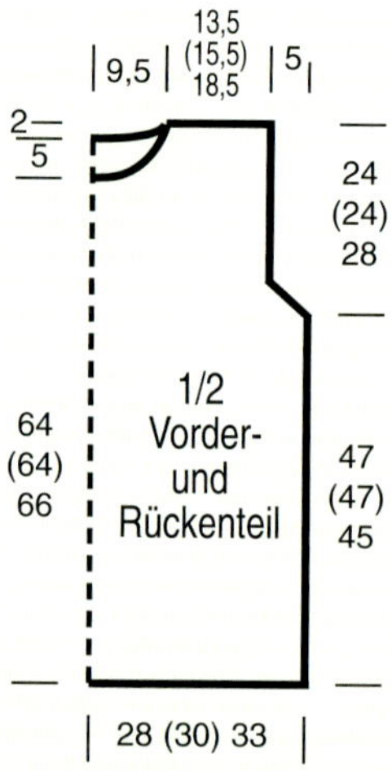

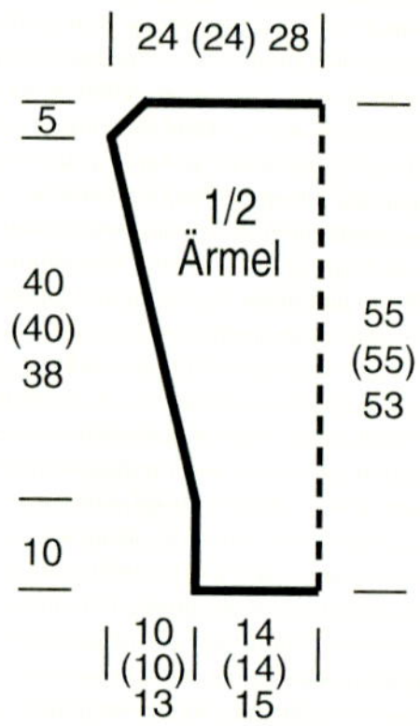

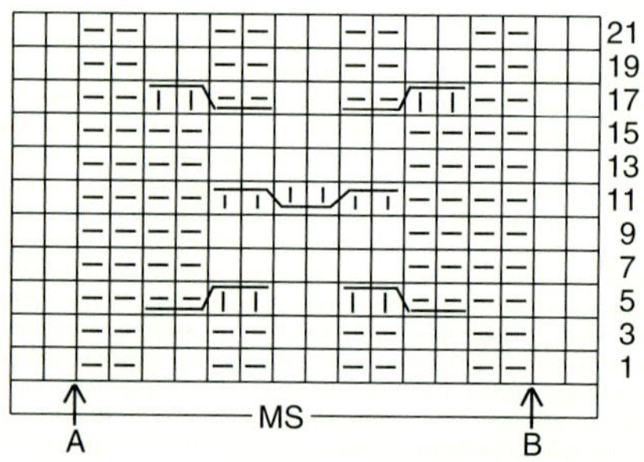

➔ *Zeichenerklärung für die Strickschrift auf den Seiten 198–201*

Zopfmuster all-over

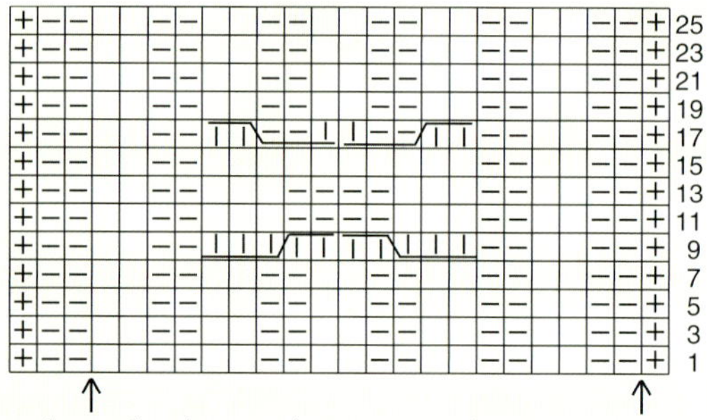

In den Rück-R die M stricken, wie sie erscheinen.

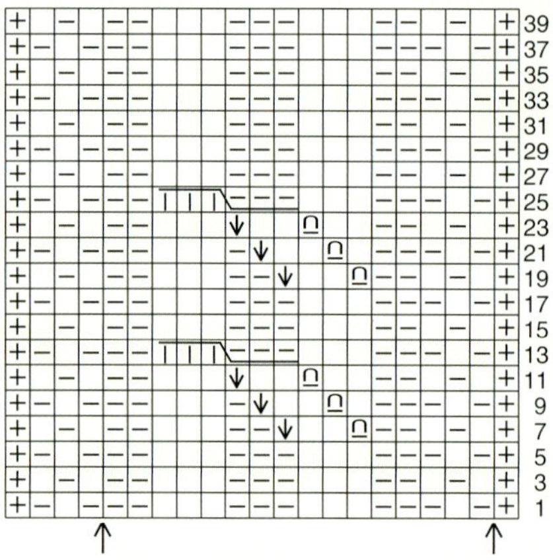

In den Rück-R die M stricken, wie sie erscheinen, bzw. wie beschrieben.

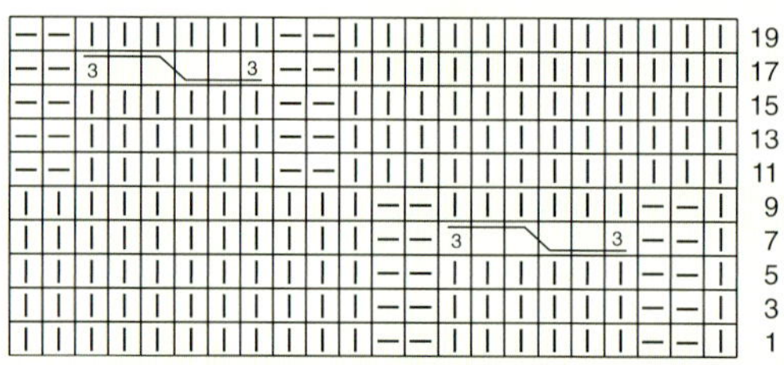

In den Rück-R die M stricken, wie sie erscheinen.

Zeichenerklärung für die Strickschriften auf den Seiten 198–201

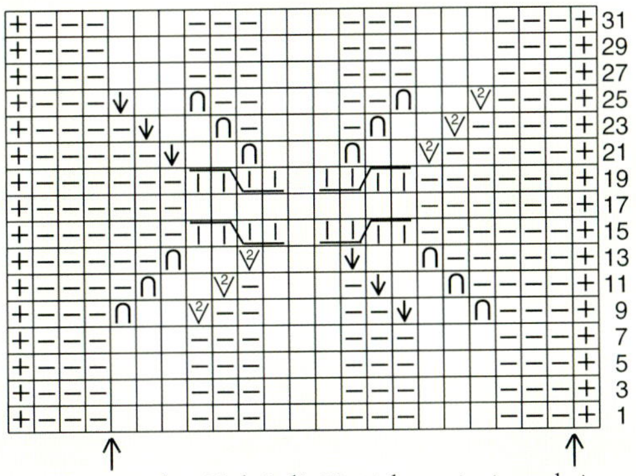

In den Rück-R die M stricken, wie sie erscheinen.

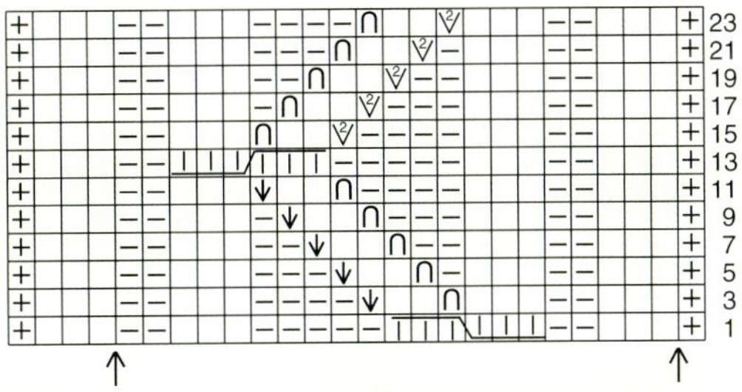

In den Rück-R die M stricken, wie sie erscheinen.

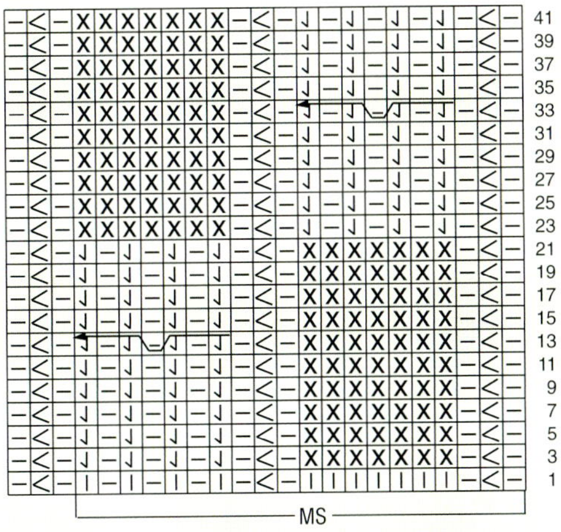

In den Rück-R die M stricken, wie sie erscheinen, bzw. wie beschrieben stricken. In der Höhe 1 x die 1.-42. R stricken, dann die 3.-42. R stets wdh.

Zopfmuster-Kinderpulli mit Fransen

Größe: 104/110 (122/128) 140/146

Die abweichenden Angaben der größeren Größen stehen in Klammern bzw. hinter den Klammern. Ist nur eine Angabe gemacht, so gilt diese für alle Größen.

Materialbedarf:

- 500 (550) 600 g zartrosa (Fb 605) „Cool Wool big" (100% Merinowolle, LL = 120 m/50 g) von Lana Grossa
- Stricknadeln Nr. 4
- Rundstricknadel Nr. 4

Rippenmuster: 3 M glatt re, 3 M glatt li im Wechsel.
Glatt re: Hin-R re M, Rück-R li M.
Zopf 1 über 10 M: Laut Strickschrift 1 str. Es sind die Hin-R gezeichnet. In den Rück-R die M str, wie sie erscheinen. Die 1.– 4. R stets wdh. Zopf 2 über 18 M: Laut Strickschrift 2 str. Es sind die Hin-R gezeichnet. In den Rück-R die M str, wie sie erscheinen. Die 1.– 28. R stets wdh. Grundmuster: * 10 M Zopf 1, 18 M Zopf 2, ab * stets wdh. Maschenprobe im Grundmuster: 33 M und 35,5 R = 10 x 10 cm.

Rückenteil: Für das Unterteil 120 (140) 158 M anschlagen und 10 (12) 14 cm im Rippenmuster str, dabei in der letzten R gleichmäßig verteilt 12 M zunehmen. Die 132 (152) 170 M stilllegen. Für das Oberteil 132 (152) 170 M anschlagen und zwischen den Rand-M im Grundmuster str, dabei mit 18 M Zopf 2 (10 M Zopf 1) den letzten 9 M Zopf 2 beginnen. Nach 3 cm ab Anschlag die M des Unterteils hinter die Arb legen und in der folgenden R jeweils 1 M des Ober- mit 1 M des Unterteils zusammenstr. Nach 28 (33) 41 cm ab Zusammen-str für die Schultern beidseits je 36 (43) 49 M abketten. Über den mittleren 60 (66) 72 M für den Stehkra-gen noch 3 cm mustergemäß, dann 1 R li M als Bruchkante und 2,5 cm glatt re str. Die M abketten.

Vorderteil: Genauso arb.

Ärmel: Für das Unterteil je 48 M anschlagen und zwischen den Rdm 9 cm im Rippenmuster str. Für die Ärmelschrägungen beidseitig 5 x in jeder 6. R je x 1 M mustergemäß und in der letzten R gleichmäßig verteilt 12 M zunehmen. Die 70 M stilllegen. Für das Oberteil je 66 M anschlagen und zwischen den Rdm im Grundmuster str, dabei das Muster von der Mitte aus einteilen. Für die Ärmelschrägungen beidseitig 12 (11) 6 x in jeder 4. R und 18 (29) 44 x in jeder 2. R je 1 M mustergemäß zunehmen. Gleichzeitig nach 3 cm ab Anschlag die M von Ober- und Unterteil wie beim Rücken zusammenstr. Nach 21 (26,5) 29 cm ab dem Zusammenstricken alle 126 (146) 166 M gerade abketten.

Fertigstellung: Die Schulter- und Kragennähte schließen. Den Kragen entlang der Bruchkante nach innen säumen. Ärmel einsetzen. Ärmel- und Seitennähte schließen. An der Anschlagkante des Oberteils gleich- mäßig verteilt ca. 5 cm lange Fransen anknüpfen.

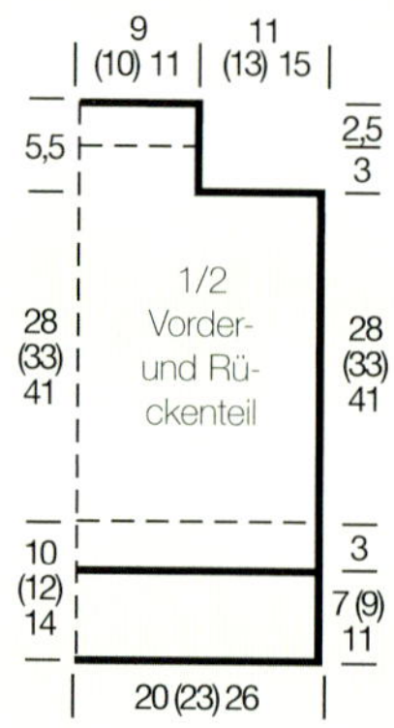

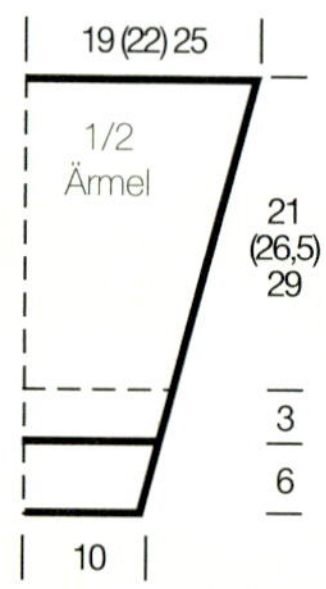

Strickschrift 2

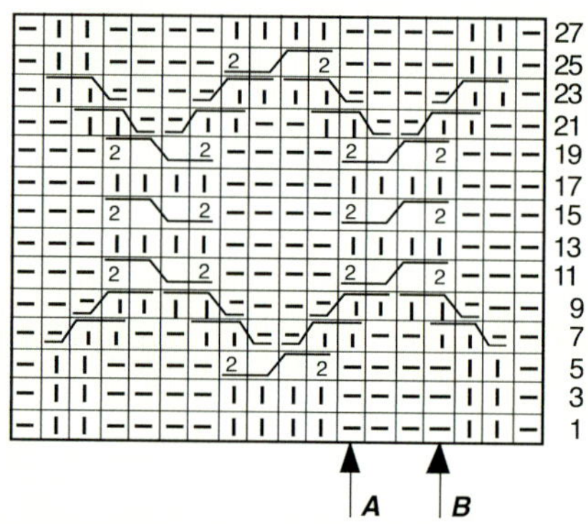

Strickschrift 1

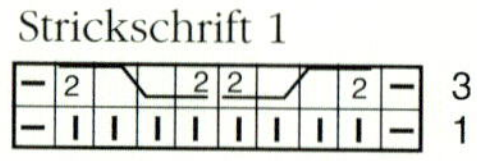

➲ *Zeichenerklärung für die Strickschriften auf den Seiten 198–201*

Breite Zopfmuster-Streifen

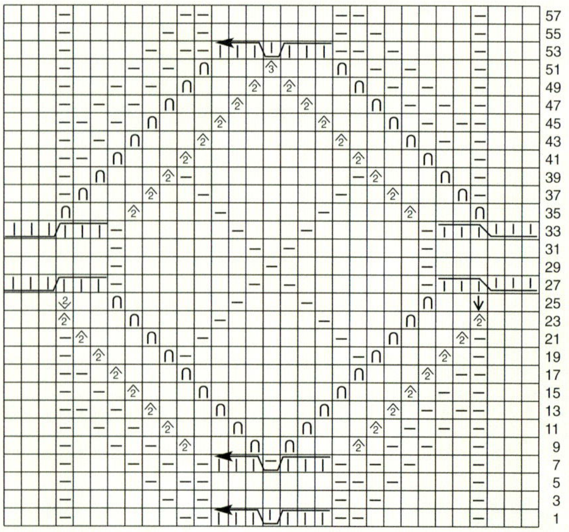

In den Rück-R die M stricken, wie sie erscheinen, bzw. wie beschrieben.

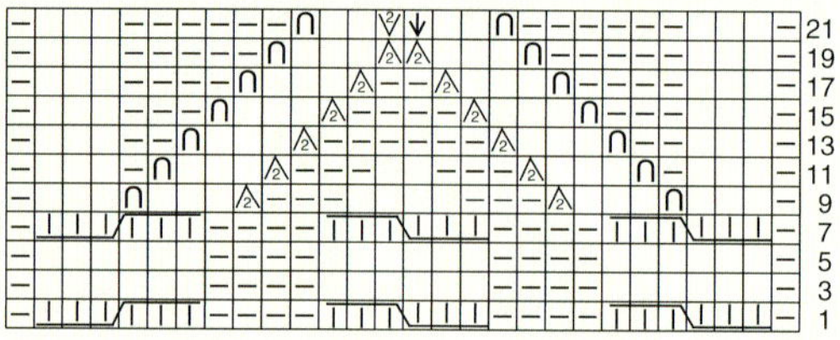

In den Rück-R die M stricken, wie sie erscheinen, bzw. wie beschrieben.

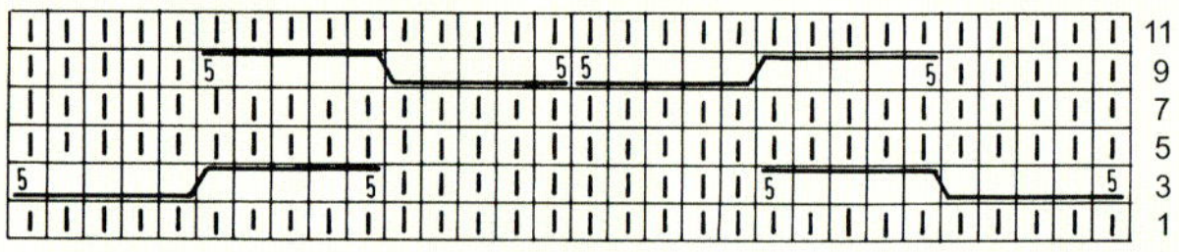

In den Rück-R alle M li stricken.

Zeichenerklärung für die Strickschriften auf den Seiten 198–201

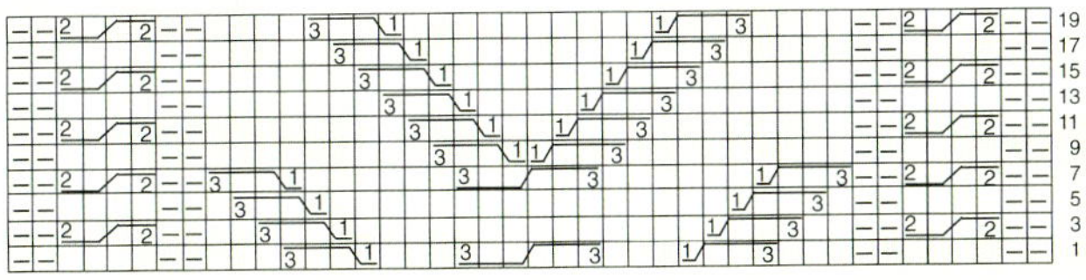

In den Rück-R die M stricken, wie sie erscheinen.

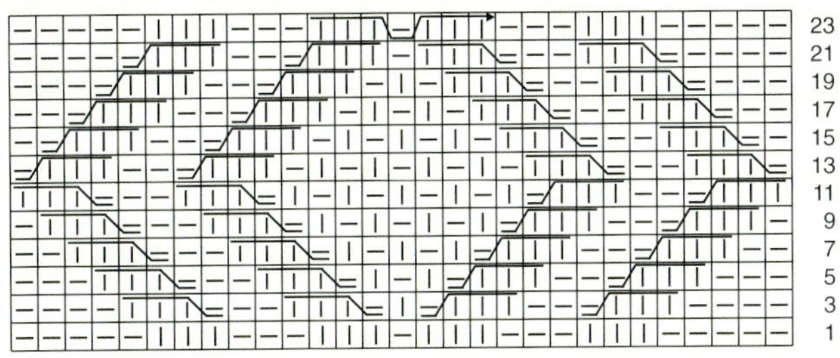

In den Rück-R die M stricken, wie sie erscheinen. In der Höhe 1 x die 1.-24. R stricken, dann die 3.-24. R stets wdh.

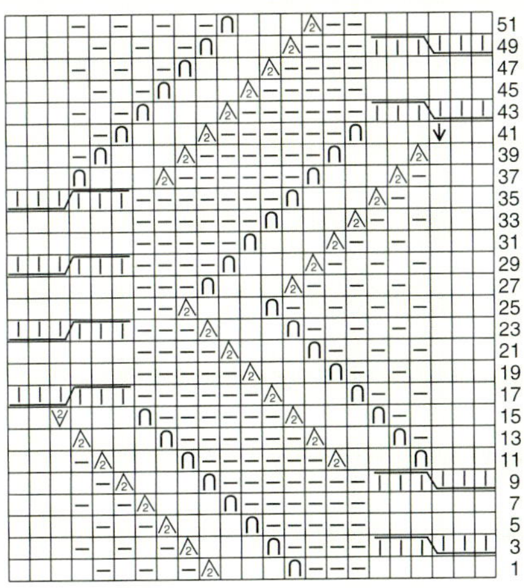

In den Rück-R die M stricken, wie sie erscheinen.

Zopfmuster-Jacke in Hellgrün

Größe: 36/38 (48/50)
Die abweichenden Angaben der größeren Größen stehen in Klammern. Ist nur eine Angabe gemacht, so gilt diese für beide Größen.

Materialbedarf:
- 600 (750) g hellgrün (Fb 495) „Cool Wool 2000“ (100% Merinowolle extrafein, LL = 158 m/50 g) von Lana Grossa
- Stricknadeln Nr. 3,5;
- je 1 Rundstricknadel Nr. 3 und 3,5
- 4 Knöpfe

Glatt re: Hin-R re M, Rück-R li M
Glatt li: Hin-R li M, Rück-R re M
Rippenmuster: M-Zahl teilbar durch 6 + 2 Rdm. Hin-R: Rdm, * 2 M li, 4 M re, ab * stets wdh, Rdm. Rück-R: M str, wie sie erscheinen.
Zackenmuster (über 11 M): Laut Strickschrift 1 arb. Es sind Hin- und Rück-R gezeichnet. Die 1.–20. R stets wdh.
Zopf (über 8 M): Laut Strickschrift 2 arb. Es sind die Hin-R gezeichnet. In den Rück-R die M str, wie sie erscheinen. Die 1.–10. R stets wdh.
Betonte Abnahme von 1 M: Am re Rand nach den ersten beiden M 2 M überzogen zusstr (= 1 M re abheben, die folgende M re str, dann die abgehobene M darüber ziehen), am li Rand vor den letzten beiden M 2 M re zusammenstr.
Betonte Abnahme von 2 M: Am re Rand nach den ersten beiden M 3 M überzogen zusammenstr (= 1 M re abh, die folg 2 M re zusammenstr, dann die abgehobene M darüber ziehen), am li Rand vor den letzten beiden M 3 M re zusstr. Maschenprobe im Durchschnitt: 31 M und 38 R = 10 x 10 cm.

Rückenteil: 165 (203) M anschlagen und in folgender Einteilung arb: Rdm, * 11 M Zackenmuster, 8 M Zopf, ab * noch 7 (9) x wdh, 11 M Zackenmuster, Rdm. Für die Armausschnitte nach 32 cm = 122 R (33 cm = 126 R) ab Anschlag betonte Abnahmen arb wie folgt: Beidseitig in jeder 2. R 12 x je 1 M abnehmen = 141 (179) M. Für die Schulterschrägungen nach 54 cm = 204 R (59 cm = 224 R) ab Anschlag beidseitig in jeder 2. R 3 x je 11 (15) M abketten. Gleichzeitig für den Halsausschnitt mit der 1. Schulterabnahme die mittleren 41 (47) M abketten und beide Seiten getrennt beenden. Für die Rundung am inneren Rand in jeder 2. R 1 x 3 M und 1 x 2 M abketten. Die restlichen je 12 (16) Schulter-M nach 55,5 = 210 R (60,5 cm = 230 R) ab Anschlag abketten.

Li Vorderteil: 90 (109) M anschlagen und in folg Einteilung arb: Rdm, * 11 M Zackenmuster, 8 M Zopf, ab * noch 3 (4) x wdh, für die Blende 12 M glatt re, Rdm.
Den Armausschnitt am re Rand wie beim Rückenteil arb = 78 (97) M. Für den Halsausschnitt nach 50 cm = 190 R (55 cm = 210 R) ab An-schlag am li Rand in jeder 2. R 1 x 22 M, 1 (2) x 3 M, 2 x je 2 M und 4 x je 1 M abketten. Die Abnahmen für die Schulterschrägung am re Rand wie beim Rückenteil arb und die restlichen 12 (16) Schulter-M in Rückenteilhöhe abketten.

Re Vorderteil: Gegengleich arb, auch in der Mustereinteilung, jedoch mit 4 Knopflochpaaren. Nach 19 cm = 72 R (21 cm = 80 R) ab Anschlag und noch 3 x in jeder folgenden 36. (40.) R für die Knopflöcher am re Rand die 3.–5. M und die 10.–12. M abketten und in der folgenden R die M wieder neu anschlagen.

Ärmel: 68 (74) M anschlagen und für den Bund 6 cm im Rippen-muster arb, dabei in der letzten R gleichmäßig verteilt 2 (12) M zu-nehmen = 70 (86) M. Danach in folgender Einteilung weiterarb: Für die 1. Größe Rdm, * 11 M Zackenmuster, 8 M Zopf, ab * noch 2 x wdh, 11 M Zackenmuster, Rdm. Für die 2. Größe Rdm, * 8 M Zopf, 11 M Zackenmuster, ab * noch 3 x wdh, 8 M Zopf, Rdm. Gleichzeitig für die Ärmelschrägungen nach 5 cm = 18 R ab Bund beidseitig 10 x in jeder 6. R und 23 x in jeder 4. R (34 x in jeder 4. R und 3 x in jeder 2. R) je 1 M mustergemäß zunehmen = 136 (160) M. Für die Armkugel nach 46 cm = 174 R (43 cm = 162 R) ab Bund betonte Abnahmen arb wie folgt: Beidseitig in jeder 2. R * 1 x 1 M, 1 x 2 M abnehmen, ab * noch 3 x wdh = 112 (136) M. Nach 50 cm = 190 R (47 cm = 178 R) ab Bund alle M abketten.

Fertigstellung: Die vorderen Blen-den zur Hälfte nach innen säumen. Schulternähte schließen. Mit der Rundstricknadel Nr. 3 aus der In-nenseite des Halsausschnittrands 106 (118) M auffassen, dabei in der Mitte der vorderen Blenden beginnen und enden. Im Rippenmuster wie folgt arb: 1. R (= Rück-R): Rdm, * 2 M li, 4 R re, ab * stets wdh, 2 M li, Rdm. In allen folgenden R die M str, wie sie erscheinen. Nach 2,5 cm Kragenhöhe mit Nadel Nr. 3,5 weiterarb, dabei gleichzeitig in der 10. R (= Hin-R) im 1. und jedem folgenden 2. Li-Streifen je 1 M li verschränkt zunehmen. Nach 9 cm Kragenhöhe alle M abketten, wie sie erscheinen. Ärmel einsetzen, Seiten- und Ärmel-nähte schließen und Ärmelbündchen aufschlagen. Knopflöcher umstechen, Knöpfe annähen.

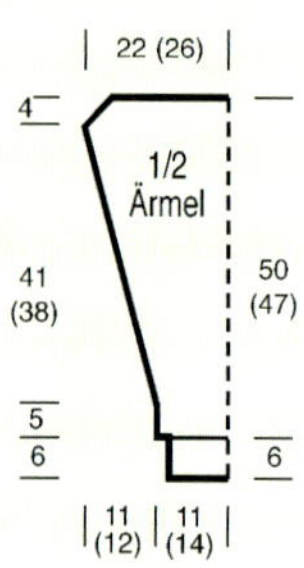

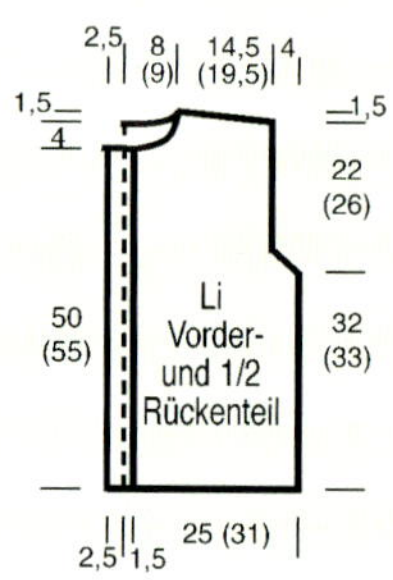

Strickschrift 1

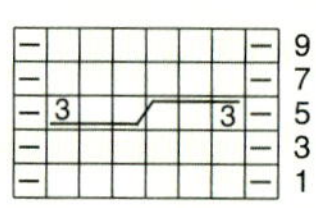

Strickschrift 2

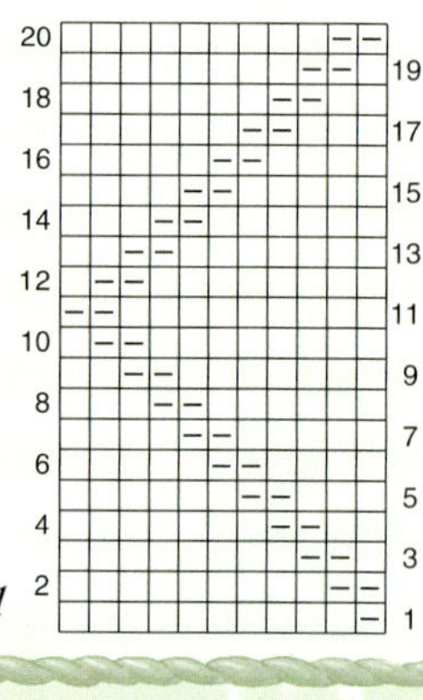

➲ *Zeichenerklärung für die Strickschriften auf den Seiten 198–201*

Ajour-Zopfmuster

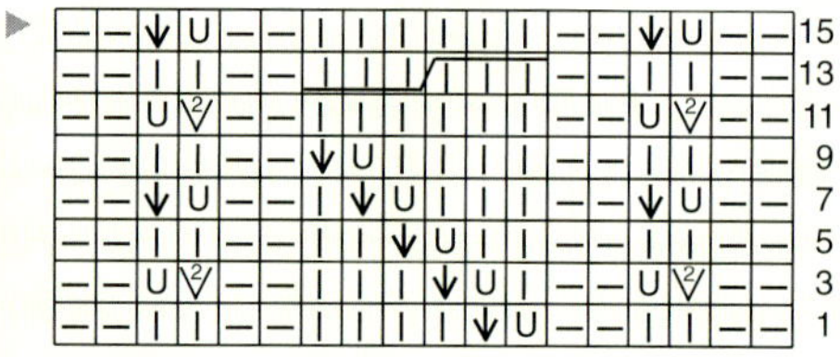

In den Rück-R die M stricken, wie sie erscheinen, Umschläge li stricken.

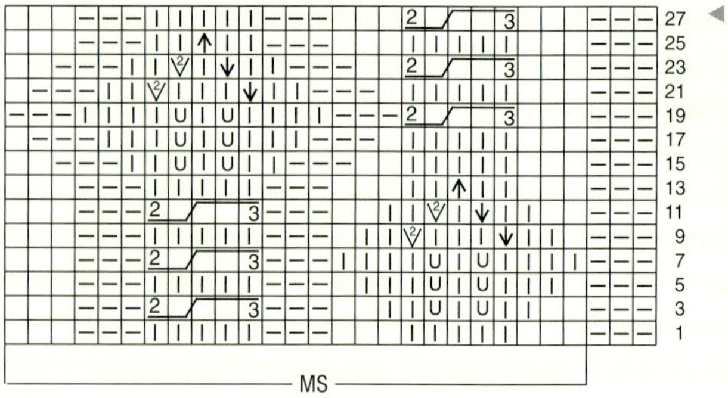

In den Rück-R die M stricken, wie sie erscheinen, Umschläge li stricken.
Achtung! Leere Kästchen haben hier keine Bedeutung.

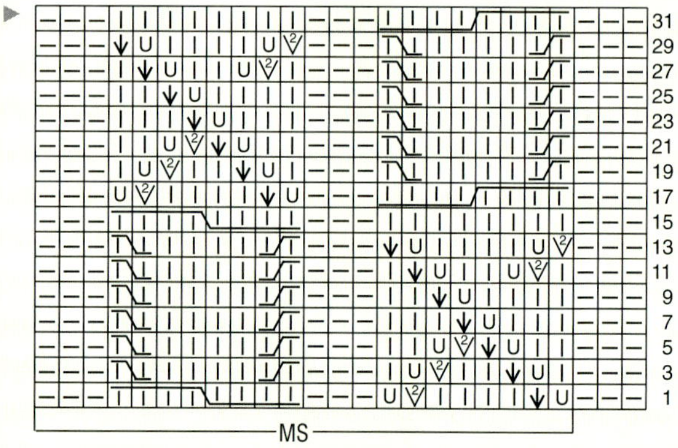

In den Rück-R die M stricken, wie sie erscheinen, Umschläge li stricken.

➔ *Zeichenerklärung für die Strickschriften auf den Seiten 198–201*

Noppenmuster

Die kleinen, dekorativen Knubbelchen sind unübersehbare, sehr plastische Hingucker, die das Strickbild immens beleben. Bei traditionellen irischen Mustern, aber auch in der jetzt wieder so aktuellen Alpenfolklore werden Noppen häufig eingesetzt, um Zopf- und Rautenmuster dekorativ zu betonen. Sie können aber auch locker eingestreut oder in Linien und Ornamenten angeordnet werden.

Noppen oder „Muschen", wie sie mancherorts heißen, werden auf vielfältige Weise gearbeitet. Grundsätzlich strickt man an einer Stelle mehrere Maschen heraus, strickt dann einige Reihen nur über diese Noppenmaschen und fasst anschließend die Maschen wieder zusammen. Die Zahl der Maschen und Reihen entscheidet über die Größe der fertigen Noppe.

Damit enden aber schon die Gemeinsamkeiten und die ganze Vielzahl der Möglichkeiten tut sich auf. Zum Beispiel beim Ort, an dem die Noppe angesetzt wird: Oft werden sie aus einer Masche herausgestrickt, manchmal aus einem Querfaden.

Oder es ist die Struktur: Viele Noppen sind glatt rechts gestrickt, sie können aber auch z. B. durch kraus rechte Maschen extra Profil erhalten.

Neben der klassischen Stricknoppe kommen häufig Häkelnoppen zum Einsatz. Sie haben den Vorteil, dass sie auch nachträglich, in anderer Farbe oder aus anderem Garn genadelt werden können. Im Musterteil stellen wir Ihnen die interessantesten Techniken vor. Ganz konkret, in Wort und Bild – Sie haben die Wahl!

Kleiner Stricklehrgang:

Noppen stricken

Aus einer Masche mehrere Maschen herausstricken. Dazu zunächst eine Masche rechts herausstricken, die Masche jedoch auf der linken Nadel lassen und aus der gleichen Masche eine Masche links herausstricken. Dies wiederholen, bis die gewünschte Maschenzahl (hier sind es 5) auf der rechten Nadel erreicht ist.

Die Arbeit wenden, über die herausgestrickten Maschen linke Maschen stricken, wenden und wieder nur über die herausgestrickten Maschen rechts stricken. Diesen Vorgang je nach gewünschter Noppengröße noch ein- bis dreimal wiederholen, dann alle Maschen wie hier gezeigt rechts verschränkt zusammenstricken. Dafür auf der Rückseite durch alle Maschen stechen und den Faden durchholen.

Noppenmuster

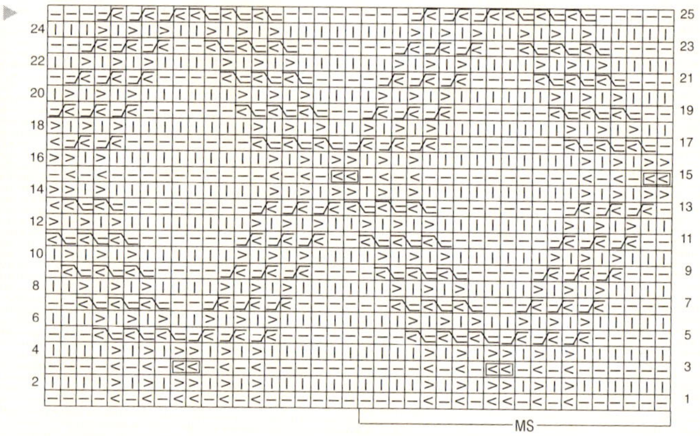

⊠⊠ = 1 Noppe über 2 M: 1 M re verschränkt, 2 Umschläge, 1 M re verschränkt, wenden, 4 M li verschränkt, wenden, 4 M re, wenden, 4 M li, wenden, 4 M re, wenden, 4 M li, wenden, 2 x je 2 M re zusammenstricken.
In der Höhe 1 x die 1.–25. R stricken, dann die 2.–25. R stets wdh.
Achtung! In der 13. und 17. R den MS jeweils um 1 M nach li verschieben.

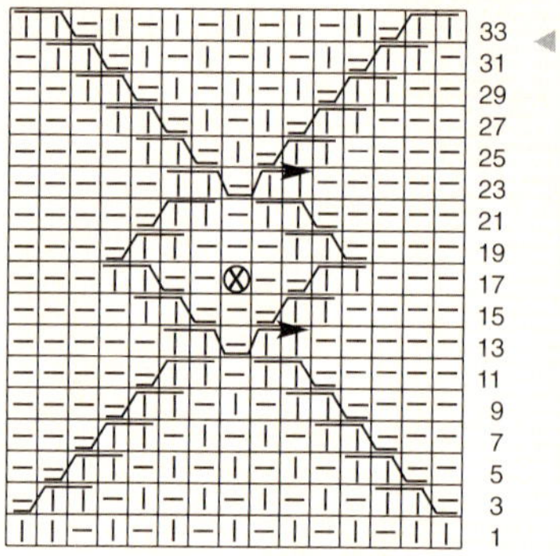

⊗ = 1 Noppe: in die M 3 Lftm und 6 halbabgemaschte Stäbchen häkeln, zusammen abmaschen und auf die re Nadel nehmen.

In den Rück-R die M stricken, wie sie erscheinen, Noppen-M re stricken.
In der Höhe 1 x die 1.–34. R stricken, dann die 3.–34. R stets wdh.

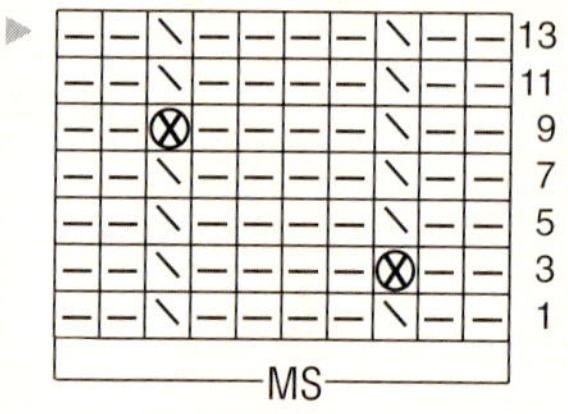

⊗ = 1 Noppe: in die M 3 Lftm und 6 halbabgemaschte Stäbchen häkeln, zusammen abmaschen und auf die re Nadel nehmen.

In den Rück-R die M stricken, wie sie erscheinen, die abgehobenen und Noppen-M li stricken.

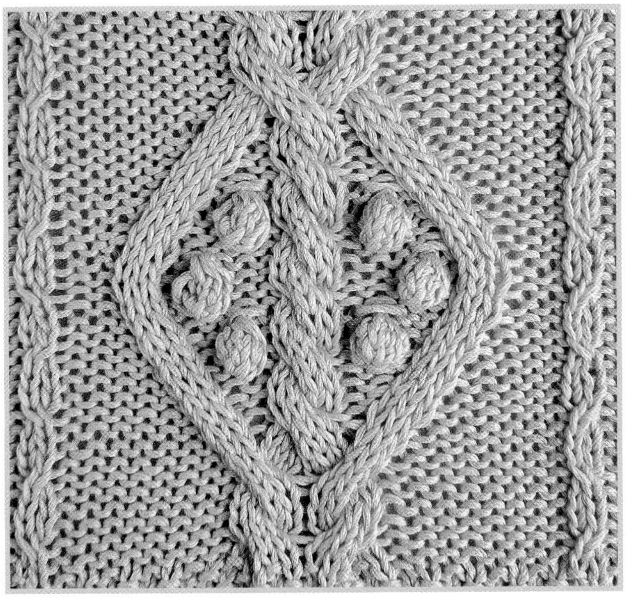

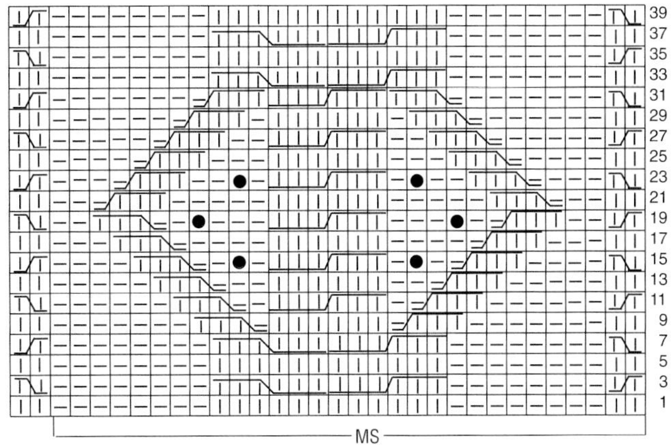

■ = 1 Noppe: aus 1 M insgesamt 5 M herausstricken (abwechselnd 1 M re und 1 Umschlag), wenden, 5 M li, wenden, 5 M re, wenden, 5 M li, wenden, 5 M re zusammenstricken.
In den Rück-R die M stricken, wie sie erscheinen, Noppen-M re stricken.
In der Höhe 1 x die 1.–40. R stricken, dann die 3.–40. R stets wdh.

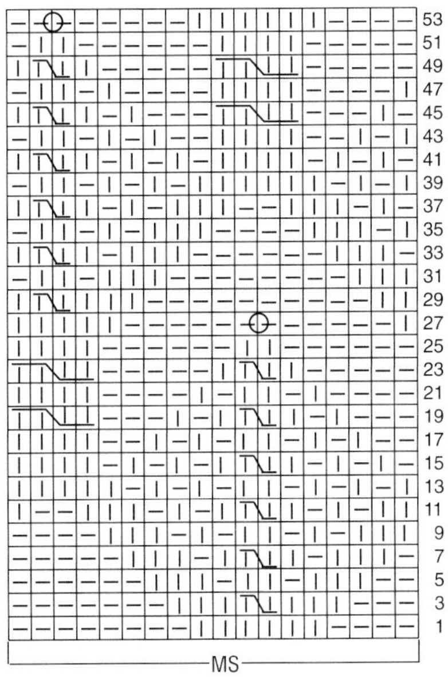

○ = 1 Noppe: in den Querfaden 3 Lftm u. 6 halbabgemaschte Stäbchen häkeln, zusammen abmaschen, die M auf die li Nadel nehmen und mit der folgenden M li zusammenstricken.

In den Rück-R die M stricken, wie sie erscheinen, Noppen-M re str.
In der Höhe 1 x die 1.–54. R str, dann die 3.–54. R stets wdh.

➲ *Zeichenerklärung für die Strickschriften auf den Seiten 198–201*

Noppenmuster-Pulli in Beige

Größe: 36/38 (40/42) 44/46

Die abweichenden Angaben der größeren Größen stehen in Klammern bzw. hinter den Klammern. Ist nur eine Angabe gemacht, so gilt diese für alle Größen.

Materialbedarf:
- 800 (850) 900 g hellbeige (Fb 475) „Cool Wool 2000“ (100% Merinowolle extrafein, LL = 158 m/50 g) von Lana Grossa
- Stricknadeln Nr. 3,5
- Rundstricknadel Nr. 3

Halsblende: M-Zahl teilbar durch 4. Laut Strickschrift 1 in Rd arb, dabei den MS stets wdh. Die 1. Rd 1 x arb, dann die 2. Rd stets wdh, dabei in den ungeraden Rd die M str, wie sie erscheinen bzw. wie in der Zeichenerklärung angegeben.
Glatt li: Hin-R li M, Rück-R re M.
Grundmuster: M-Zahl teilbar durch 2 + 1 + 2 Rdm. Laut Strickschrift 2 arb. Es sind die Hin-R gezeichnet. In den Rück-R die M str, wie sie erscheinen, abgehobene M mit dem Umschlag li zusammenstr. Wird in Runden gearbeitet, in den geraden Rd die abgehobenen M mit dem Umschlag re zusammenstr. Mit 1 Rdm beginnen, den MS stets wdh, enden mit der M nach dem MS und 1 Rdm. Die 1. und 2. R stets wdh.
Mittelmuster: Wie Grundmuster nach Strickschrift 2 arb. Mit 1 M (= Mittel-M) beginnen und zunächst 1 x die 3.–66. R arb, dann die 47.–66. R noch 3 x wdh, 1 x die 67. – 80. R arb und die 81.+ 82. R stets wdh. Gleichzeitig für den V-Einsatz beidseitig des Mittelmusters das Grundmuster und die Noppen nach dem Schema der Strickschrift bis zu den Schul-ternähten nach außen versetzen. Maschenprobe im Grundmuster: 28,5 M und 55 R = 10 x 10 cm, im Mittelmuster: 28,5 M und 40,5 R = 10 x 10 cm. Darauf achten, dass im Grundmuster nur jede 2. R sichtbar im M-Bild erscheint.
Rückenteil: 153 (165) 177 M anschlagen und im Grundmuster arb. Nach 14,5 cm = 80 R ab Anschlag mit dem Mittelmuster beginnen. *Achtung:* Wegen der unterschiedlichen Maschenproben mit verkürzten R arb: In der 87. R ab Anschlag beidseitig des Mittelmusters über den Grundmuster-M je eine Hin- und Rück-R str, die Mittelmuster-M so lange stilllegen. Jeweils vor bzw. hinter den stillgelegten M die Arbeit mit 1 Umschlag wenden und den Umschlag in der folgenden R mit der ersten bzw. letzten der vorher nicht gestrickten M zusstr. Diese zusätzlichen R bis zum Schulterabschluss * 2 x in jeder 4. R und 1 x in der folg 8. R wdh, ab * noch 3 x wdh = 68 R zusätzlich (= 332 R insgesamt).
Für den Halsausschnitt nach 58,5 cm = 258 R ab Anschlag bzw. 44 cm = 178 R ab Mittelmuster-Beginn die mittleren 45 (49) 49 M abketten und jede Seite getrennt beenden. Für die Rundung am inneren Rand in jeder 2. R 1 x 2 (3) 3 M und 1 x 1 (2) 2 M abketten. Die restlichen je 51 (53) Schulter-M nach 60 cm = 264 R ab Anschlag abketten.

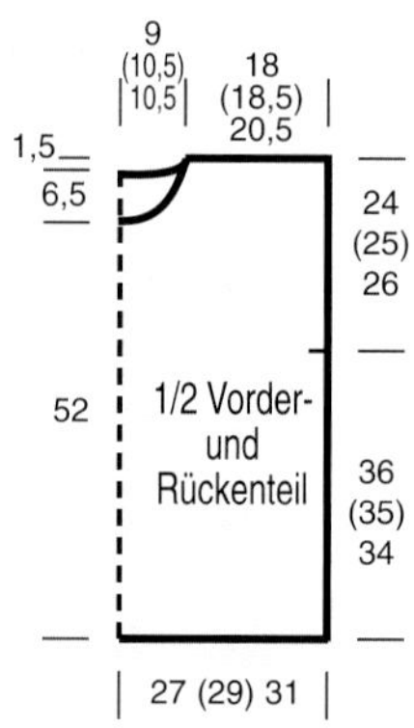

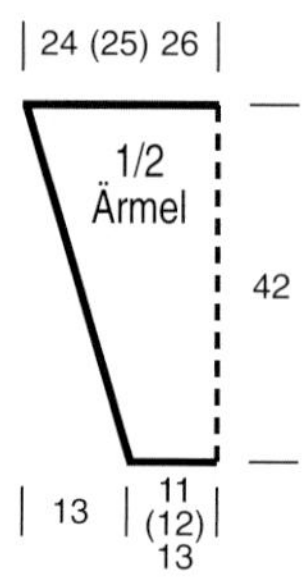

[■] = 1 Noppe: in die M 3 Lftm und 3 halbabgemaschte Stäbchen häkeln, zusammen abmaschen und auf die re Nadel nehmen.
In den Rück-R die M stricken, wie sie erscheinen, Noppen-M re stricken.

➲ *Zeichenerklärung für die Strickschriften auf den Seiten 198–201*

Vorderteil: Genauso arb, jedoch mit tieferem Halsausschnitt enden. Dafür bereits nach 52 cm = 232 R ab Anschlag die mittleren 11 (15) 15 M abketten und in jeder 2. R 1 x 5 (6) 6 M, 1 x 4 M, 2 x je 3 M, 2 x je 2 M und 1 (2) 2 x je 1 M abketten.

Ärmel: 61 (67) 73 M anschlagen und im Grundmuster arb. Gleichzeitig für die Ärmelschrägungen ab Anschlag beidseitig 38 x in jeder 6. R je 1 M mustergemäß zunehmen = 137 (143) 149 M. Nach 42 cm = 232 R ab Anschlag alle M abketten.

Fertigstellung: Schulternähte schließen. Aus dem Halsausschnittrand mit der Rundstricknadel 88 (100) 100 M auffassen, 1 Rd li M str, dann die Halsblende arb. Nach 3 cm Blendenhöhe die M abketten, wie sie erscheinen. Ärmel einsetzen, Seiten-Ärmelnähte schließen.

Strickschrift 1

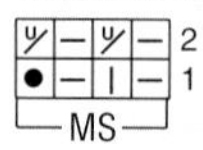

Strickschrift 2

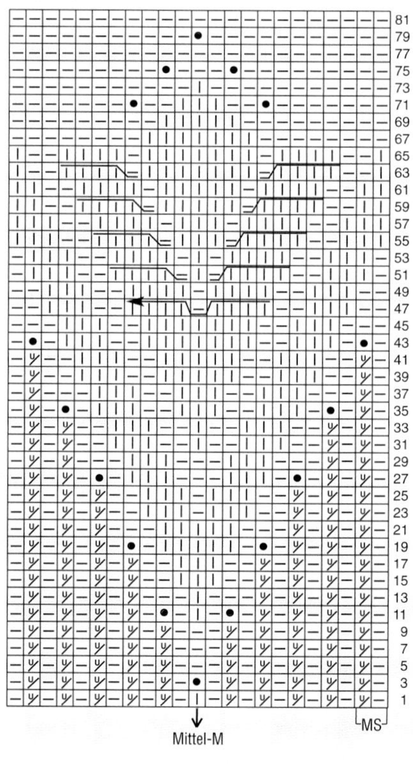

Noppen-Zöpfe

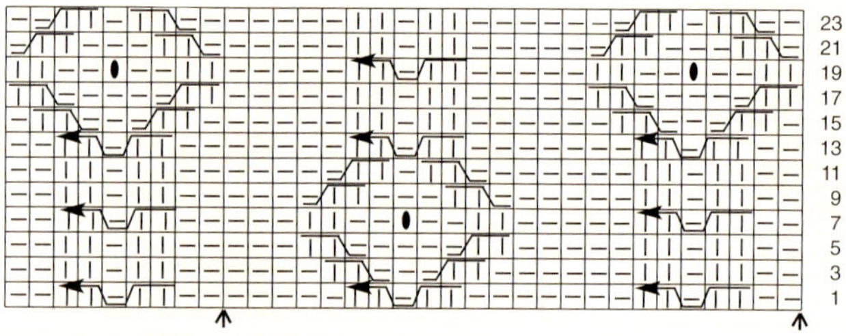

▪ = 1 Noppe: in die M 3 Lftm und 4 halbabgemaschte Stäbchen häkeln, zusammen abmaschen und auf die re Nadel nehmen.

In den Rück-R die M stricken, wie sie erscheinen, Noppen-M re stricken.

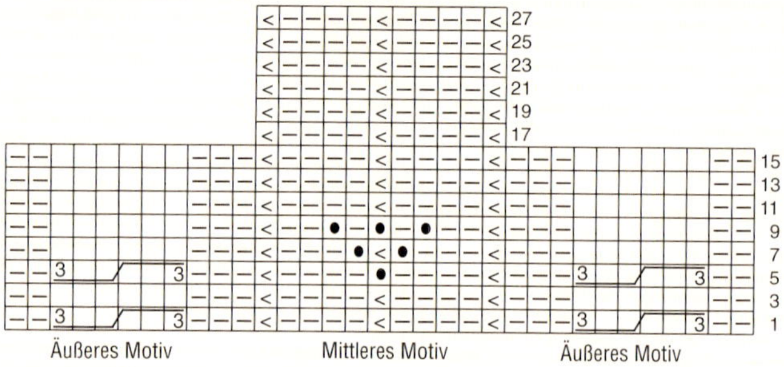

▪ = 1 Noppe: aus 1 M insgesamt 5 M herausstricken (abwechselnd 1 M re und 1 Umschlag), wenden, 5 M li, wenden, 5 M re, wenden, 5 M li, wenden, 5 M re, 5 M li, wenden, die 2., 3., 4. und 5. M nacheinander über die 1. M ziehen, Noppe auf die re Nadel nehmen.

In den Rück-R die M stricken, wie sie erscheinen, Noppen-M re str.

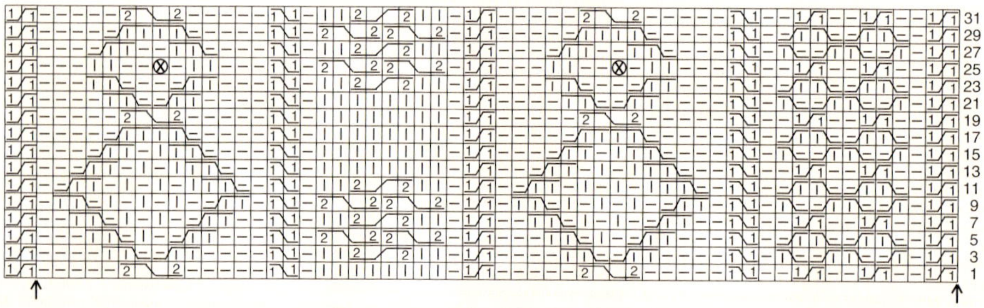

⊠ = 1 Noppe: aus 1 M insgesamt 5 M herausstricken (abwechselnd 1 M re und 1 Umschlag), wenden, 5 M li, wenden, 5 M re, wenden, 5 M li, wenden, 5 M re, 5 M li, wenden, die 2., 3., 4. und 5. M nacheinander über die 1. M ziehen, Noppe auf die re Nadel nehmen.

In den Rück-R die M stricken, wie sie erscheinen, Noppen-M re str.

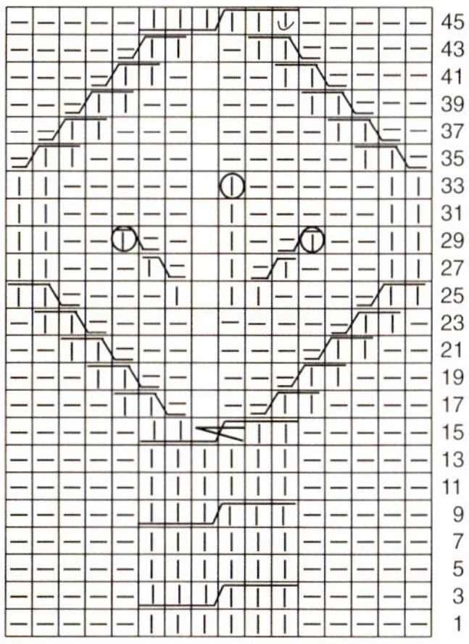

⦶ = 1 Noppe: nachträglich 6 oder beliebig viele Spannstiche über 2 R sticken.

In den Rück-R die M stricken, wie sie erscheinen.
In der Höhe 1 x die 1.–46. R stricken, dann die 5.–46. R stets wdh.
Achtung! Leere Kästchen haben hier keine Bedeutung.

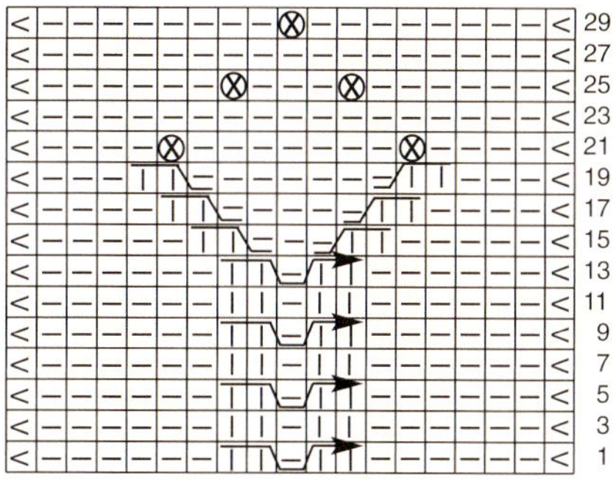

⊗ = 1 Noppe: in die M 3 Lftm und 4 halbabgemaschte Stäbchen häkeln, zusammen abmaschen und mit 1 Kett-M festziehen und auf die re Nadel nehmen.

In den Rück-R die M stricken, wie sie erscheinen, Noppen-M re, re verschränkte M li verschränkt stricken.

➔ *Zeichenerklärung für die Strickschriften auf den Seiten 198–201*

Noppen mit Ajourmustern

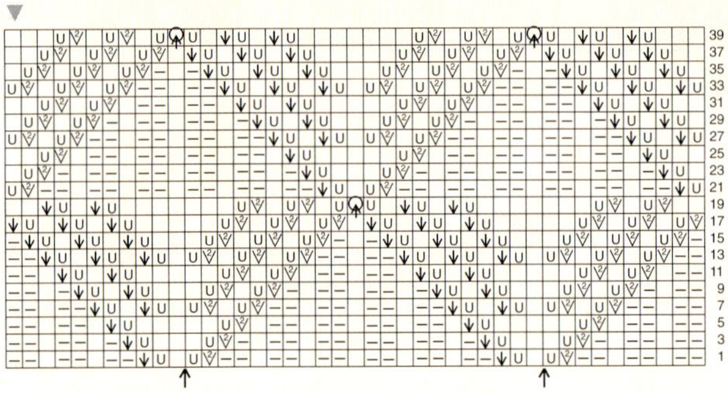

○ = 1 Noppe: nachträglich aus der M 4 Lftm und 6 halbabgemaschte Doppel-Stäbchen häkeln, zusammen abmaschen.

In den Rück-R die M stricken, wie sie erscheinen, Umschläge li stricken.

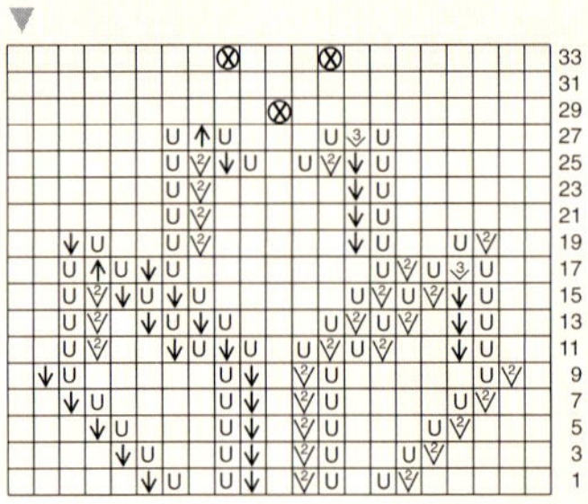

⊠ = 1 Noppe: aus 1 M insgesamt 5 M herausstricken (abwechselnd 1 M re und 1 M re verschränkt), wenden, 5 M re, wenden, 4 M re und nacheinander die 3., 2. und 1. M über die 4. M ziehen, 1 M li abheben (Faden hinten); in der folgenden Rück-R 2 M li zusammenstricken.

In den Rück-R M und Umschläge li stricken, Noppen-M wie beschrieben.

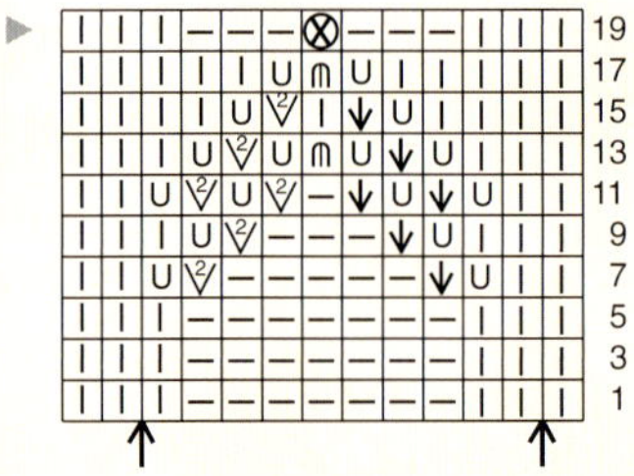

⊠ = 1 Noppe: aus 1 M insgesamt 5 M herausstricken (abwechselnd 1 M re und 1 M re verschränkt), dann nacheinander die 4., 3., 2. und 1. M über die 5. M ziehen.

In den Rück-R die M stricken, wie sie erscheinen, Umschläge li, Noppen-M re stricken.

➔ *Zeichenerklärung für die Strickschriften auf den Seiten 198–201*

Patentmuster

Patente Sache, diese Maschen! Denn Vor- und Rückseite sind gleichermaßen ansehnlich – deshalb sind Patentmuster zum Beispiel für Schals ideal! Dazu sind sie außerordentlich elastisch, dabei aber formbeständig. Rollkragen, Mützen, die aktuellen, breiten Bündchen oder auch körpernahe Pulliformen sehen daher in Patentmustern nicht nur besonders gut aus, sondern tragen sich auch sehr angenehm.

Charakteristisch für alle Patentmuster sind hervorgehobene Maschen, die durch Abheben von linken Maschen mit Umschlägen und durch Zusammenstricken von rechten Maschen und Umschlägen gebildet werden. Sie erzeugen die typischen, markanten Rippen oder Gitterstrukturen, die das Maschenbild von Patentmustern prägen. Dadurch wirken sie schön sportlich und werden oft für lässig-junge Freizeitpullis, für Herren und für Marine-Modelle eingesetzt.

Da bei Patentmustern viel mit Umschlägen – also quasi mit doppeltem Faden – gestrickt wird, müssen Sie mehr Garn einplanen als bei anderen Mustern. Dafür ist Patentgestricktes auch voluminöser und wirkt sehr schön plastisch. Das Garn sollten Sie entsprechend nicht allzu dick wählen, glatte, leichte Baumwoll- und edle Schurwollequalitäten passen gut zum sportiven Charakter von Patenmustern, sehr reizvoll sehen Patentmaschen aber auch aus kuschelweichen und flauschigen Garnen aus.

Kleiner Stricklehrgang: Rechte und linke Patentmaschen

Im Bild zeigen wir, wie eine linke Masche mit einem Umschlag abgehoben wird. Dafür den Arbeitsfaden auf die rechte Nadel nehmen und die folgende Masche wie zum Linksstricken abheben.

Hier sehen Sie, wie eine rechte Masche und der darüber liegende Umschlag zusammengestrickt werden. Mit der rechten Nadel in die Masche und den darüber liegenden Umschlag einstechen und rechts zusammenstricken.

Patent-Grundmuster

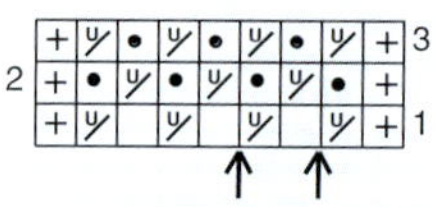

In der Höhe 1 x die 1.–3. R stricken, dann die 2. und 3. R stets wdh.

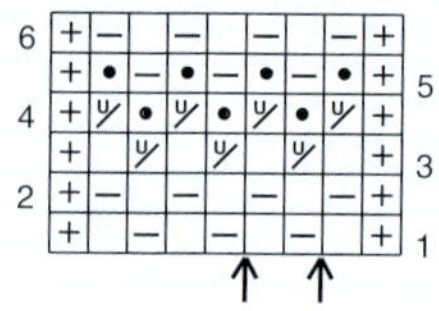

In der Höhe 1 x die 1.–6. R stricken, dann die 3.–6. R stets wdh.

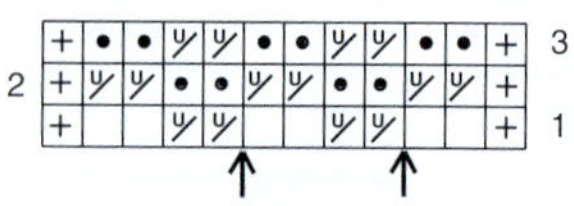

In der Höhe 1 x die 1.-3. R stricken, dann die 2. und 3. R stets wdh.

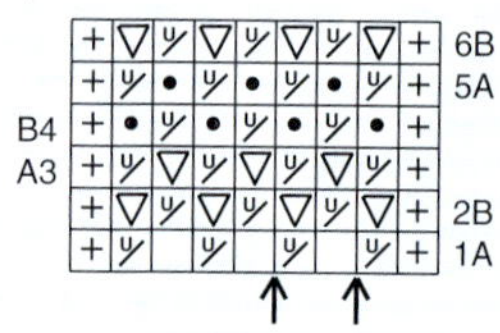

In der Höhe 1 x die 1.–6. R stricken, dann die 3.–6. R stets wdh. Die Buchstaben seitlich an der Strickschrift bezeichnen die verschiedenen Farben. Achtung! Dieses Muster lässt sich nur mit Rundstricknadeln arbeiten, da stets 2 Hin-R auf 2 Rück-R folgen.

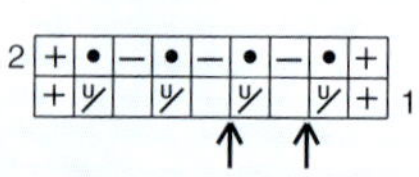

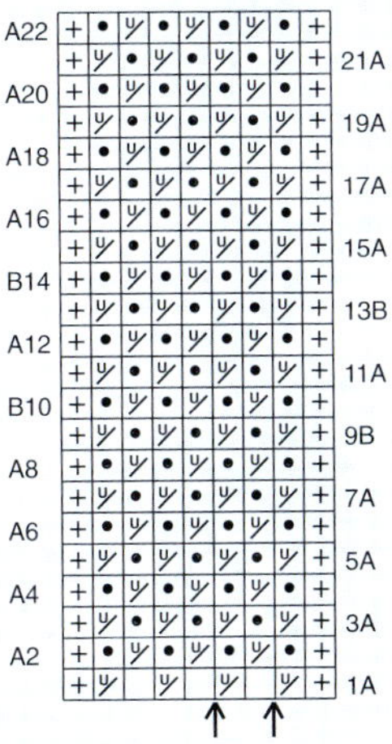

In der Höhe 1 x die 1.–22. R stricken, dann die 9.–22. R stets wdh.
Die Buchstaben seitlich an der Strickschrift bezeichnen die verschiedenen Farben.

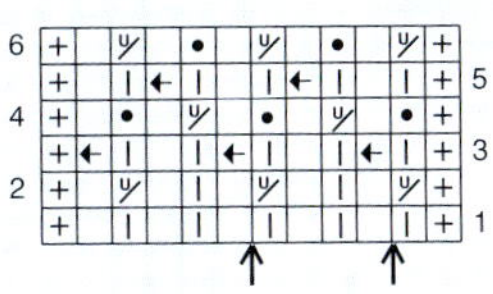

Achtung! Leere Kästchen haben hier keine Bedeutung.
In der Höhe 1 x die 1.–6. R stricken, dann die 3.–6. R stets wdh.

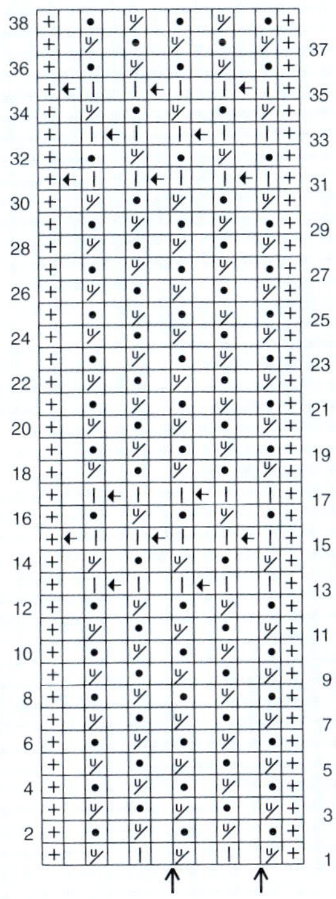

Achtung! Leere Kästchen haben hier keine Bedeutung.
In der Höhe 1 x die 1.–38. R stricken, dann die 3.–38. R stets wdh.

Zeichenerklärung für die Strickschriften auf den Seiten 198–201

Herrenpulli im Halbpatent mit Zöpfen

Größe: 50/52

Materialbedarf:
- 900 g blau (Fb 17) und 50 g weiß (Fb 19) „Superlana" (100 % Merino-Schurwolle, LL = 110 m/50 g) von Lana Grossa
- Stricknadeln Nr. 3 und 3,5
- Rundstricknadel Nr. 3

Alle Muster mit Nadel Nr. 3,5.
Glatt re: Hin-R re M, Rück-R li M.
Glatt li: Hin-R li M, Rück-R re M.
Kraus re in R: Hin- und Rück-R re M; in Rd: abwechselnd je 1 Rd li und re M.
Halbpatent: Ungerade M-Zahl. Jede R beginnt und endet mit 1 Rdm.
1. R: * 1 M li, 1 M mit 1 Umschlag wie zum Li-str abh, ab * stets wdh, enden mit 1 M li; 2. R: 1 M re, * die M mit dem Umschlag li zusstr, 1 M re, ab * stets wdh. Die 1. und 2. R stets wdh. Zacke (über 12 M): Laut Strickschrift 1 arb. Es sind nur Hin-R gezeichnet, in den Rück-R die M str, wie sie erscheinen. Die 1.–16. R stets wdh.
Rautenzopf (über 24 M): Wie Zacke, jedoch laut Strickschrift 2 arb.
Zopf (über 17 M): Wie Zacke, jedoch laut Strickschrift 3 arb. Die 1.–10. R stets wdh.
Streifenfolge: * 4 R kraus re in Blau, 2 R glatt re in Weiß, ab * 1 x wdh, 4 R kraus re und 2 R glatt re in Blau.
Maschenprobe im Durchschnitt:
29 M und 34,5 R = 10 x 10 cm; in der Streifenfolge: 18 R = 4 cm; im Halbpatent: 23,5 M und 49 R = 10 x 10 cm.
Darauf achten, dass beim Halbpatent nur jede 2. R im M-Bild sichtbar ist.

Rückenteil: 180 M mit Nadel Nr. 3 in Blau anschlagen und 1 Rück-R re M str. Diese R wird nicht mitgezählt. Danach in folg. Einteilung weiterarb: Rdm, 1 M glatt re, 2 M glatt li, 2 M glatt re, 17 M Zopf, 24 M Rautenzopf, 2 M glatt li, 12 M Zacke, 17 M Zopf, 24 M Rautenzopf, 17 M Zopf, 12 M Zacke, 2 M glatt li, 24 M Rautenzopf, 17 M Zopf, 2 M glatt re, 2 M glatt li, 1 M glatt re, Rdm. Nach 22 cm = 76 R ab Anschlag 4 cm = 18 R in der Streifenfolge arb, dabei in der 1. R gleichmäßig verteilt 35 M abn = 145 M. Danach im Halbpatent in Blau weiterarb. Für die Armaus-schnitte nach 15 cm = 74 R ab Streifenfolge beidseitig in jeder 2. R 14 x je 1 M wie folgt abnehmen: Am re Arbeitsrand die 9. und 10. M re überzogen zusammenstr (= 1 M re abheben, die folgende M re str, dann die abgehobene M darüber ziehen), am li Arbeitsrand die 10. und 9. letzte M re zusammenstr = 117 M. Für den Halsausschnitt nach 41 cm = 200 R ab Streifenfolge die mittleren 33 M abketten und beide Seiten getrennt beenden. Für die Rundung am inneren Rand in jeder 2. R 5 x je 1 M abketten. Die restlichen je 37 Schulter-M nach 43 cm = 212 R ab Streifenfolge abketten.

Vorderteil: Genauso, jedoch mit V-Ausschnitt arb. Dafür nach 30 cm = 148 R ab Streifenfolge die Mittel-M abketten und beide Seiten getrennt beenden. Für die Schrägung am inneren Rand 21 x abwechselnd in jeder 2. und 4. R je 1 M wie folgt abnehmen: Am re Ausschnittrand die 8. und 7. letzte M und am li Ausschnittrand die 7. und 8. M mus-tergemäß re bzw. li zusammenstr.

Ärmel: 69 M mit Nadel Nr. 3 in Blau anschlagen und 1 Rück-R re M str. Danach im Halbpatent weiter-arb. Für die Ärmelschrägungen nach 9 cm = 44 R ab Anschlag beidseitig 31 x in jeder 6. R je 1 M wie folgt zunehmen: Am re Arbeits-rand jeweils nach der 7. M und am li Arbeitsrand jeweils vor der 7. letzten M je 1 M verschränkt aus dem Querfaden mustergemäß zunehmen = 131 M. Für die flache Armkugel nach 47 cm = 232 R ab Anschlag beidseitig 14 x in jeder 2. R je 1 M wie bei den Armausschnitten des Rückenteils beschrieben abnehmen. Die restlichen 103 M nach 53 cm = 260 R ab Anschlag abketten.

Fertigstellung: Schulternähte schließen. Aus dem Halsausschnitt mit der Rundstricknadel in Weiß ca. 126 M auffassen und 3 Rd kraus re str. Danach alle M abketten. Ärmel einsetzen, Seiten- und Ärmelnähte schließen.

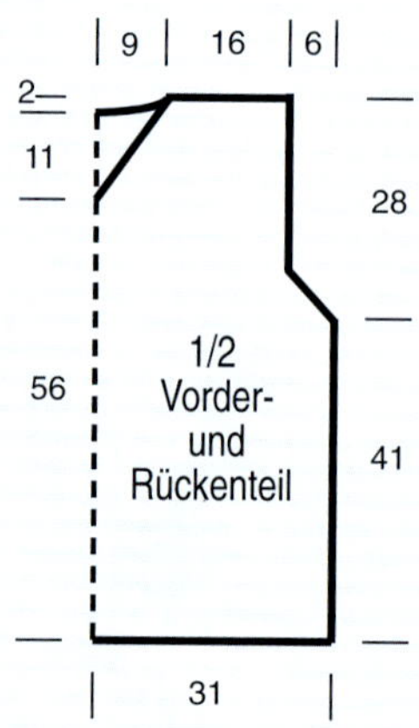

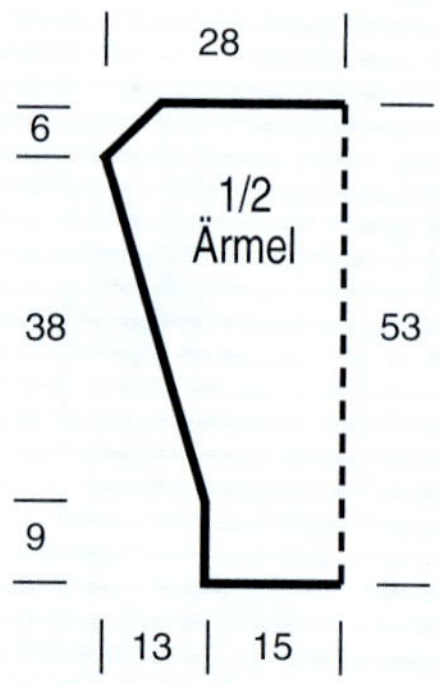

Zeichenerklärung für die Strickschriften auf den Seiten 198–201

Strickschrift 1

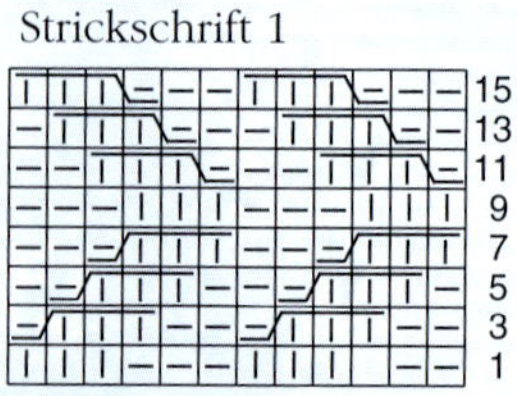

Strickschrift 2

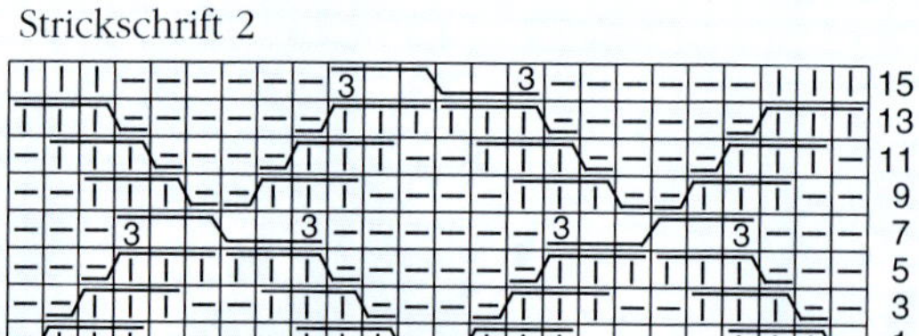

Strickschrift 3

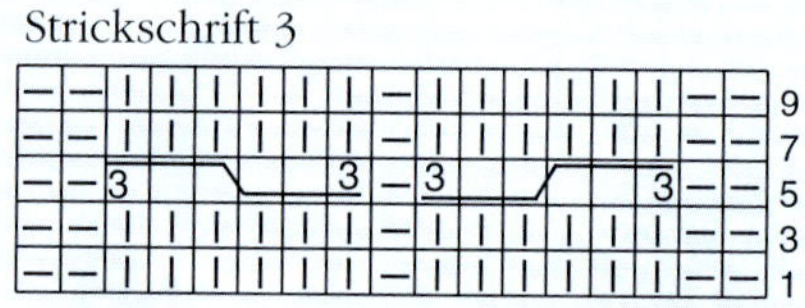

Patent-Musterkombinationen

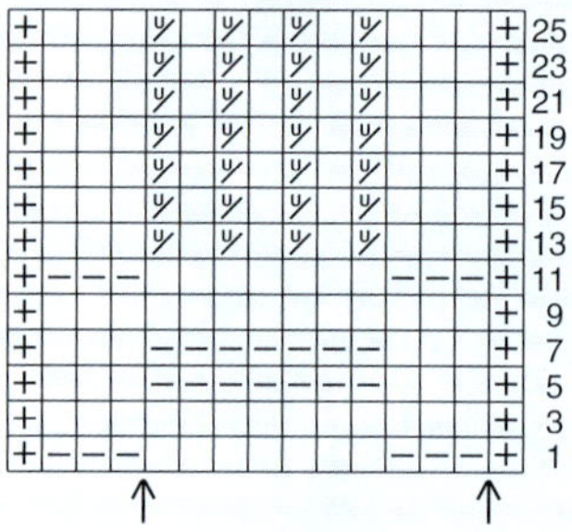

In den Rück-R die M stricken, wie sie erscheinen, die M und den darüber liegenden Umschlag re zusammenstricken.

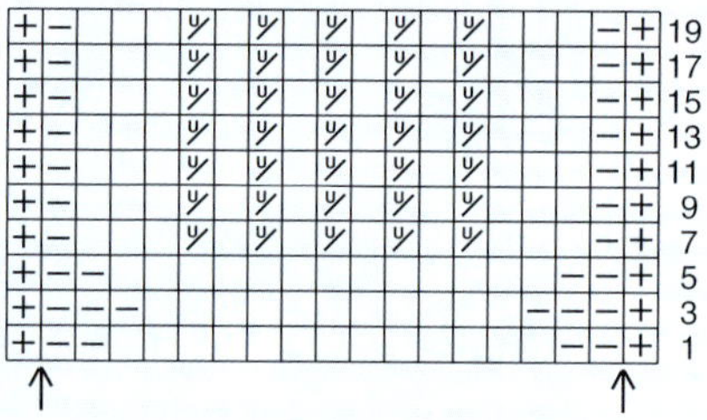

In den Rück-R die M stricken, wie sie erscheinen, die M und den darüber liegenden Umschlag re zusammenstricken.

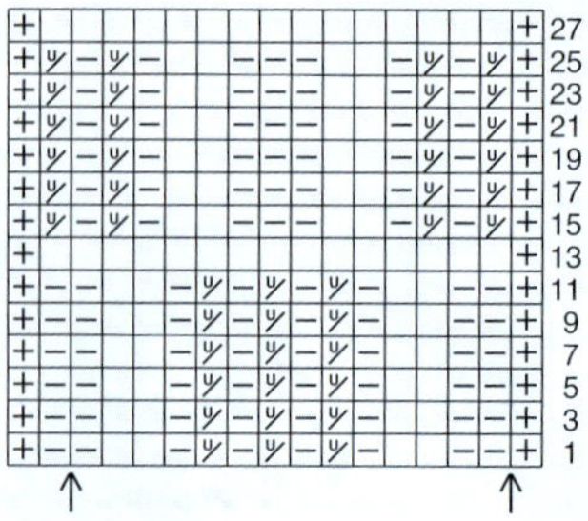

In den Rück-R die M stricken, wie sie erscheinen, die M und den darüber liegenden Umschlag li zusammenstricken.

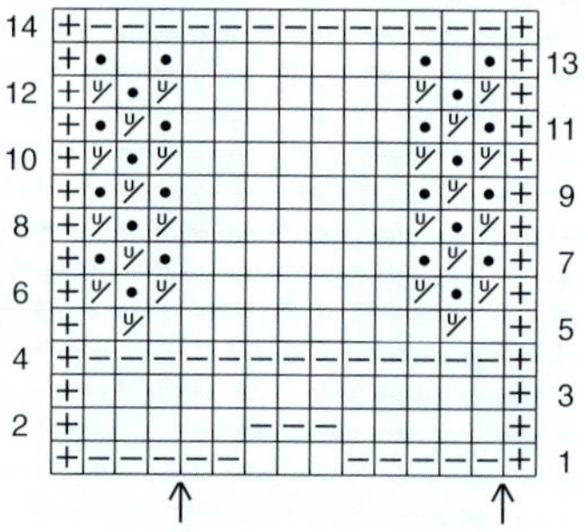

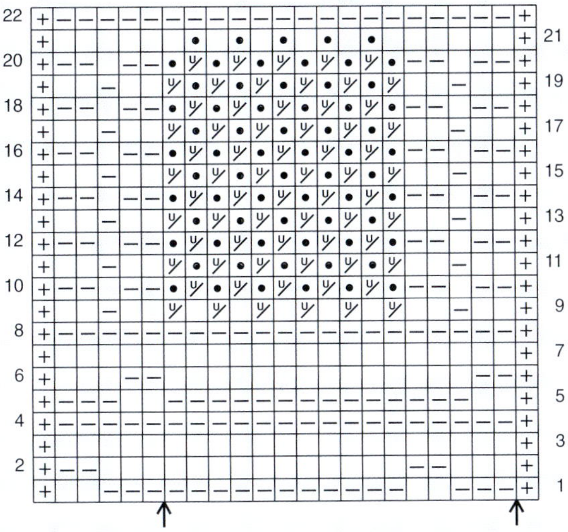

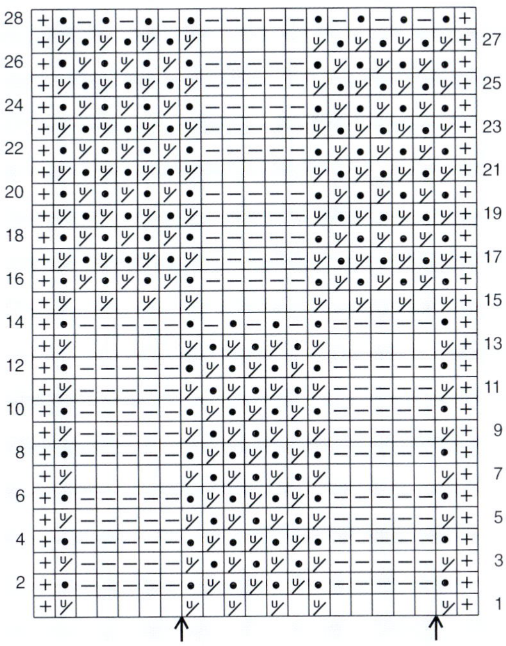

Zeichenerklärung für die Strickschriften auf den Seiten 198–201

Patentmuster mit Ajour

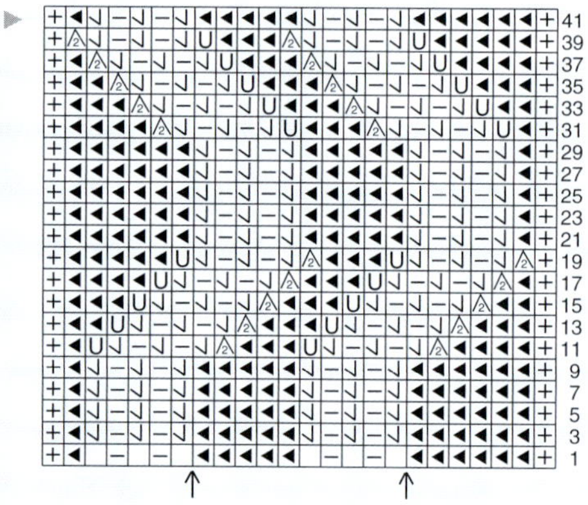

In den Rück-R die M stricken, wie sie erscheinen bzw. wie beschrieben stricken. In der Höhe 1 x die 1.–42. R stricken, dann die 3.–42. R stets wdh.

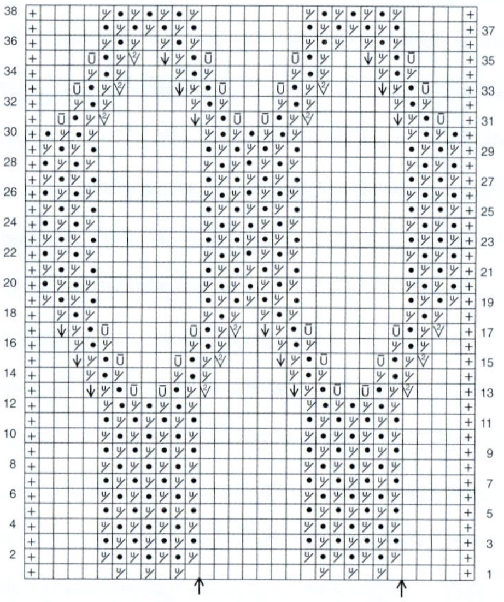

In der Höhe 1 x die 1.–38. R stricken, dann die 3.–38. R stets wdh.

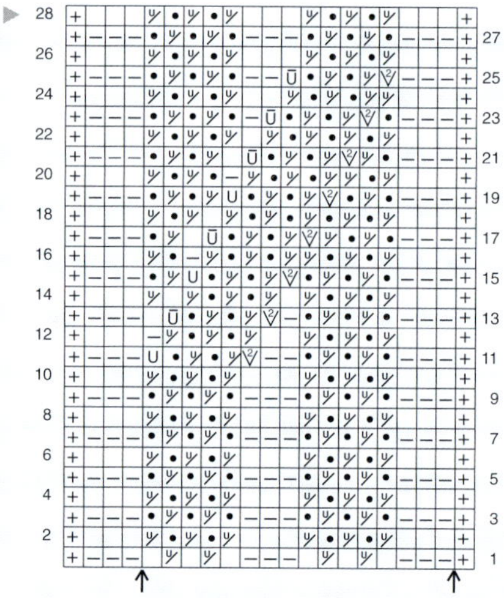

In der Höhe 1 x die 1.–28. R stricken, dann die 3.–28. R stets wdh.

Zeichenerklärung für die Strickschriften auf den Seiten 198–201

Ajourmuster

Loch an Loch und hält doch – bei Ajourmustern bestimmt das, was fehlt, das Bild: die Löcher. Sie entstehen durch Zusammenstricken von Maschen; das Aufnehmen von Umschlägen gleicht dann den Maschenverlust wieder aus. Eigentlich ein einfaches Prinzip, auf dem eine Fülle von sehr dekorativen Mustern basiert.

Grafische Strukturen, filigrane Spitzen, transparente Effekte, romantisch und verspielt anmutende Kombinationen, Ornamente, fast schon naturalistisch wirkende Blätter – Ajourmuster bezaubern mit einer unglaublichen Vielzahl von Erscheinungsbildern! Die „Maschen mit Durchblick" sind dabei eher luftig und damit für Sommer-Pullis prädestiniert.

Glatte Garne wie Baumwolle, Leinen, Seide oder Viskose bringen das oft kunstvolle Lochwerk sehr schön zur Geltung und passen ebenfalls zum sommerlichen Charakter. Sehr attraktiv sieht es aus, wenn das gewählte Material leicht schimmert oder sogar richtig glänzt – da wird ein Ajourmodell schnell zum abendlichen Highlight!

Auch Bändchengarne vertragen sich ausgezeichnet mit Lochmustern, sie lassen das Musterbild sehr klar und plakativ wirken. Einen Versuch wert sind flauschige Qualitäten wie zum Beispiel Mohair. Sie gewinnen Ajourmustern eine ganz neue, überraschende Optik ab und machen sie dann doch noch wintertauglich!

Kleiner Stricklehrgang:
Umschlag und Zusammenstricken

Im Bild zeigen wir, wie für einen Umschlag der Faden von vorn nach hinten auf die rechte Nadel gelegt wird. Davor wurden 2 Maschen rechts zusammengestrickt.

Hier sehen Sie, wie nach einem Umschlag 2 Maschen überzogen zusammengestrickt werden. Dazu die erste Masche abheben, die folgende Masche rechts stricken, danach die abgehobene Masche über die gestrickte Masche ziehen.

Ajour-Karomuster

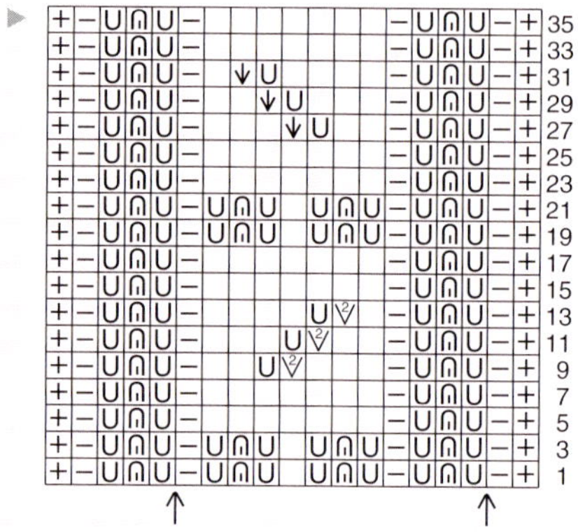

In den Rück-R die M stricken, wie sie erscheinen. Umschläge li stricken.

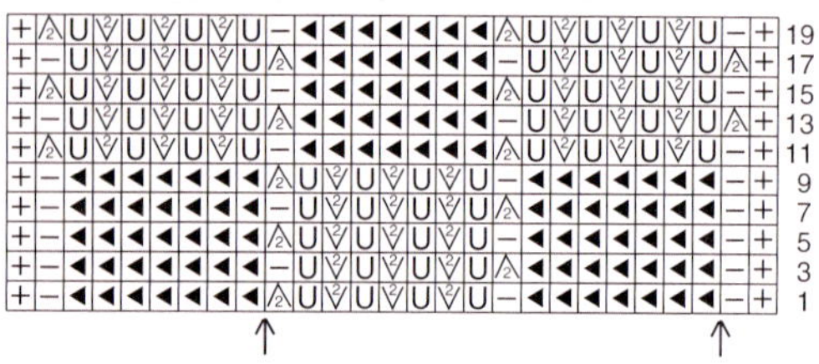

In den Rück-R die M stricken, wie sie erscheinen bzw. wie beschrieben.

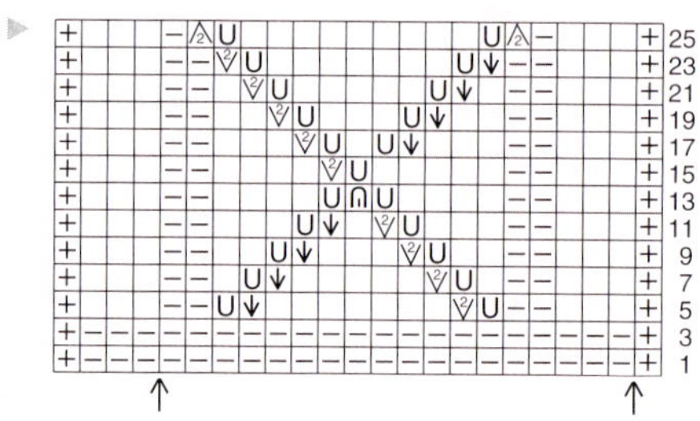

In den Rück-R die M stricken, wie sie erscheinen. Umschläge li stricken.

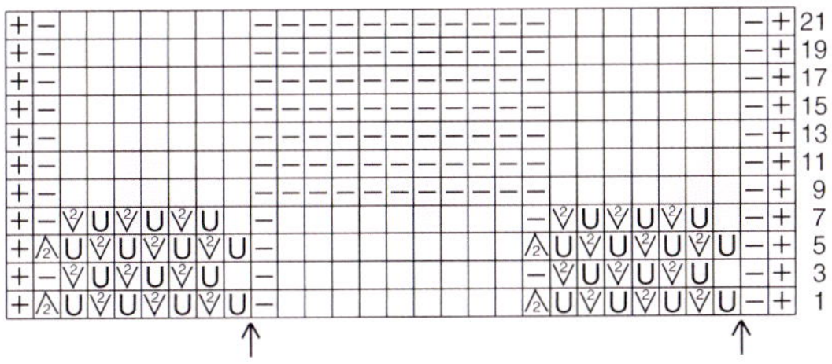

In den Rück-R die M stricken, wie sie erscheinen. Umschläge li stricken.

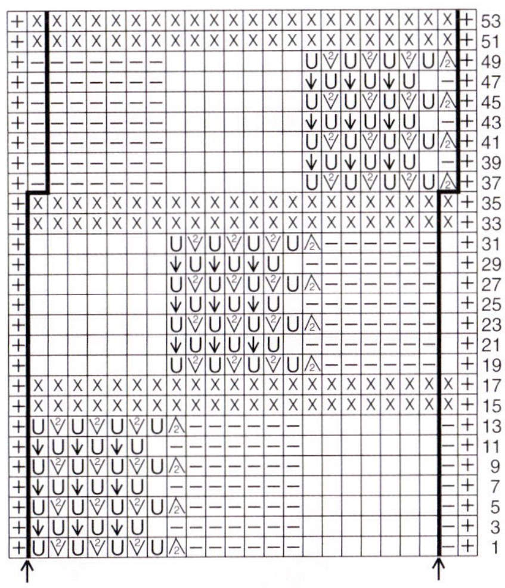

In den Rück-R die M stricken, wie sie erscheinen bzw. wie beschrieben stricken. Achtung! Den MS zwischen den starken Linien stets wiederholen.

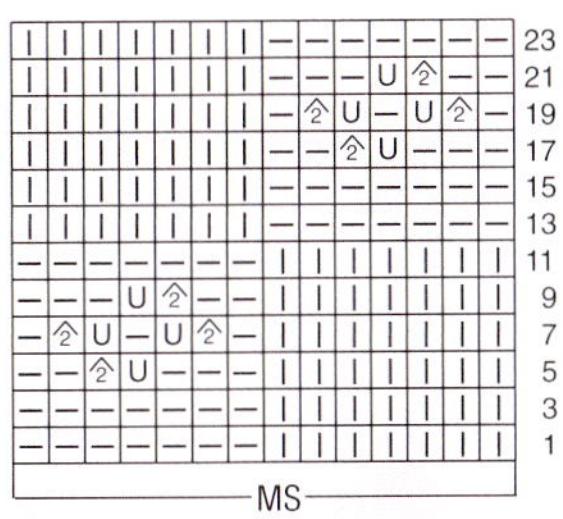

In den Rück-R die M stricken, wie sie erscheinen. Umschläge re stricken.

➔ *Zeichenerklärung für die Strickschriften auf den Seiten 198–201*

Ajourmuster-Pulli mit kurzen Rippenärmeln

Größe: 34/36 (40/42) 46/48
Die abweichenden Angaben der größeren Größen stehen in Klammern bzw. hinter den Klammern. Ist nur eine Angabe gemacht, so gilt diese für alle Größen.

Materialbedarf:

- 450 (500) 550 g weiß (Fb 20) „Cotofilo“ (80 % Baumwolle, 12 % Elité, LL = 85 m/50 g) von Lana Grossa
- Stricknadeln Nr. 5
- Häkelnadel Nr. 5

Ajourmuster: M-Zahl teilbar durch 13 + 2 Rdm. Laut Strickschrift arb. Es sind die Hin-R gezeichnet. In den Rück-R die M und Umschläge li str. Zwischen den Rdm den MS stets wdh. Die 1.-8. R stets wdh.
Rippenmuster: Hin-R: * 1 M re, 2 M li, 1 M re, ab * stets wdh;
Rück-R: M str, wie sie erscheinen.
Maschenprobe im Ajourmuster: 16 M und 20,5 R = 10 x 10 cm; im Rippenmuster (leicht gedehnt gemessen): 17 M und 20,5 R = 10 x 10 cm.

Rückenteil: 80 (93) 106 M anschlagen und im Ajourmuster arb. Für die Armausschnitte nach 33 cm = 68 R (36 cm = 74 R) 35 cm = 72 R ab Anschlag beidseitig in jeder 2. R 1 x 3 M, 1 (2) 2 x je 2 M und 3 x je 1 M, dann in jeder 4. R 2 x je 1 M abketten = 60 (69) 82 M. Für die Schulterschrägungen nach 52,5 cm = 108 R (56,5 cm = 116 R) 56,5 cm = 116 R ab Anschlag beidseitig in jeder 2. R 2 x je 7 M (1 x 9 M und 1 x 8 M) 1 x 12 M und 1 x 11 M abketten. Gleichzeitig mit Beginn der Schulterschrägungen für den Halsausschnitt die mittleren 28 (31) 32 M abketten und beide Seiten getrennt beenden. Für die Rundung am inneren Rand in der folgenden 2. R 1 x 2 M abketten. Nach 54,5 cm = 112 (58,5 cm = 120 R) 58,5 cm = 120 R ab Anschlag sind alle M aufgebraucht.

Vorderteil: Genauso, jedoch mit tieferem Halsausschnitt arb. Dafür nach 38 cm = 78 R (41 cm = 84 R) 40 cm = 82 R ab Anschlag die mittleren 10 (13) 14 M abketten und beide Seiten getrennt beenden. Für die Rundung am inneren Rand in jeder 2. R 2 x je 2 M und 4 x je 1 M, dann in jeder 4. R 3 x je 1 M abketten.

Ärmel: 50 (54) 54 M anschlagen und zwischen den Rdm im Rippen-muster arb. Für die Ärmelschrägungen nach 8 cm = 16 R (8 cm = 16 R) 6 cm = 12 R ab Anschlag beidseitig 3 (3) 0 x in jeder 6. R und 2 (2) 6 x in jeder 4. R je 1 M mustergemäß zunehmen = 60 (64) 66 M. Für die Armkugel nach 22 cm = 46 R (22 cm = 46 R) 20 cm = 42 R ab Anschlag in jeder 2. R 1 x 3 M, 10 x abwechselnd 1 x 2 M und 1 x 1 M, 1 (2) 2 x je 2 M und 1 x 3 M abketten. Die restlichen 12 (12) 14 M nach 35 cm = 72 R (36 cm = 74 R) 34 cm = 70 R ab Anschlag abketten.

Fertigstellung: Schulternähte schließen. Den Halsausschnittrand mit 1 Rd feste M umhäkeln, dann die 2. Häkel-Rd wie folgt arb: 1 Kett-M in die 1. feste M, * 1 Lftm, 1 Picot (= 3 Lftm und 1 feste M zurück in die 1. Lftm), 1 Lftm, 2 feste M übergehen, 1 Kettm in die folgende feste M, ab * stets wdh. Ärmel einsetzen, Seiten- und Ärmelnähte schließen.

Tipp: Möchten Sie den Pulli mit kurzen Ärmeln arbeiten, so schlagen Sie ebenfalls 50 (54) 54 M an und beginnen gleich mit den Ärmelschrägungen = 60 (64) 66 M. Die Armkugel nach 14 cm ab Anschlag wie beschrieben fortführen.
Möchten Sie den Pulli mit langen Ärmeln arbeiten, so schlagen Sie 42 (46) 50 M an. Für die Ärmelschrägungen 9 (9) 8 x in jeder 8. R je 1 M zun = 60 (64) 66 M. Die Armkugel nach 40 (40) 38 cm ab Anschlag wie beschrieben fortführen.

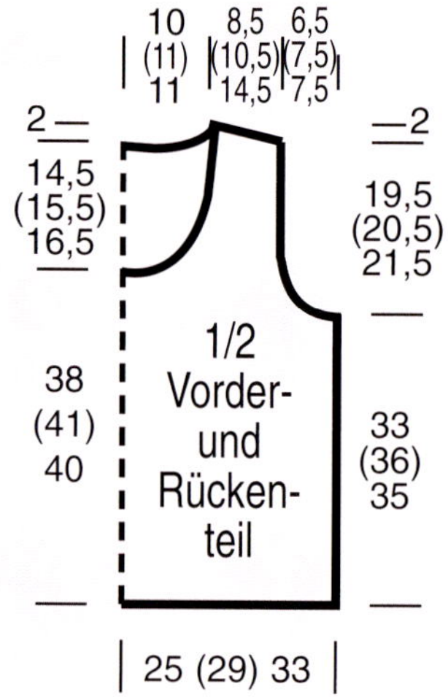

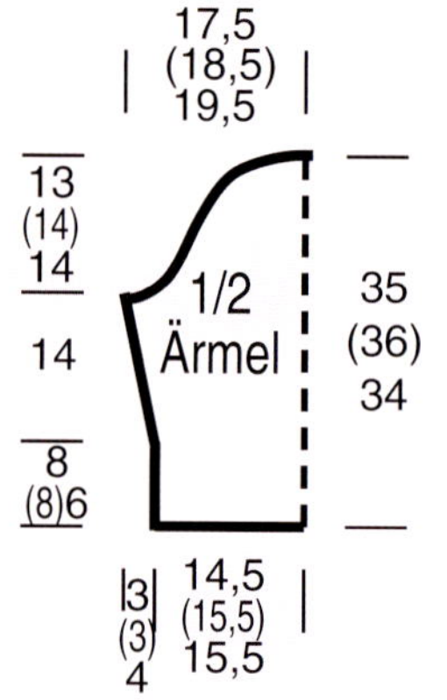

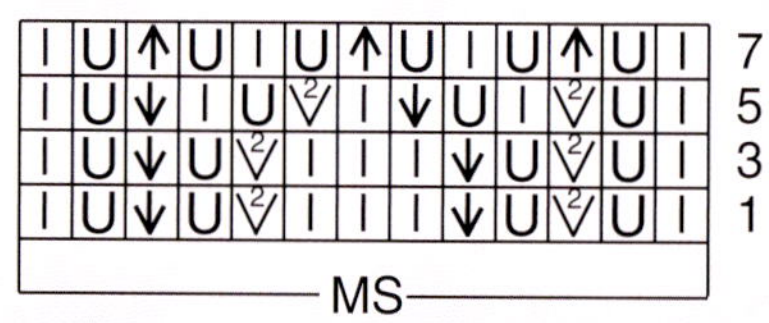

Zeichenerklärung für die Strickschrift auf den Seiten 198–201

Ajour-Musterstreifen

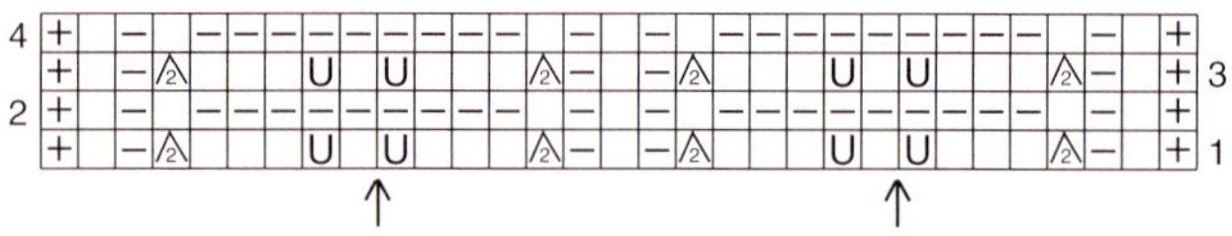

In den Rück-R die M stricken, wie sie erscheinen. Umschläge li stricken.

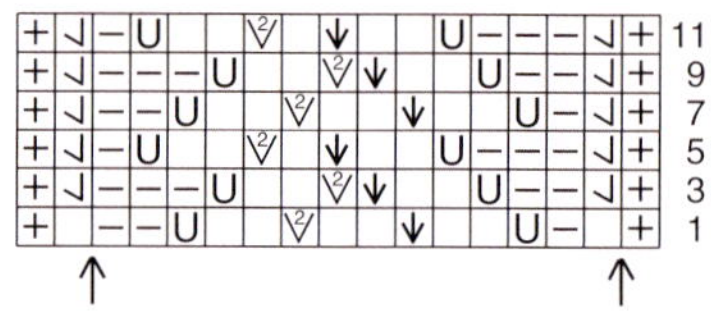

In den Rück-R die M stricken, wie sie erscheinen. Umschläge li stricken.
In der Höhe 1 x die 1.–12. R stricken, dann die 7.–12. R stets wdh.

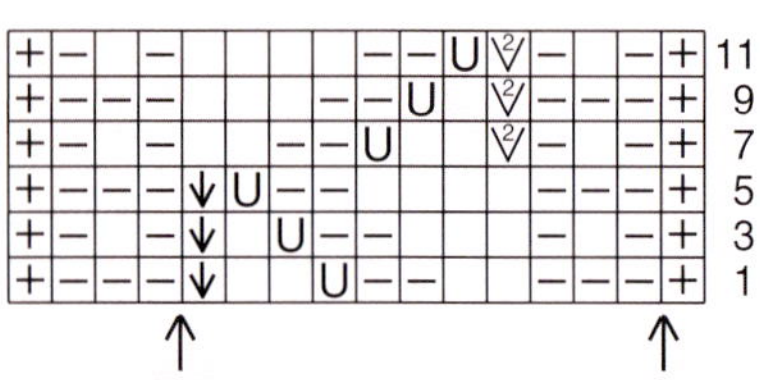

In den Rück-R die M stricken, wie sie erscheinen. Umschläge li stricken.

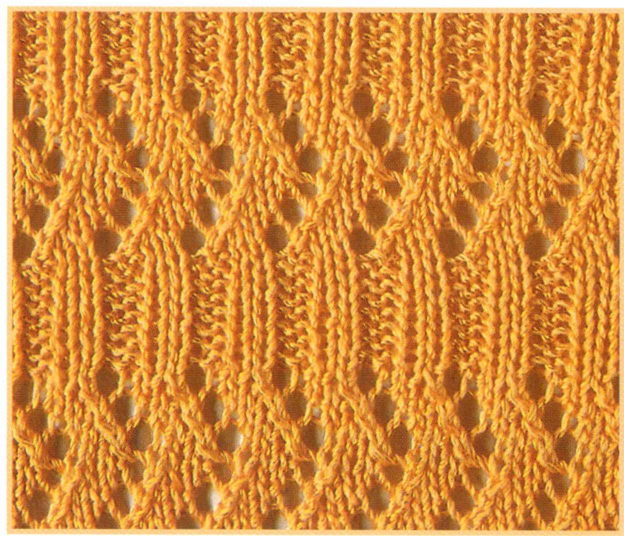

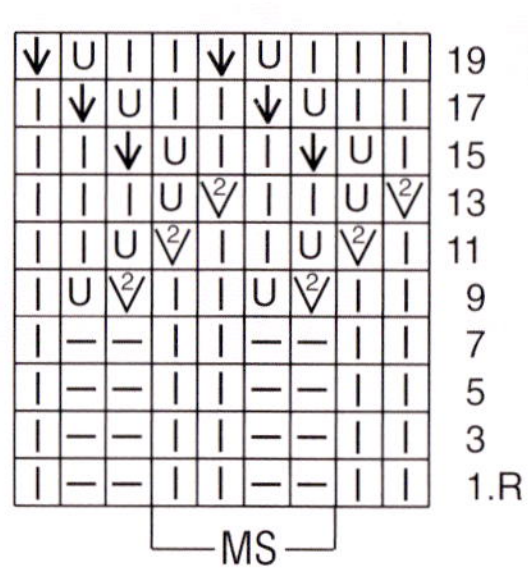

In den Rück-R die M stricken, wie sie erscheinen. Umschläge li stricken.

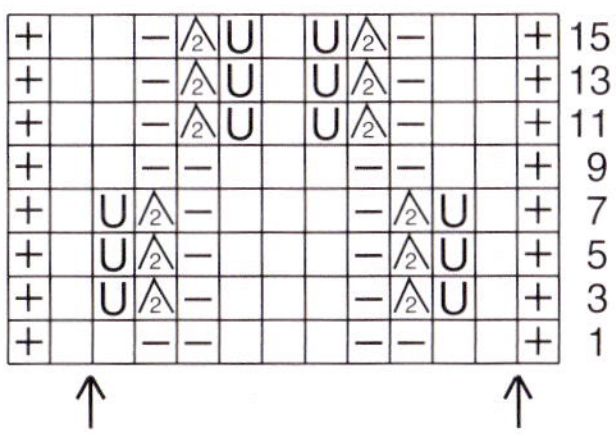

In den Rück-R die M stricken, wie sie erscheinen. Umschläge li stricken.

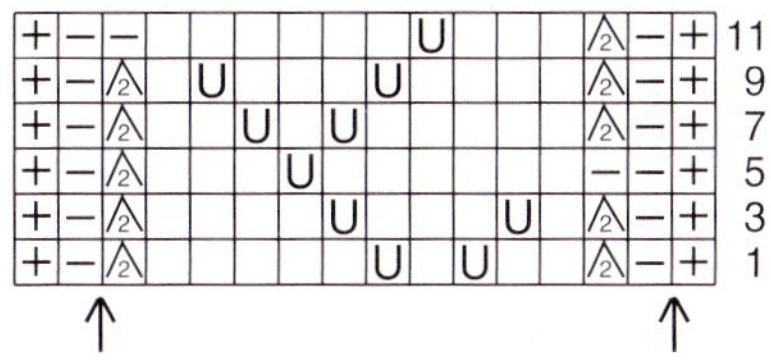

In den Rück-R die M stricken, wie sie erscheinen. Umschläge li stricken.

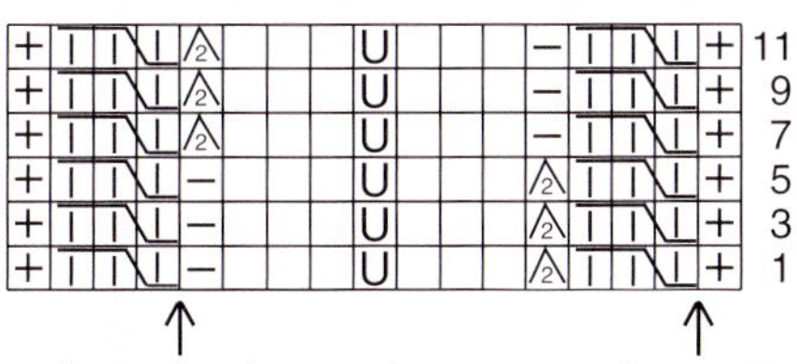

In den Rück-R die M stricken, wie sie erscheinen. Umschläge li stricken.

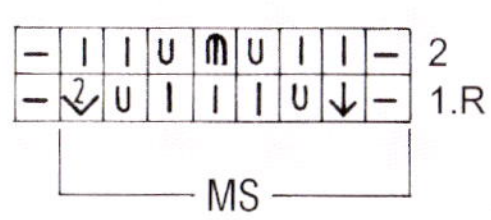

In den Rück-R die M stricken, wie sie erscheinen. Umschläge li stricken.

Zeichenerklärung für die Strickschriften auf den Seiten 198–201

Ajour-Rauten und -Zacken

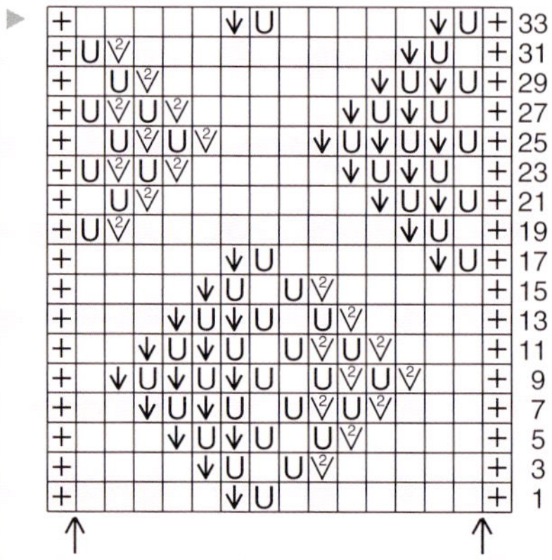

Die Rück-R li stricken. In der Höhe 1 x die 1.–34. R stricken, dann die 3.–34. R stets wdh.

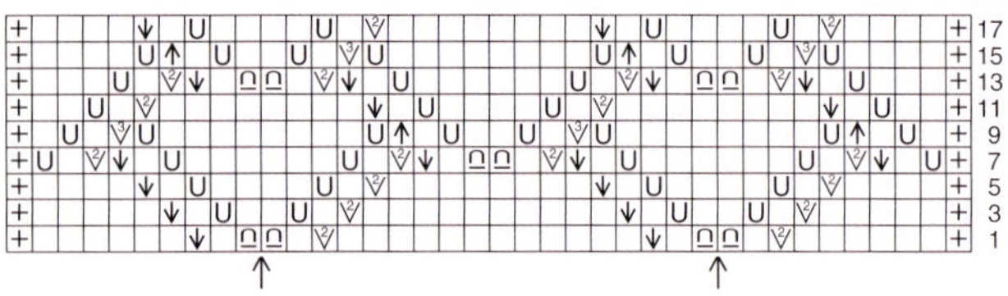

Die Rück-R li stricken. In der Höhe 1 x die 1.–18. R stricken, dann die 7.–18. R stets wdh.

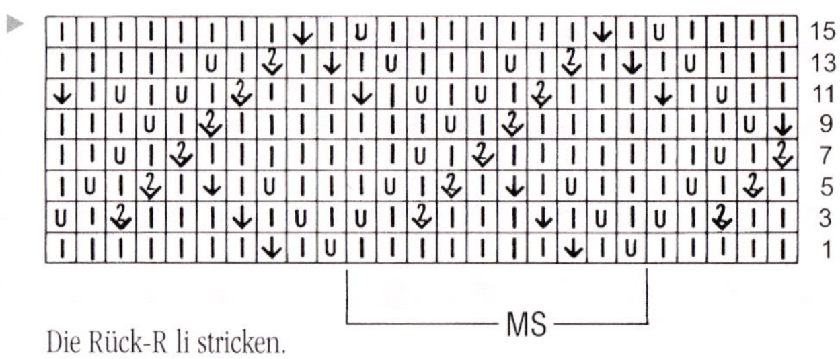

Die Rück-R li stricken.

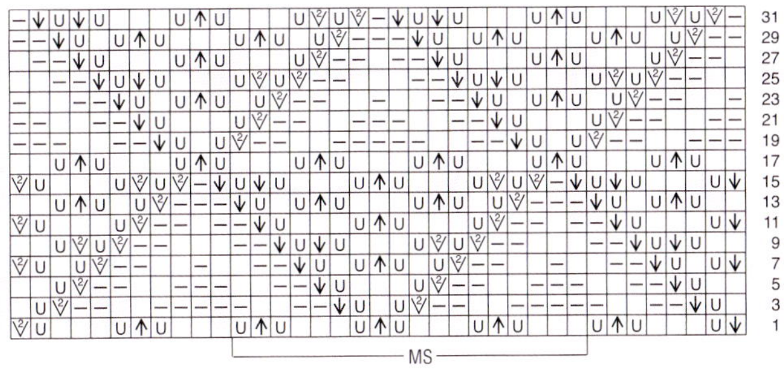

In den Rück-R die M stricken, wie sie erscheinen. Umschläge li stricken.

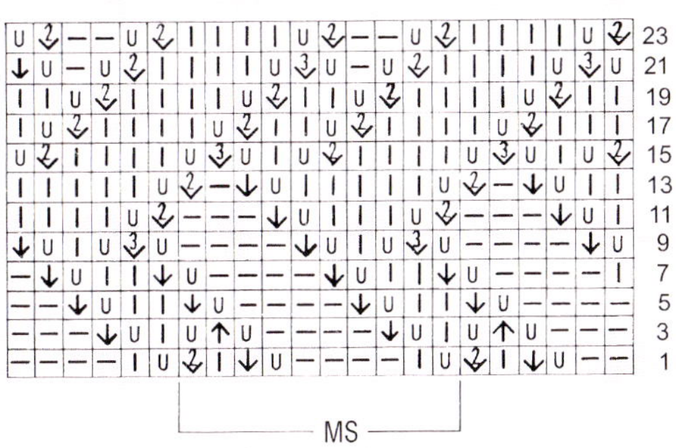

In den Rück-R die M stricken, wie sie erscheinen. Umschläge li stricken.

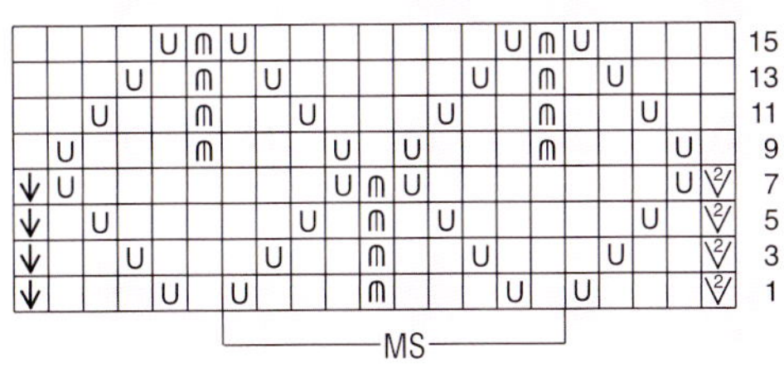

Die Rück-R li stricken.

➔ *Zeichenerklärung für die Strickschriften auf den Seiten 198–201*

Blattmuster-Pulli in Lindgrün

Größe: 36/38 (42/44)

Die abweichenden Angaben der größeren Größe stehen in Klammern. Ist nur eine Angabe gemacht, so gilt diese für beide Größen.

Materialbedarf:
- 650 (700) lindgrün mittelstarkes Mikrofasergarn (LL ca. 115 m/50 g)
- Stricknadeln Nr. 5
- Rundstricknadel Nr. 5

Glatt li: Hin-R li M, Rück-R re M.
Grundmuster: M-Zahl teilbar durch 8 + 2. Laut Strickschrift 1 arb. Es sind die Hin-R gezeichnet. In den Rück-R die M str, wie sie erscheinen, Umschläge li str. Den MS stets wdh, enden mit den M nach dem MS. Die 1.– 8. R stets wdh.
Blattmuster (über zunächst 28 M): Laut Strickschrift 2 arb. Es sind die Hin-R gezeichnet. In den Rück-R die M str, wie sie erscheinen bzw. wie beschrieben, Umschläge li str. Die 1.– 50. R 1 x arb, danach die 17.– 50. R stets wdh.
Maschenprobe im Grundmuster (leicht gedehnt gemessen): 22,5 M und 31 R = 10 x 10 cm; Blattmuster: 16 cm breit.

Rückenteil: 100 (116) M anschlagen und zuerst 1 Rück-R re M arb. Diese R wird nicht mitgezählt. Danach in folgender Einteilung weiterarb: Rdm, 1 M glatt li, 34 (42) M Grundmuster, 28 M Blattmuster, 34 (42) M Grundmuster, 1 M glatt li, Rdm. Für die Armausschnitte nach 37 cm = 114 R (35 cm = 108 R) ab Anschlag beidseitig 1 x 3 M abketten, danach beidseitig 7 x in jeder 2. R und 3 x in jeder 4. R je 1 M wie folgt abnehmen: Am re Rand die 4. und 5. M überzogen zusammenstr (= 1 M re abheben, die folgende M re str, dann die abgehobene M darüber ziehen) und am li Rand die 5. und 4. letzte M re zusammenstr. Für die Schulter-schrägungen nach 58 cm = 180 R ab Anschlag beidseitig in jeder 2. R 2 x je 4 (7) M abketten. Gleichzeitig für den Halsausschnitt mit der 1. Schul-terabnahme (= in der 45. R des Blattmusters) die mittleren 51 M abketten (ungerade M-Zahl wegen Zunahmen innerhalb des Blattmus-ters) und beide Seiten getrennt beenden. Für die Rundung am inneren Rand in der folgenden 2. R 1 x 5 M abketten. Die restlichen je 5 (7) Schulter-M nach 59,5 cm = 184 R ab Anschlag abketten.

Vorderteil: Genauso, jedoch mit tieferem Halsausschnitt arb. Dafür bereits nach 54 cm = 168 R ab An-schlag (= in der 33. R des Blattmus-ters) die mittleren 37 M abketten und in jeder 2. R 1 x 3 M, 2 x je 2 M, 2 x je 1 M abketten. Die Abnah-men für die Schulterschrägungen wie beim Rückenteil arb und die restlichen je 5 (7) Schulter-M in Rückenteilhöhe abketten.
Ärmel: 54 M anschlagen und zuerst 1 Rück-R re M arb. Danach in folgender Einteilung weiterarb: Rdm, 2 M glatt li, 10 M Grundmuster, 28 M Blattmuster, 10 M Grundmuster, 2 M glatt li, Rdm. Für die Ärmelschrägungen nach 6 cm = 18 R ab Anschlag beidseitig 3 x in jeder 10. R und 9 x in jeder 8. R (3 x in jeder 8. R und 13 x in jeder 6. R) je 1 M im Grundmuster zunehmen. Für die Armkugel nach 41 cm = 128 R ab Anschlag beidseitig in jeder 2. R 1 x 3 (4) M, 3 (4) x je 2 M, 14 (11) x je 1 M und 2 (4) x je 2 M abketten. Die restlichen 31 M nach 54 cm = 168 R ab Anschlag (= in der 33. R des Blattmusters) abketten.

Fertigstellung: Schulternähte schließen. Aus dem Halsausschnittrand mit der Rundstricknadel 102 M auffassen, 1 Rd li M und 1 Rd re M str, dann alle M li abk. Ärmel einsetzen, Seiten- und Ärmelnähte schließen.

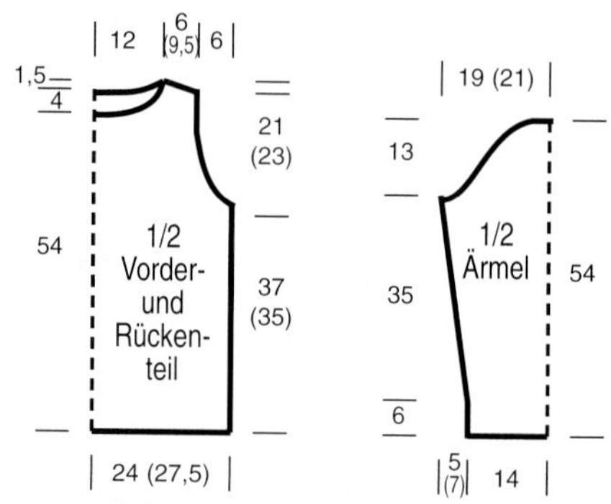

Strickschrift 1

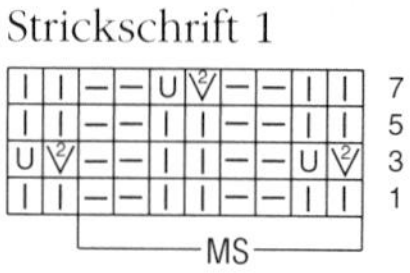

Strickschrift 2

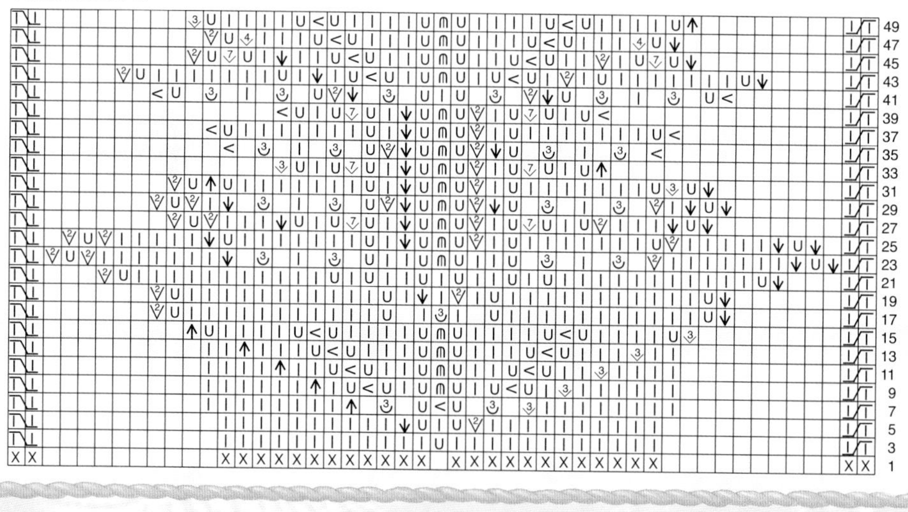

➲ *Zeichenerklärung für die Strickschriften auf den Seiten 198–201*

Ajour-Blattmuster

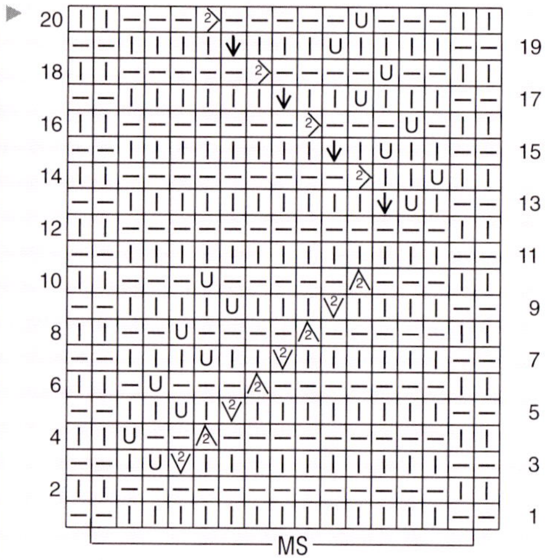

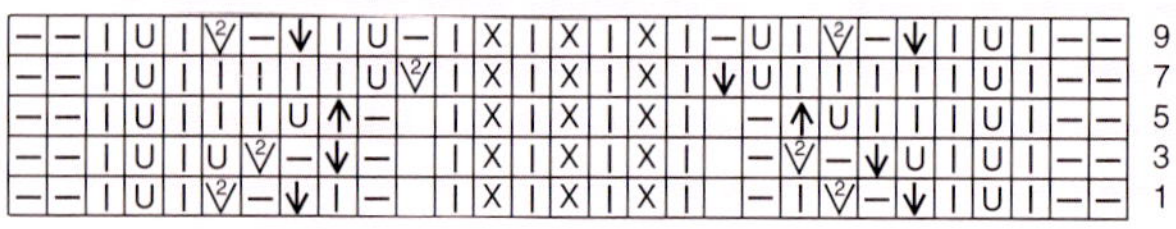

In den Rück-R M stricken, wie sie erscheinen bzw. wie beschrieben. Umschläge li stricken. Achtung! Leere Kästchen haben hier keine Bedeutung.

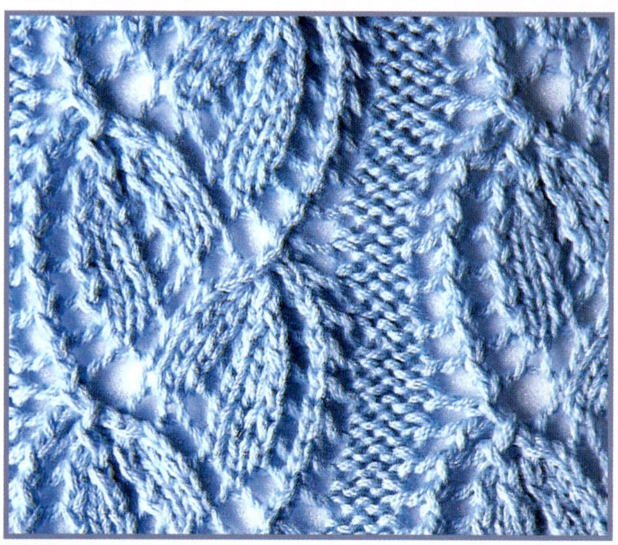

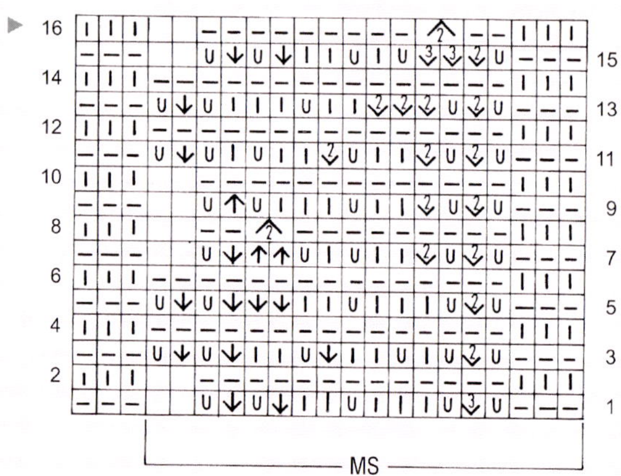

Achtung! Leere Kästchen haben hier keine Bedeutung.

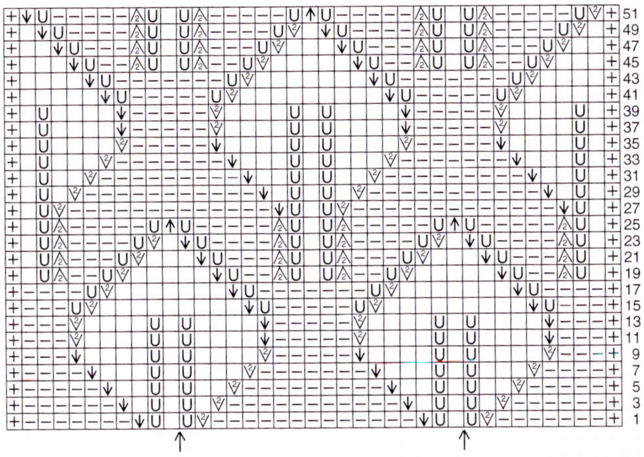

In den Rück-R die M stricken, wie sie erscheinen. Umschläge li stricken.

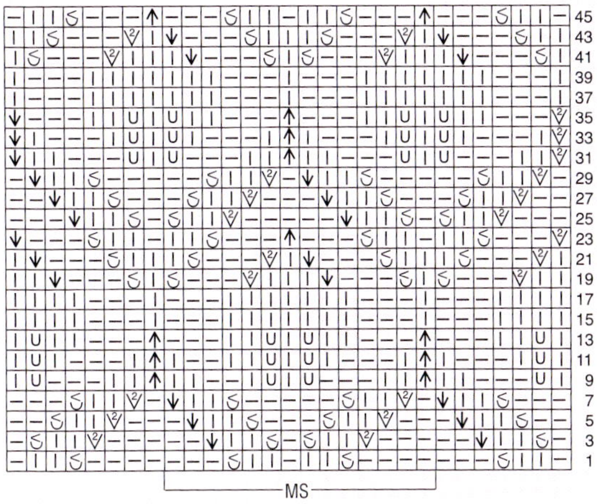

In den Rück-R die M stricken, wie sie erscheinen. Umschläge li stricken.

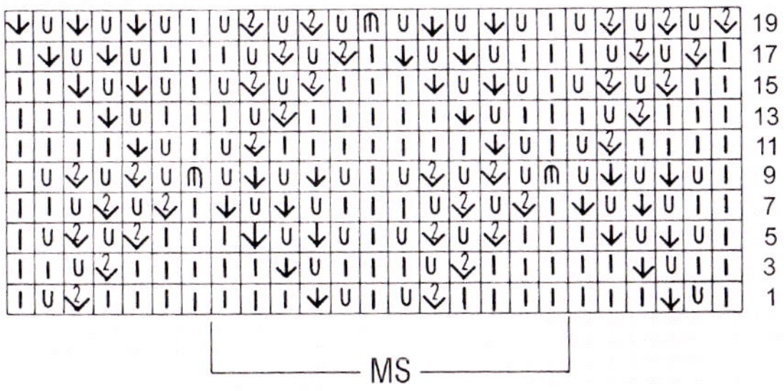

Die Rück-R li stricken.

Zeichenerklärung für die Strickschriften auf den Seiten 198–201

Ajourmuster mit Randbordüren

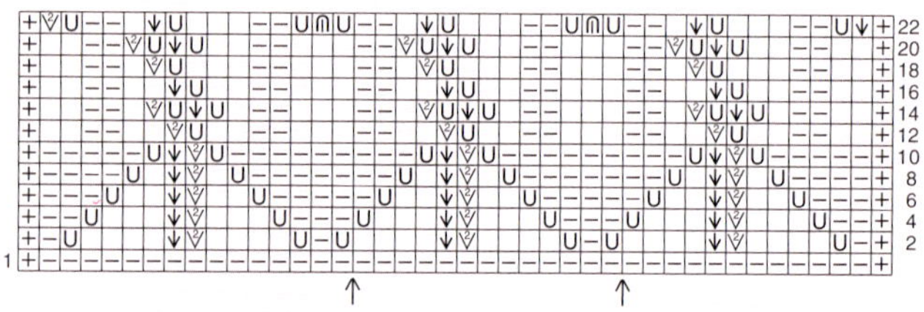

In den Rück-R die M stricken, wie sie erscheinen. Umschläge li stricken. In der Höhe 1 x die 1.–23. R stricken, dann die 12.–23. R stets wdh.

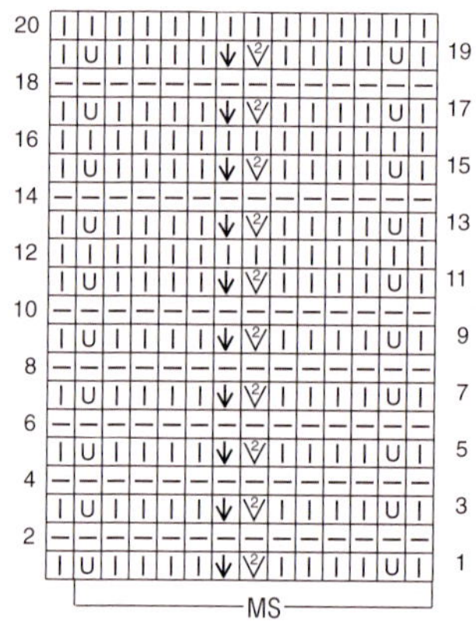

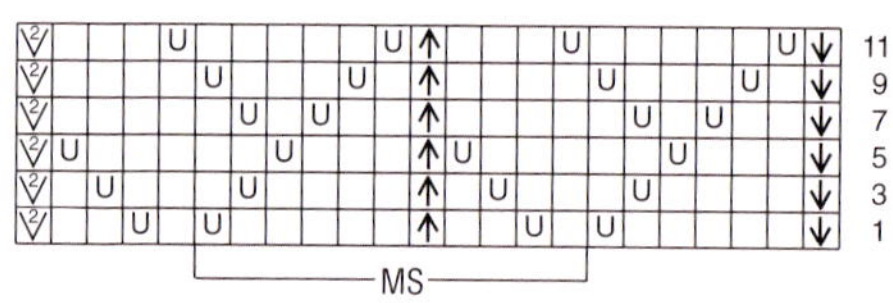

Die Rück-R li stricken.

➔ *Zeichenerklärung für die Strickschriften auf den Seiten 198–201*

Jacquardmuster

Mit dem Begriff Jacquardmuster hat sich ein französischer Seidenweber aus dem 18. Jahrhundert verewigt. Er entwickelte den nach ihm benannten Webstuhl, auf dem Webmuster möglich wurden, die den Einstrickmustern ähneln.

Der Begriff aus der Weberei übertrug sich auf das Stricken und bezeichnet heute die zwei- oder mehrfarbigen, glatt rechts gearbeiteten Muster, bei denen in einer Reihe mit verschiedenen Farben gestrickt wird und die jeweils nicht benötigten Fäden auf der Rückseite der Arbeit locker mitlaufen. Diese so genannten Spannfäden dürfen jedoch nie unter Spannung stehen, sonst wird das Gestrick unelastisch und das Muster kann sich verziehen.

Werden bei dünnem Garn mehr als 7, bei dickerem Garn mehr als 4 Maschen überspannt, die Fäden auf der Arbeitsrückseite einmal zwischendurch miteinander verkreuzen, so vermeiden Sie sehr lange Schlaufen, an denen man auch beim An- und Ausziehen allzu leicht hängen bleibt.

Jacquardmuster werden nach Zählmustern gestrickt, jedes Kästchen symbolisiert dabei eine Masche, jedes Zeichen eine Farbe. So entstehen aus verschiedenfarbigen, glatt rechten Maschen wunderschöne Norwegersterne, dekorative Bordüren, figürliche Motive, grafische Muster und vieles mehr. Lassen Sie sich überraschen!

Kleiner Stricklehrgang: Mehrfarbiges Stricken

Im Bild sehen Sie ein sehr nützliches Hilfsmittel beim Stricken mit mehreren Knäueln: den Strickfingerhut. Er ist im Fachhandel erhältlich. Einfach auf den linken Zeigefinger aufsetzen und die Fäden abbildungsgemäß einlegen. Beim Stricken bleiben so die benötigten Fäden stets in der richtigen Reihenfolge.

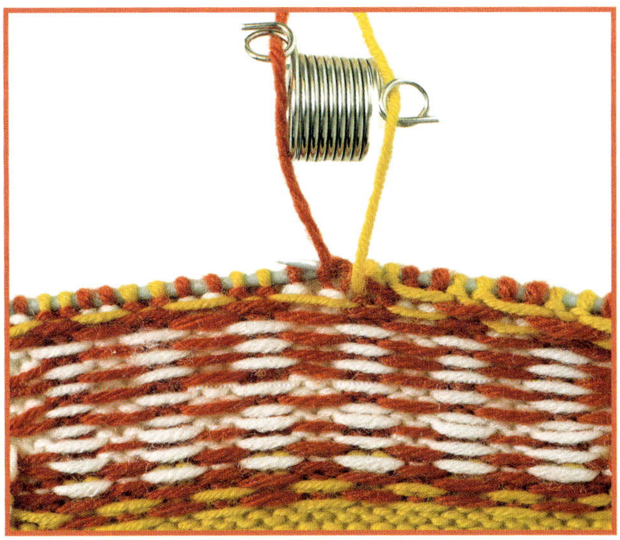

Hier zeigen wir Ihnen die Rückseite eines Strickstückes im Jacquardmuster. Dabei ist zu erkennen, wie die Spannfäden gleichmäßig und locker mitgeführt werden. Ziehen Sie die Fäden nicht zu fest an, sonst verzieht sich das Muster unschön. Durchhängende Spannfäden bitte auch vermeiden, sie können zu Löchern im Maschenbild führen.

Jacquard-Norwegersterne

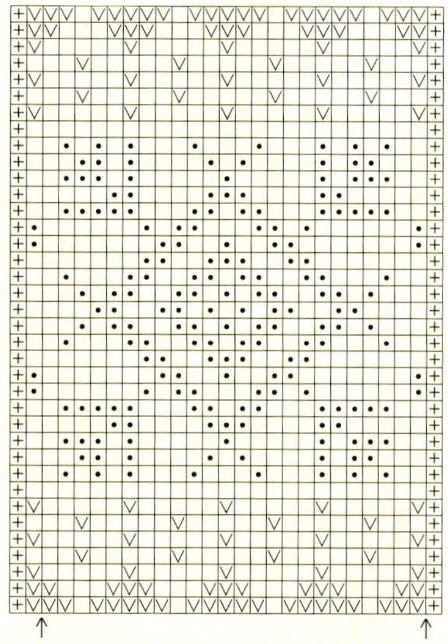

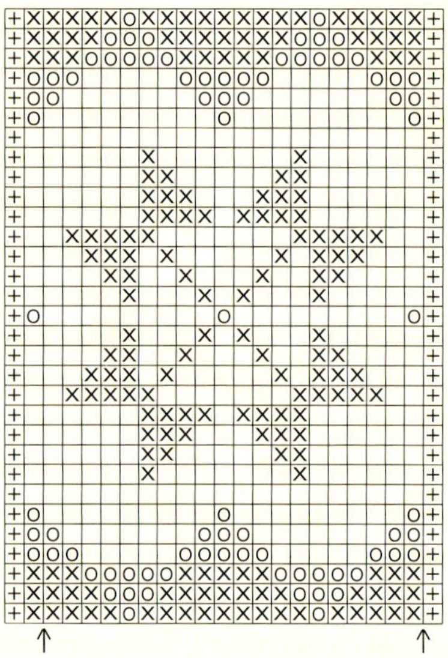

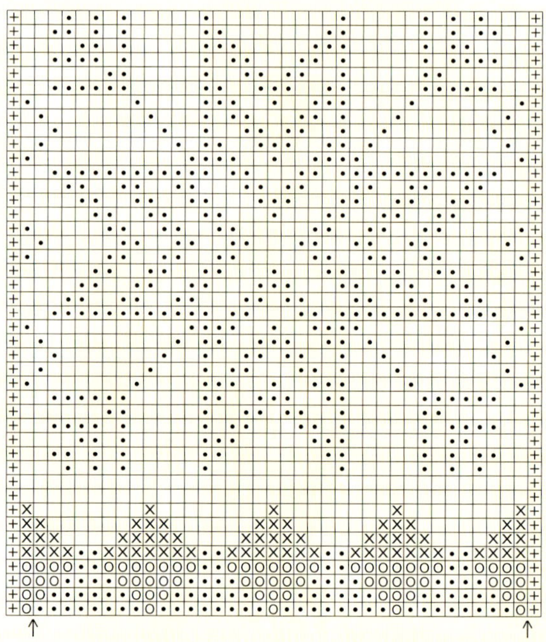

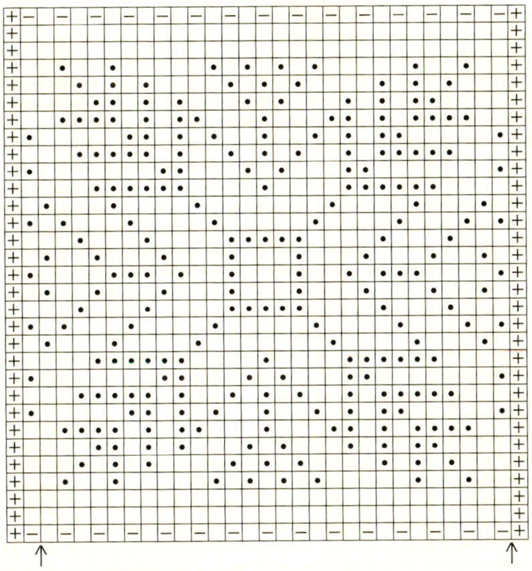

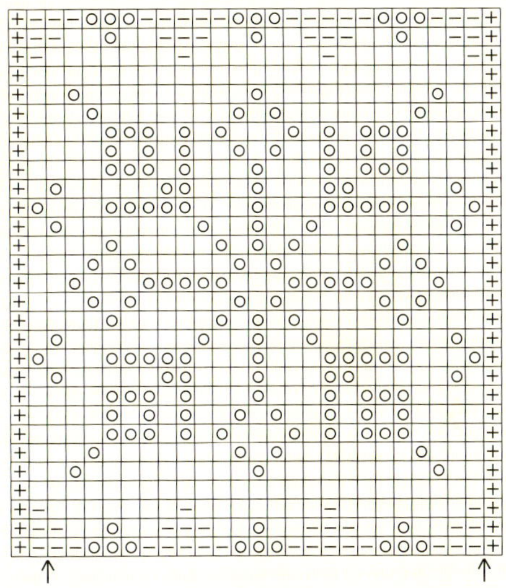

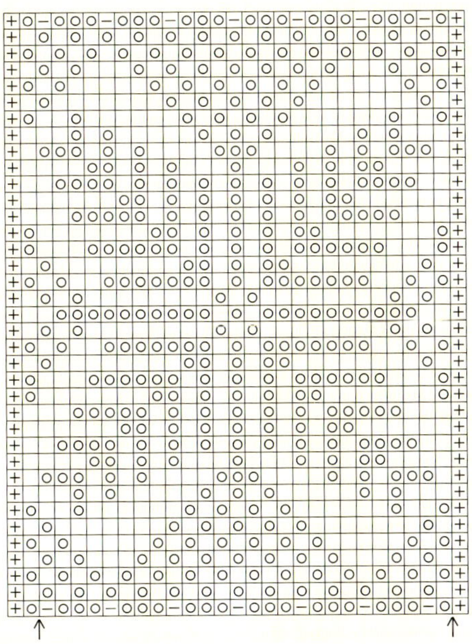

Jede Zeile in den Zählmustern steht für eine Reihe, jedes Kästchen für eine Masche. Die verschiedenen Zeichen symbolisieren die unterschiedlichen Farben. Die unbenutzten Fäden stets locker auf der Rückseite der Arbeit mitführen und die Rand-M stets mit allen in Arbeit befindlichen Fäden stricken.

➔ *Zeichenerklärung für die Strickschriften auf den Seiten 198–201*

Grafische Jacquardmuster

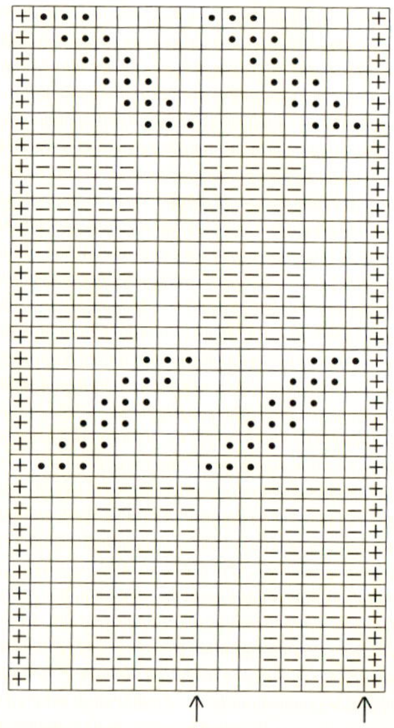

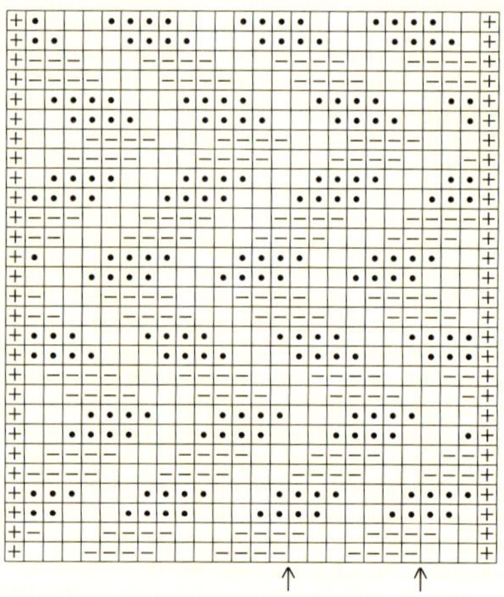

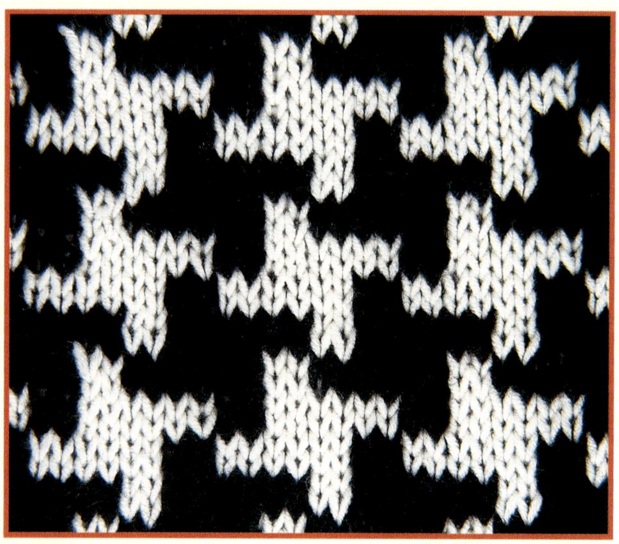

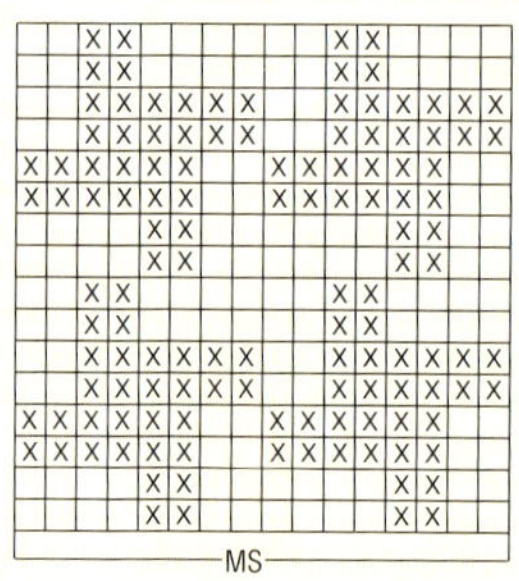

Jede Zeile in den Zählmustern steht für eine Reihe, jedes Kästchen für eine Masche. Die verschiedenen Zeichen symbolisieren die unterschiedlichen Farben. Die unbenutzten Fäden stets locker auf der Rückseite der Arbeit mitführen und die Rand-M stets mit allen in Arbeit befindlichen Fäden stricken.

➲ *Zeichenerklärung für die Strickschriften auf den Seiten 198–201*

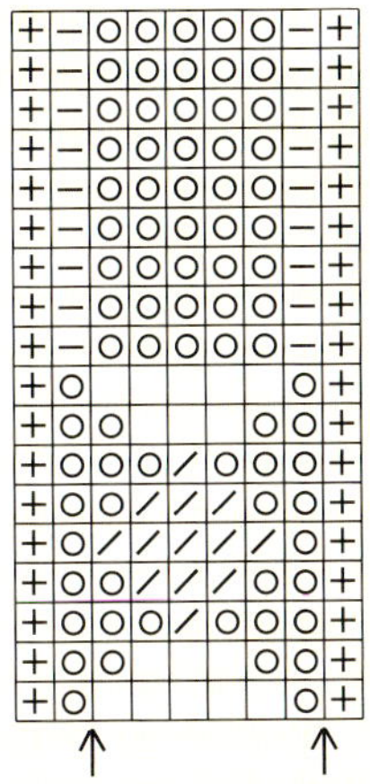

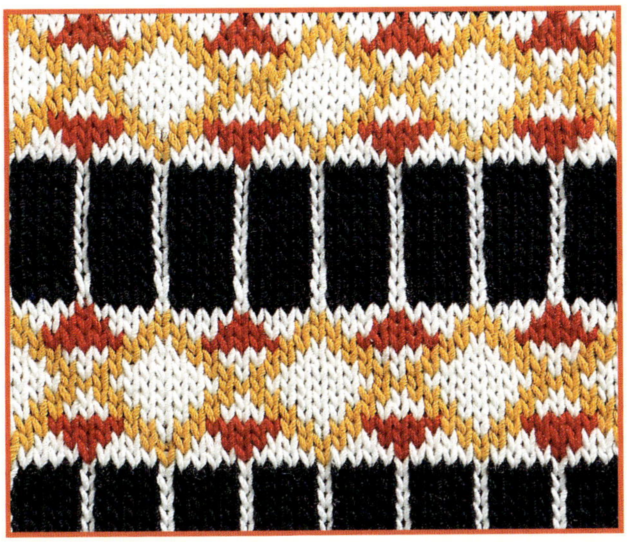

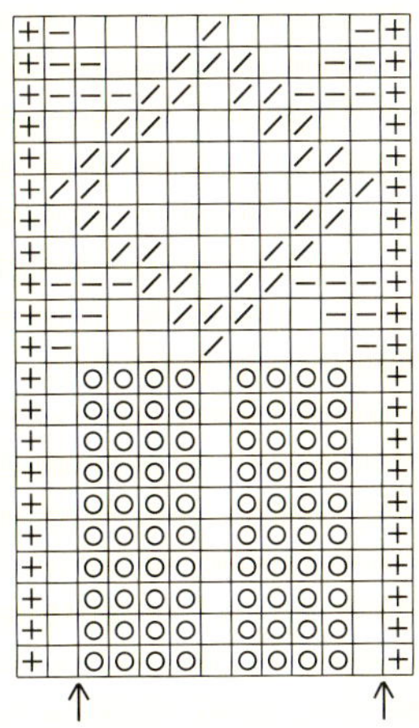

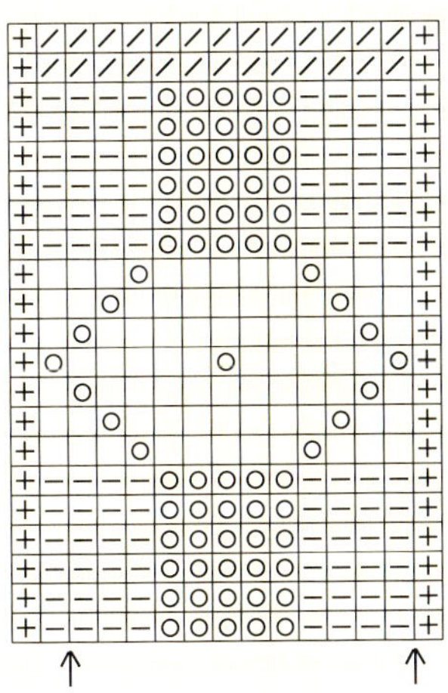

Poncho mit Jacquardbordüre

Einheitsgröße

Materialbedarf:

- 750 g anthrazit meliert (Fb 504) „Bingo Chiné" (100% Schurwolle, LL = 80 m/50 g) und 100 g beige meliert (Fb 2) „Bingo" (100% Schurwolle, LL = 80 m/50 g) beide von Lana Grossa
- Rundstricknadel Nr. 5
- Häkelnadel Nr. 5

Rippenmuster: 3 M re, 3 M li im Wechsel.
Glatt re: Hin-R re M, Rück-R li M. Jacquardmuster: M-Zahl teilbar durch 20 + 13 + 2 Rdm. Laut Zählmuster glatt re in Norwegertechnik arb, dabei den unbenutzten Faden stets locker auf der Rückseite der Arbeit mitführen.
Mit 1 Rdm und den M vor dem MS beginnen, den MS stets wdh, enden mit den M nach dem MS und 1 Rdm.
Die 1.-32. R 1 x arb.
Maschenprobe im Durchschnitt: 15,5 M und 22,5 R = 10 x 10 cm.

Rückenteil: 195 M in Anthrazit meliert anschlagen und glatt re str. Nach 12 cm = 28 R ab Anschlag das Jacquardmuster arb, danach in Anthrazit meliert weiterstr. Für die Schulterschrägungen nach 63 cm = 142 R ab Anschlag beidseitig in jeder 2. R 10 x je 4 M und 6 x je 6 M abketten.

Gleichzeitig nach 73,5 cm = 166 R ab Anschlag für den Halsausschnitt die mittleren 19 M abketten und beide Seiten getrennt beenden.
Für die Rundung am inneren Rand in jeder 2. R 1 x 3 M und 2 x je 1 M abketten. Die restlichen je 7 Schulter-M nach 77 cm = 174 R ab Anschlag abketten.

Vorderteil: Genauso, jedoch mit tieferem Halsausschnitt arb. Dafür bereits nach 70 cm = 158 R ab An-schlag die mittleren 9 M abketten und in jeder 2. R 1 x 3 M, 1 x 2 M und 5 x je 1 M bketten.

Fertigstellung: Schulternähte schließen. Aus dem Halsausschnittrand in Anthrazit meliert 72 M auffassen und 26 cm im Rippenmuster str. Danach alle M abketten, wie sie erscheinen. Alle Kanten in Anthrazit meliert mit 1 Rd Krebs-M (= feste M von li nach re) umhäkeln.

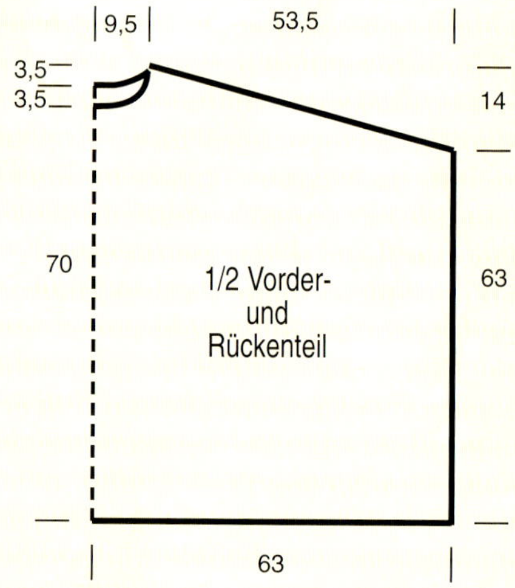

Zeichenerklärung

☒ = Anthrazit meliert

☐ = Beige meliert

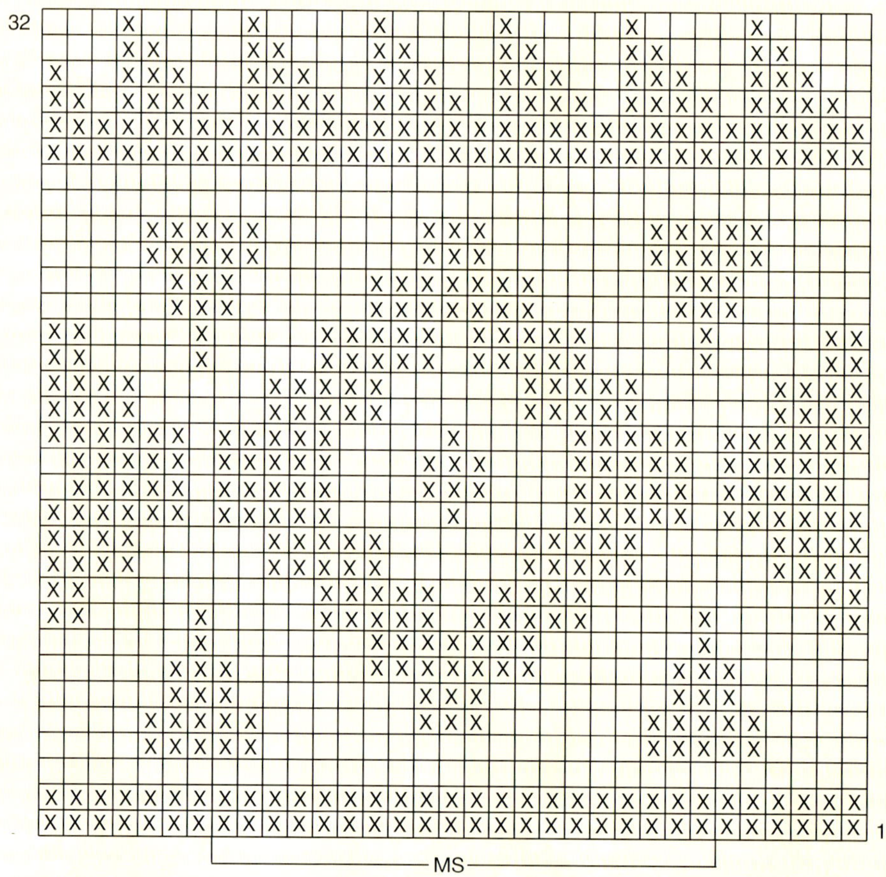

Jacquard-Blumenbordüren

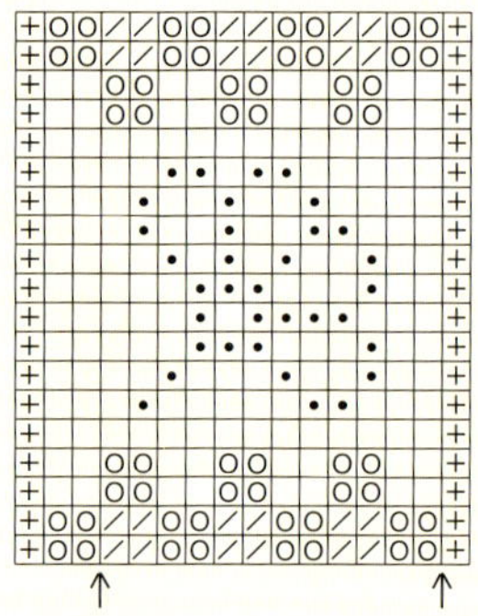

Jede Zeile in den Zählmustern steht für eine Reihe, jedes Kästchen für eine Masche. Die verschiedenen Zeichen symbolisieren die unterschiedlichen Farben. Die unbenutzten Fäden stets locker auf der Rückseite der Arbeit mitführen und die Rand-M stets mit allen in Arbeit befindlichen Fäden stricken.

Zeichenerklärung für die Strickschriften auf den Seiten 198–201

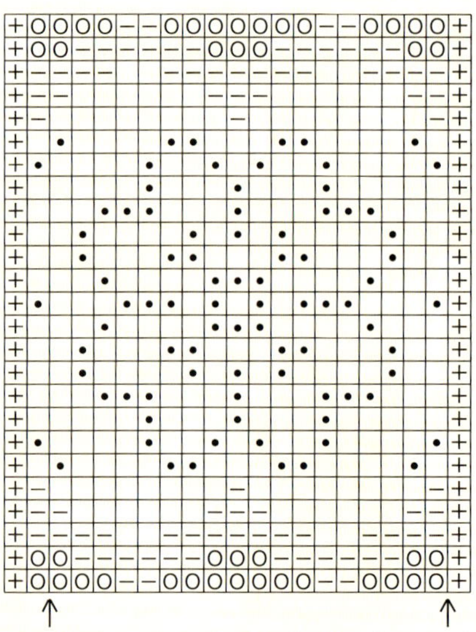

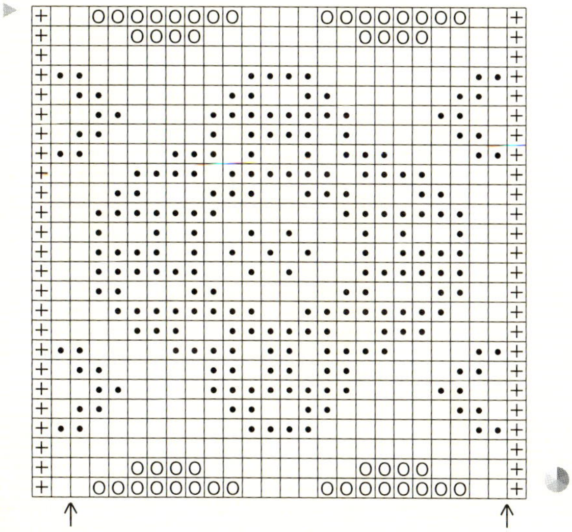

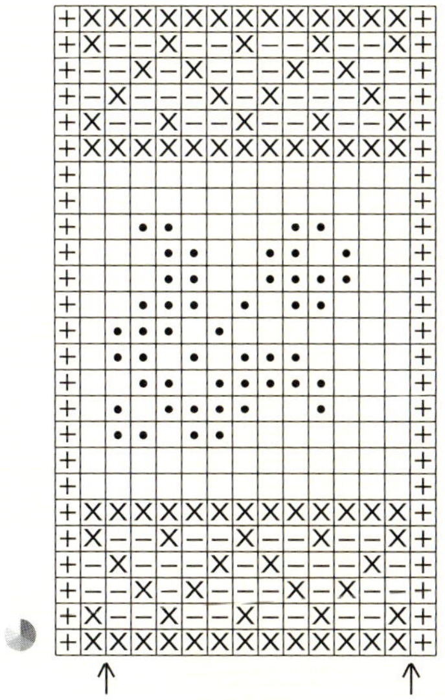

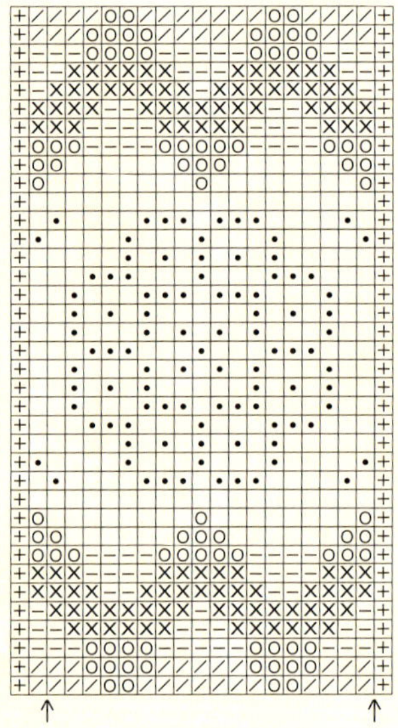

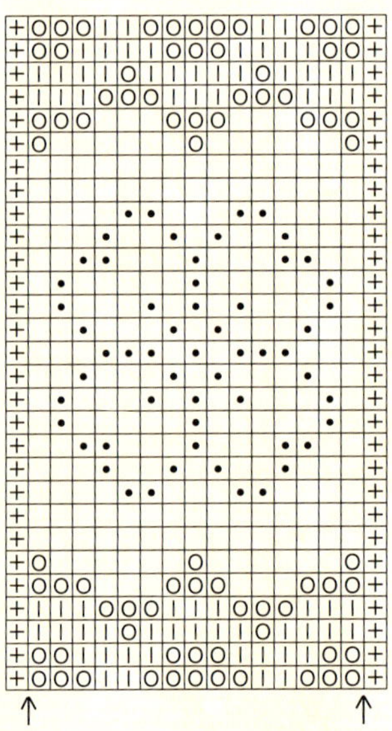

Jede Zeile in den Zählmustern steht für eine Reihe, jedes Kästchen für eine Masche. Die verschiedenen Zeichen symbolisieren die unterschiedlichen Farben. Die unbenutzten Fäden stets locker auf der Rückseite der Arbeit mitführen und die Rand-M stets mit allen in Arbeit befindlichen Fäden stricken.

Zeichenerklärung für die Strickschriften auf den Seiten 198–201

Die wichtigen Details

Vom Muster zum Modell

Die vielfältigen Muster in diesem Buch sollen Ihre Fantasie anregen und Sie zu eigenen Entwürfen inspirieren. Oder haben Sie sich in eines der wunderschönen Modelle verliebt, die wir Ihnen mit Anleitung präsentieren? In jedem Fall beginnt der Strickspaß mit Maßtabelle (siehe Seite 31) und Maschenprobe (siehe Seite 16)!

Die Maßtabelle hilft bei der Auswahl der richtigen Größe. Vergleichen Sie die Körpermaße mit den Werten in den Tabellen. So finden Sie leicht die passende Größe, in der Sie Ihr Wunschmodell stricken.

Eigene Entwürfe

Die Modellvorschläge in diesem Buch sind so gewählt, dass sie eine große Auswahl an Schnitten bieten. Ob Rollkragen, Polo- oder V-Ausschnitt, ob Jacke oder Poncho, ob Kinder- oder Herrenpulli, in den Anleitungen stellen wir eine ganze Reihe von exemplarischen Schnitten vor, die Sie natürlich für eigene Ideen verwenden können. Ein anderes Muster, ein interessantes Garn, eine tolle Farbe – und schon haben Sie ein individuelles Strickstück geschaffen, das nur Ihnen gehört!

Oder Sie orientieren sich an Ihrem Lieblingspulli. Messen Sie dort alle Maße ganz genau nach und erstellen Sie so Ihren individuellen Wohlfühlschnitt. Suchen Sie sich Ihr Traumgarn aus, entscheiden Sie sich für Ihr Lieblingsmuster – dann fehlt nur noch die Maschenprobe auf dem Weg zum Designerpulli aus eigener Werkstatt. Denn nur die Maschenprobe im gewählten Muster sagt Ihnen, wie viele Maschen und Reihen Sie stricken müssen, um die gewünschten Schnittmaße zu erreichen.

Es muss nicht immer Mode sein

Wie wäre es zum Beispiel mit einer wollig-weichen Patchworkdecke, aus lauter Musterquadraten zusammengesetzt? Hier könnten Sie zum Beispiel auch Ihre gesammelten Maschenproben verwenden.

Oder mit Topflappen aus der Strickwerkstatt? Dafür einfach ein etwa 15 x 30 cm großes Stück in einem ausdrucksstarken Muster aus etwas dickerem Baumwollgarn stricken. Links auf links auf die Hälfte legen, zusammenhäkeln und einen Aufhänger nicht vergessen. Fertig ist ein hübsches und praktisches Schmuckstück für die Küche. Auch Kissen sehen im Musterlook fantastisch aus! Ein weicher Schal in einer Trendfarbe ist ein tolles Geschenk für die beste Freundin und wird mit Muster erst so richtig schön!

Knopflöcher

Nicht nur für Jacken oder Poloverschlüsse unverzichtbar, auch in einer Schulternaht bei Kinderpullis sind Knöpfe die Lösung für leichtes An- und Ausziehen. Das Stricken ist ganz einfach. Eingestrickte Knopflöcher eher etwas zu groß als zu klein anlegen, sie lassen sich beim Aussticken leicht verkleinern. Sind sie aber von vorneherein zu klein, verziehen sich die umliegenden Maschen beim Knöpfen.

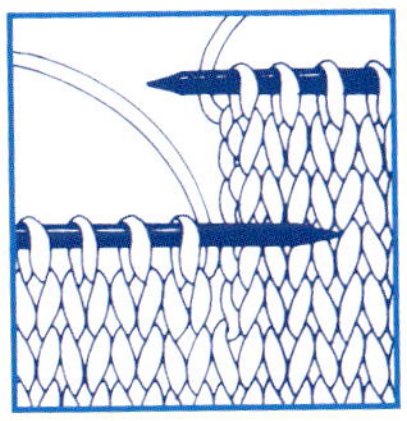

Knopfloch, längs: In einer Hinreihe nur bis zu der Stelle stricken, die für das Knopfloch vorgesehen ist. Die Maschen auf der linken Nadel stilllegen und mit einer Hilfsnadel nur die Maschen der rechten Nadel in Hin- und Rückreihen so hoch stricken, wie das Knopfloch später sein soll. Dann die Maschen der linken Nadel genau so hoch stricken. Anschließend wieder über alle Maschen hinweg stricken.

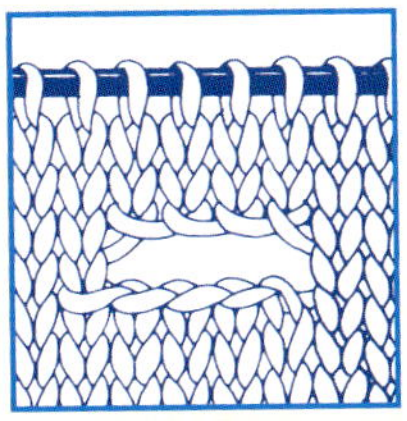

Knopfloch, quer: In einer Hinreihe nur bis zu der Stelle stricken, die für das Knopfloch vorgesehen ist. Dann in der für das Knopfloch vorgesehenen Breite Maschen abketten und die Reihe zu Ende stricken. In der Rückreihe die entsprechende Maschenzahl darüber wieder anschlagen.

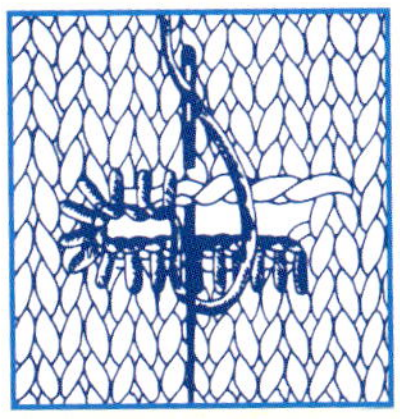

Knopfloch verstärken: Damit die Knopflöcher sich nicht dehnen, sollten sie rundum mit Knopflochstichen verstärkt werden. Dabei können Sie die Größe der Knopflöcher genau auf die gewählten Knöpfe abstimmen.

Für schöne Kanten

Randmaschen

Die erste und die letzte Masche jeder Reihe bilden später die Kanten des Strickstücks. Für schöne Kanten und Nähte ist daher die Strickart dieser Randmaschen entscheidend.

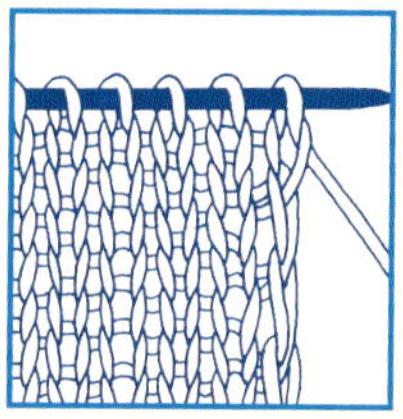

Kettenrand: Er ist sehr gebräuchlich und eignet sich besonders für Patent- und Jacquardmuster. Dabei die letzte Masche von Hin- und Rückreihen immer wie zum Linksstricken abheben, der Faden liegt dabei vor der Masche. Die erste Masche jeder Reihe rechts stricken.

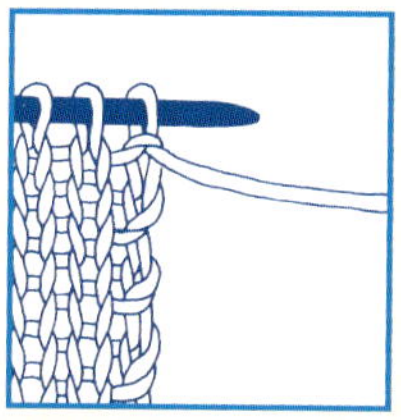

Knötchenrand I: Er ergibt einen etwas festeren Abschluss als der Kettenrand und ist daher für offene Kanten vorteilhaft. In Hin- und Rückreihen die erste Masche am Reihenanfang stets rechts abheben, dabei liegt der Arbeitsfaden hinter der Nadel. Die letzte Masche jeder Reihe stets rechts abstricken.

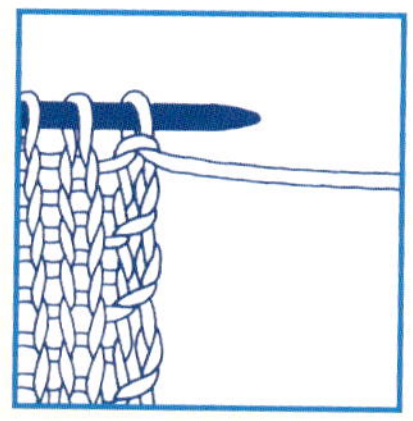

Knötchenrand II: Sieht dem Knötchenrand I sehr ähnlich, allerdings ergibt sich pro Reihe eine Randmasche, was das Auffassen von Maschen an dieser Kante, z. B. bei Jacken und Westen, erleichtert. Dafür in jeder Reihe die Anfangs- und Endmasche stets rechts abstricken.

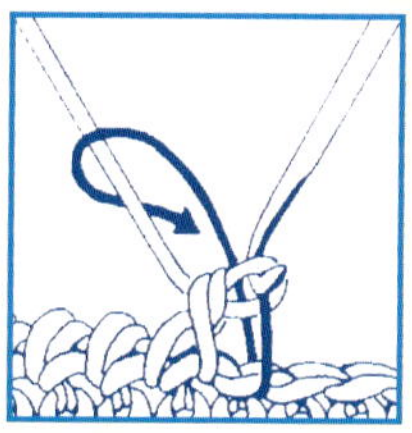

Krebsmaschen: Dies sind feste Maschen, die jedoch von links nach rechts gehäkelt werden. Die Nadel in die 1. Masche einstechen, den Faden durchholen, den Faden um die Nadel schlingen und durch beide Schlingen auf der Nadel ziehen. Stets wiederholen, dabei jeweils in die übernächste Masche einstechen.

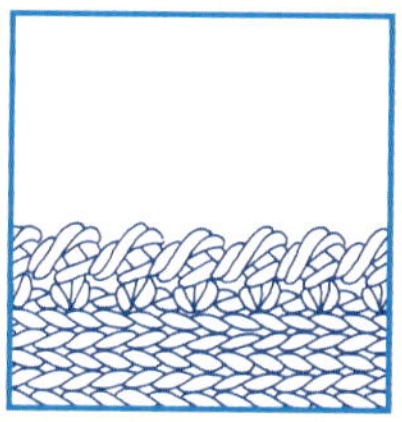

Durch das nachträgliche Umhäkeln der Kanten erhalten Sie eine besonders feste und gleichmäßige Abschlusskante. Perfekt wirkt diese Ausschnittlösung, wenn Sie vor den Krebsmaschen die Kante mit einer Runde fester Maschen umhäkeln.

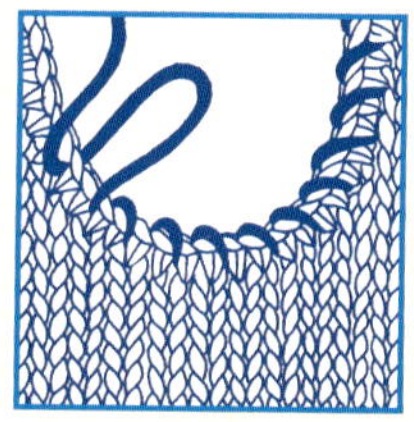

Eingezogene Bändchen: Ein dekorativer und schneller Schmuck für Krebsmaschen-Kanten und Ausschnitte sind eingezogene Bändchen. Dazu eignen sich z. B. Satinbändchen für einen romantisch-verspielten Look, kontrastfarbenes Garn für den Landhausstil oder Lederbändchen für den Western-Style.

Konfektionieren: Strickteile zusammenfügen

Maschenstich

Diese Naht eignet sich besonders für das Zusammennähen abgeketteter Kanten, z. B. an den Schulternähten. Sie ist schön flach und bildet sozusagen eine genähte Maschenlinie.

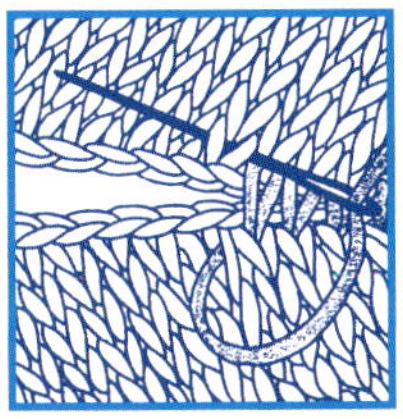

Mit der Nadel eine Masche unter der Abkettreihe erfassen und den Faden durchziehen. Beim oberen Teil versetzt arbeiten, d. h. ein Maschenglied der letzten und eines der nächsten Masche erfassen.

Offene Kanten

Auch offene Kanten lassen sich sehr schön durch eine genähte Maschenreihe verbinden. Dafür die Schultermaschen nicht abketten, sondern nur auf einer Hilfsnadel stilllegen.

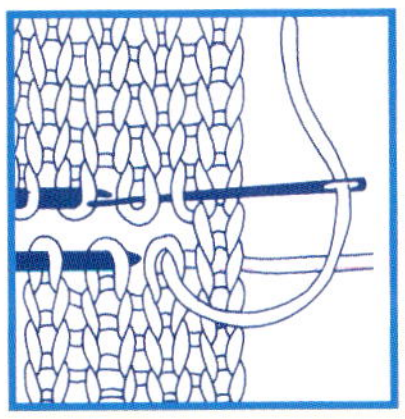

Ein Maschenglied der letzten und der folgenden Masche mit der Nähnadel erfassen, Faden durchziehen, Masche von der Nadel gleiten lassen. Am gegenüber liegenden Teil das letzte Maschenglied erfassen, von unten in die nächste Masche auf der Stricknadel einstechen, diese Masche von der Nadel gleiten lassen.

Matratzenstich

Eine vielseitige Naht, die schön flach liegt und das exakte Zusammenpassen von Farb- und Musterstreifen ermöglicht, da sie auf der Vorderseite gearbeitet wird.

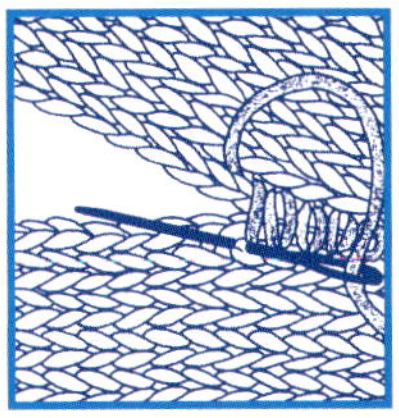

Die Teile mit der Vorderseite nach oben parallel gegeneinander legen. Mit der Nadel den Querfaden zwischen der Randmasche und der 1. Masche erfassen und Faden durchziehen. Auf der anderen Seite den gegenüber liegenden Querfaden zwischen Randmasche und 1. Masche erfassen und Faden durchziehen. Bei glatt links Gestricktem ebenfalls jeweils den Querfaden zwischen Randmasche und 1. Masche erfassen.

Stoßnaht

Diese Naht eignt sich zum Verbinden von elastischen Rippenmustern, zum Beispiel am Bündchen.

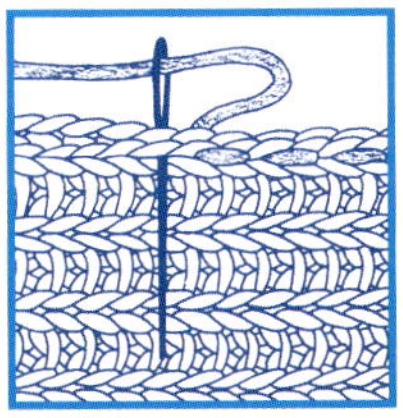

Die beiden Teile nebeneinander legen und jeweils durch zwei gegenüber liegende Randmaschen stechen. Den Stich im Wechsel von vorn nach hinten und von hinten nach vorn ausführen. Den Faden dabei immer gleichmäßig fest anziehen.

Steppstich

Zum exakten Einsetzen von z. B. Ärmeln mit Armkugeln ist diese Naht geeignet. Die Stepplinie soll unterhalb des Abkettrandes verlaufen. Beim Ein- und Ausstechen möglichst nicht in den Faden stechen, sondern zwischen die Maschen.

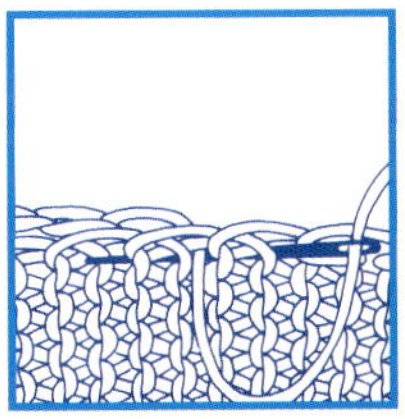

Die Teile rechts auf rechts aufeinander legen, eventuell mit Stecknadeln fixieren. Dabei darauf achten, dass sich die Randmaschen möglichst genau gegenüber liegen. Nun ausstechen, einen Rückstich arbeiten und vor der Ausstichstelle wieder einstechen.

Gehäkelte Nähte

Besonders schnell und unkompliziert sind Häkelnähte. Sie lösen sich jedoch schnell komplett auf, wenn der Faden an einer Stelle reißt, und wirken bei dickem Garn leicht wulstig.

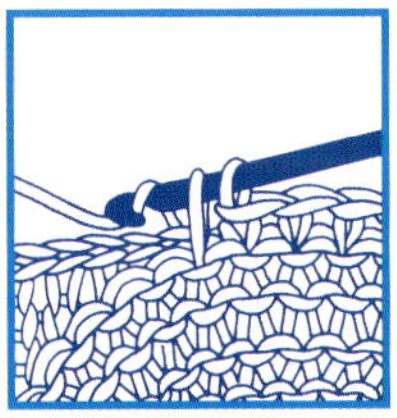

Die beiden Teile rechts auf rechts aufeinander legen. Mit der Häkelnadel in je eine Masche des Abkettrandes einstechen und eine Schlinge durchziehen. Den Faden erneut fassen und durch diese Schlinge und die Ausgangsmasche ziehen, also eine feste Masche arbeiten. Diesen Ablauf stets wiederholen.

Gutes Garn für schöne Muster

Sehr klar und ausdrucksstark kommen Mustermaschen in glatten Garnen zur Geltung. Für den Winter ist das in erster Linie weiche Schurwolle, vor allem die feine, hochwertige Merinowolle. Im Sommer sind kühle Baumwolle, Leinen und Viskose die Materialien der Wahl. Doch auch Experimente lohnen sich: Plüsch, Fransengarne oder langflauschige Qualitäten bringen die Maschenstruktur zwar nicht deutlich heraus, es können aber gerade dadurch sehr reizvolle Effekte entstehen. Interessant sind auch Bändchengarne – probieren Sie es aus! In diesem Buch haben wir für alle vorgestellten Modelle Garne aus dem Sortiment von Lana Grossa ausgewählt.

In jedem Fall lohnt sich der Besuch im Woll-Laden. Denn fast unbemerkt hat sich bei den Handstrickgarnen eine Revolution ereignet, die erst dann richtig deutlich wird, wenn Sie zugreifen: so weich, so absolut angenehm und soft auf der Haut fühlen sich die Knäuel an. Diese neue Qualität hat viele Gründe. Zunächst natürlich die Güte der Rohstoffe. Dann die perfekte Verarbeitung: optimale Ausspinnung und Zwirnung sowie sorgfältige Färbung.

Bei den Schurwollen spielt darüber hinaus die abschließende Veredelung, die so genannte Finissage, eine wichtige Rolle. Bei Baumwolle sind es dazu die neuen Mischungen, die die Garne so herrlich kuschelig und leicht machen. Innovative Microfasern stehen dabei im Vordergrund. Sie lockern auf, geben Leichtigkeit, Volumen, sind besonders hautsympathisch und meist pflegeleicht!

Tipps für den Waschtag

Bitte beachten: Banderolen

Ein Blick auf die Garnbanderole gehört unbedingt dazu! Dort finden Sie die Pflegekennzeichen, die Ihnen ganz genau sagen, was in Sachen Wäsche, Bügeln, chemische Reinigung und Trocknen möglich ist.

Maschinenwäsche

Weniger ist mehr! Je weniger Wäsche in der Trommel, desto geringer die Reibung. Wenn Sie Ihrem Handstrickpulli etwas Gutes tun wollen, waschen Sie ihn solo, auf links gezogen und nicht im Wäschesack (vorausgesetzt, Maschinenwäsche ist überhaupt erlaubt). Verzichten Sie auf Weichspüler, der nimmt Wolle die natürliche Spannkraft. Manche Wollwaschmittel enthalten ihn bereits, mit einem guten Feinwaschmittel sind Sie daher oft besser beraten. Flüssige Mittel, die sich gut lösen, eignen sich bestens, da weniger Gefahr besteht, dass Waschmittelrückstände die Wolle verkleben bzw. verhärten.

Handwäsche

Hier geht es darum, Fehler zu vermeiden: Bitte nie lange einweichen, dann quellen die Fasern zu stark. Bitte nicht wringen, das schadet der Faserstruktur, ebenso wie zu viel Drücken oder Zerren. Also: Handwarmes Wasser, wenig Waschmittel gut auflösen, den Pulli locker durchdrücken, nicht allzu lange waschen, ausgiebig mit reichlich Wasser spülen, nicht wringen, sondern vorsichtig in trockene Handtücher einrollen.

Moderne Märchen

Shampoo ist toll für die Wollwäsche? Lieber nicht, denn bei den Haarwaschmitteln steht die Fettentfernung im Vordergrund und die ist für Wolle schädlich! Essig im letzten Spülgang? Wenn Sie den Geruch mögen ... Zur Farbfixierung taugt das eher nicht, bei Baumwolle kann es sogar nachteilig sein, da diese meist im basischen Bereich gefärbt wird.

Trocknen

Erstaunlich oft darf heute der Trockner zum Einsatz kommen, ein Blick auf die Banderole verrät es Ihnen! Das Trocknen auf Handtüchern wird häufig empfohlen, wir raten jedoch davon ab. Bei Wollpullovern ist es sogar kontraproduktiv, denn die Wollfasern strecken sich bei der Wäsche. Während des Trocknens müssen sie sich wieder zusammenziehen und zur ursprünglichen Kräuselung zurückkehren, raues Frottier erschwert diesen Prozess.

Baumwollpullis ziehen sich bei der Wäsche leicht zusammen, sie müssen vor dem Trocknen wieder in Form gezogen werden. Auf Handtüchern fällt das leichter und wird besser gehalten. Doch der Trockenvorgang verlängert sich, unangenehmer Muff kann entstehen.

Daher unser Tipp: Strickstücke locker auf dem Wäscheständer ausbreiten, Baumwollpullis wiederholt in Form ziehen.

Bügeln

Vorsicht, auch wenn das Garn Bügeln erlaubt! Viele Muster verlieren dadurch ihre plastische Wirkung, werden flach und unelastisch. Diese Gefahr droht auch bei Bündchen. Besser, Sie machen den Test mit der Maschenprobe, um sich zu vergewissern, ob das Muster gebügelt wirklich besser aussieht. Ganz wichtig: Bügeln Sie Stricksachen niemals direkt, sondern immer durch ein (feuchtes) Tuch.

Aufbewahren

Die Grundregel heißt: Nicht auf Bügel hängen. Legen Sie Ihre Stricksachen locker zusammen, dabei aber nicht zu hoch stapeln. Mottenschutz gehört heute zur Standardausrüstung der meisten Garne. Trotzdem: Ein wenig Lavendel oder ein Stück Zedernholz im Schrank verbreiten einen sehr angenehmen, dezenten Duft und geben letzte Sicherheit vor Motten.

Pflegesymbole

Waschen

Die Zahlen im Bottich nennen die maximale Waschtemperatur, die nicht überschritten werden darf. Ein Balken unter dem Bottich bedeutet: Schonwaschgang wählen. Die Hand im Bottich schreibt Handwäsche vor. Ein durchgestrichener Bottich heißt: Nicht waschen.

Chloren

Thema Chlorbleiche zur Fleckentfernung oder in gewerblichen Wäschereien: CL (das chemische Zeichen für Chlor) im Dreieck erlaubt die Chlorbleiche, das durchgestrichene Zeichen schließt sie aus.

Bügeln

Die Anzahl der Punkte im Bügeleisen symbolisiert die Temperaturbereiche. ••• = heiß bügeln •• = mäßig heiß bügeln • = nicht heiß bügeln. Ein durchgestrichenes Bügeleisen bedeutet: Nicht bügeln.

Chemisch reinigen

Der Kreis zeigt an: Chemische Reinigung erlaubt. Buchstaben im Kreis informieren über die Chemikalien, die verwendet werden dürfen. Sie richten sich also an die Reinigungsfirma. Ein durchgestrichener Kreis bedeutet: Nicht chemisch reinigen.

Trocknen

Hier geht es um die Verwendung von Wäschetrocknern (Tumblern). Die Punkte kennzeichnen die Trocknungsstufe. •• Trocknen mit normaler Temperatur • Trocknen mit geringer Temperatur. Eine durchgestrichene Trockentrommel bedeutet: Trockner nicht einsetzen.

Diese Zeichen finden Sie auf den Garnbanderolen:

Waschen	40 Normalwaschgang	40 Schonwaschgang	30 Schonwaschgang	Handwäsche	Nicht Waschen
Chloren	Keine Chlorbleiche				
Bügeln	Nicht heiß bügeln	Mäßig heiß bügeln	Heiß bügeln	Nicht Bügeln	
Chemisch Reinigen	Keine chem. Reinigung				
Trockner	Reduzierte Temperatur	Normale Temperatur	Nicht im Trockner trocknen		

Zeichenerklärungen zu den Strickschriften

+ = 1 Rdm (siehe Tipps auf Seite 86)

X = 1 M kraus re (Hin- und Rück-R re str)

◀ = 1 M kraus li (Hin- und Rück-R li str)

I = 1 M re

= 1 M re

− = 1 M li

= 1 tiefer gestochene M (= mit der re Nadel in die darunter liegende M der letzten Hin-R einstechen, die M re str und somit die M der Vor-R auflösen)

< = 1 M re verschränkt

> = 1 M li verschränkt

= 1 M li abheben, dabei den Faden hinter der Arbeit lang führen

= 1 M li abheben, dabei den Faden vor der Arbeit lang führen

U = 1 Umschlag

∩ = 1 Umschlag, in der Rück-R re verschränkt str

= 1 Umschlag, in der Rück-R re str

= 1 Umschlag, in der Rück-R li verschränkt str

= 2 M re zusammenstr

= 2 M überzogen zusammenstr (1 M re abheben, die folgende M re str, dann die abgehobene M darüber ziehen)

= 2 M li zusammenstr

= 2 M li verschränkt zusammenstr

= 3 M re zusammenstr

= 3 M mit Mittel-M zusammenstr (2 M zusammen re abheben, die folgende M re str, dann die abgehobenen M darüber ziehen)

= 3 M überzogen zusammenstr (= 1 M re abheben, die folgenden 2 M re zusammenstr, dann die abgehobene M darüber ziehen)

= 4 M re zusammenstr

= 7 M re zusammenstr

= aus dem Querfaden 1 M re verschränkt zunehmen

= aus 1 M insgesamt 3 M herausstr (1 M re, 1 M li, 1 M re)

= 1 M mit 1 Umschlag li abheben, in der Rück-R die M mit dem U re zusammenstr

= 1 M mit 1 Umschlag re zusammenstr

= 1 M mit 1 Umschlag li zusammenstr

= den Umschlag ungestrickt auf die re Nadel heben und den Faden hinter dem Umschlag lang führen

= 2 M nach re verkreuzen – re (1 M auf eine Zopfnadel hinter die Arbeit legen, die folgende M re und die M der Zopfnadel re str)

= 2 M nach re verkreuzen – re/li (1 M auf eine Zopfnadel hinter die Arbeit legen, die folgende M re und die M der Zopfnadel li str)

= 2 M nach re verkreuzen – re verschränkt/li (1 M auf eine Zopfnadel hinter die Arbeit legen, die folgende M re verschränkt und die M der Zopfnadel li str)

= 2 M nach li verkreuzen – re (1 M auf eine Zopfnadel vor die Arbeit legen, die folgende M re und die M der Zopfnadel re str)

= 2 M nach li verkreuzen – li/re (1 M auf eine Zopfnadel vor die Arbeit legen, die folgende M li und die M der Zopfnadel re str)

= 2 M nach li verkreuzen – li/re verschränkt (1 M auf eine Zopfnadel vor die Arbeit legen, die folgende M li und die M der Zopfnadel re verschränkt str)

= 3 M nach re verkreuzen – re (2 M auf eine Zopfnadel hinter die Arbeit legen, die folgende M re und die M der Zopfnadel re str)

= 3 M nach re verkreuzen – re (1 M auf eine Zopfnadel hinter die Arbeit legen, die folgenden 2 M re und die M der Zopfnadel re str)

= 3 M nach re verkreuzen – re/li (1 M auf eine Zopfnadel hinter die Arbeit legen, die folgenden 2 M re und die M der Zopfnadel li str)

= 3 M nach re verkreuzen – re/li (2 M auf eine Zopfnadel hinter die Arbeit legen, die folgende M re und die M der Zopfnadel li str)

= 3 M nach li verkreuzen – re (1 M auf eine Zopfnadel vor die Arbeit legen, die folgenden 2 M re und die M der Zopfnadel re str)

= 3 M nach li verkreuzen – re (2 M auf 1 Zopfnadel vor die Arbeit legen, die folgende M re und die M der Zopfnadel re str)

= 3 M nach li verkreuzen – li/re (2 M auf eine Zopfnadel vor die Arbeit legen, die folgende M li und die M der Zopfnadel re str)

= 3 M nach li verkreuzen – li/re (1 M auf eine Zopfnadel vor die Arbeit legen, die folgenden 2 M li und die M der Zopfnadel re str)

= 3 M nach li verkreuzen – re/li/re (1 M auf eine Zopfnadel vor die Arbeit legen, die folgende M auf eine 2. Zopfnadel hinter die Arbeit legen, die folgende M re str, dann die M der 2. Zopfnadel li und die M der 1. Zopfnadel re str)

= 4 M nach re verkreuzen – re (2 M auf eine Zopfnadel hinter die Arbeit legen, die folgenden 2 M re und die M der Zopfnadel re str)

= 4 M nach re verkreuzen – re (2 M auf eine Zopfnadel hinter die Arbeit legen, die folgenden 2 M re und die M der Zopfnadel re str)

= 4 M nach re verkreuzen – re (1 M auf eine Zopfnadel hinter die Arbeit legen, die folgenden 3 M re und die M der Zopfnadel re str)

= 4 M nach re verkreuzen – re/li (1 M auf eine Zopfnadel hinter die Arbeit legen, die folgenden 3 M re und die M der Zopfnadel li str)

= 4 M nach re verkreuzen – re/li (2 M auf eine Zopfnadel hinter die Arbeit legen, die folgenden 2 M re und die M der Zopfnadel li str)

= 4 M nach li verkreuzen – re (2 M auf eine Zopfnadel vor die Arbeit legen, die folgenden 2 M re und die M der Zopfnadel re str)

Zeichenerklärungen zu den Strickschriften

 = 4 M nach li verkreuzen – re (2 M auf eine Zopfnadel vor die Arbeit legen, die folgenden 2 M re und die M der Zopfnadel re str)

 = 4 M nach li verkreuzen – re (3 M auf eine Zopfnadel vor die Arbeit legen, die folgende M re und die M der Zopfnadel re str)

 = 4 M nach li verkreuzen – li/re (3 M auf eine Zopfnadel vor die Arbeit legen, die folgende M li und die M der Zopfnadel re str)

 = 4 M nach li verkreuzen – li/re (2 M auf eine Zopfnadel vor die Arbeit legen, die folgenden 2 M li und die M der Zopfnadel re str)

 = 5 M nach re verkreuzen – re (2 M auf eine Zopfnadel hinter die Arbeit legen, die folgenden 3 M re und die M der Zopfnadel re str)

 = 5 M nach re verkreuzen – re (2 M auf eine Zopfnadel hinter die Arbeit legen, die folgenden 3 M re und die M der Zopfnadel re str)

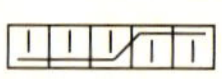 = 5 M nach re verkreuzen – re (3 M auf eine Zopfnadel hinter die Arbeit legen, die folgenden 2 M re und die M der Zopfnadel re str)

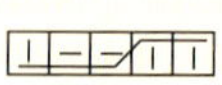 = 5 M nach re verkreuzen – re/li/re (3 M auf eine Zopfnadel hinter die Arbeit legen, die folgenden 2 M re, dann die ersten 2 M der Zopfnadel li und die letzte M der Zopfnadel re str)

 = 5 M nach re verkreuzen – re/li/re (2 M auf eine Zopfnadel hinter die Arbeit legen, die folgende M auf eine 2. Zopfnadel ebenfalls hinter die Arbeit legen, die folgenden 2 M re, die M der 2. Zopfnadel li und die M der 1. Zopfnadel re str)

 = 5 M nach li verkreuzen – re (2 M auf eine Zopfnadel vor die Arbeit legen, die folgenden 3 M re und die M der Zopfnadel re str)

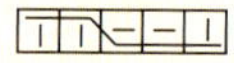 = 5 M nach li verkreuzen – re/li/re (2 M auf eine Zopfnadel vor die Arbeit legen, die folgende M re, die folgenden 2 M li und die M der Zopfnadel re str)

 = 5 M nach li verkreuzen – re/li/re (2 M auf eine Zopfnadel vor die Arbeit legen, die folgende M auf eine 2. Zopfnadel hinter die Arbeit legen, die folgenden 2 M re, die M der 2. Zopfnadel li und die M der 1. Zopfnadel re str)

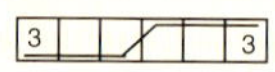 = 6 M nach re verkreuzen – re (3 M auf eine Zopfnadel hinter die Arbeit legen, die folgenden 3 M re und die M der Zopfnadel re str)

 = 6 M nach re verkreuzen – re (3 M auf eine Zopfnadel hinter die Arbeit legen, die folgenden 3 M re und die M der Zopfnadel re str)

 = 6 M nach li verkreuzen – re (3 M auf eine Zopfnadel vor die Arbeit legen, die folgenden 3 M re und die M der Zopfnadel re str)

 = 6 M nach li verkreuzen – re (3 M auf eine Zopfnadel vor die Arbeit legen, die folgenden 3 M re und die M der Zopfnadel re str)

 = 6 M nach li verkreuzen – li/re (3 M auf eine Zopfnadel vor die Arbeit legen, die folgenden 3 M li und die M der Zopfnadel re str)

= 7 M nach re verkreuzen – re/li/re (3 M auf eine Zopfnadel hinter die Arbeit legen, die folgende M auf eine 2. Zopfnadel ebenfalls hinter die Arbeit legen, die folgenden 3 M re, die M der 2. Zopfnadel li und die M der 1. Zopfnadel re str)

= 6 M verkreuzen (2 M auf eine Zopfnadel hinter die Arbeit legen, die folgenden 2 M auf eine 2. Zopfnadel vor die Arbeit legen, die folgenden 2 M re, die M der 2. Zopfnadel re, und die M der 1. Zopfnadel re str)

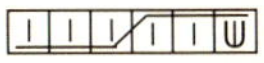

= 6 M nach re verkreuzen (3 M auf eine Zopfnadel hinter die Arbeit legen, 1 M re verschränkt aus dem Querfaden zunehmen, die folgenden 2 M re und die M der Zopfnadel re str)

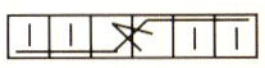

= 6 M nach re verkreuzen (3 M auf eine Zopfnadel hinter die Arbeit legen, die folgenden 2 M re str, die folgende M mit der 1. M der Zopfnadel li zusstr und die letzten 2 M der Zopfnadel re str)

= 7 M nach li verkreuzen (3 M auf eine Zopfnadel vor die Arbeit legen, die folgende M auf eine 2. Zopfnadel hinter die Arbeit legen, 1 tiefer gestochene M arb, 1 M li, 1 tiefer gestochene M arb, die M der 2. Zopfnadel li str, dann die M der 1. Zopfnadel wie folgt str: 1 tiefer gestochene M arb, 1 M li, 1 tiefer gestochene M arb)

= 7 M nach li verkreuzen (= 3 M auf eine Zopfnadel vor die Arbeit legen, die folgende M auf eine 2. Zopfnadel hinter die Arbeit legen, die folgenden 3 M re, die M der 2. Zopfnadel li und die M der 1. Zopfnadel re str)

= 7 M nach li verkreuzen (3 M auf eine Zopfnadel vor die Arbeit legen, die folgende M auf eine 2. Zopfnadel hinter die Arbeit legen, die folgenden 3 M re, die M der 2. Zopfnadel re und die M der 1. Zopfnadel re str)

= 8 M nach re verkreuzen – re (4 M auf eine Zopfnadel hinter die Arbeit legen, die folgenden 4 M re und die M der Zopfnadel re str)

= 8 M nach li verkreuzen – re (4 M auf eine Zopfnadel vor die Arbeit legen, die folgenden 4 M re und die M der Zopfnadel re str)

= 9 M nach li verkreuzen – re/li/re (4 M auf eine Zopfnadel vor die Arbeit legen, die folgende M auf eine 2. Zopfnadel hinter die Arbeit legen, die folgenden 4 M re, die M der 2. Zopfnadel li und die M der 1. Zopfnadel re str)

= 10 M nach re verkreuzen – re (5 M auf eine Zopfnadel hinter die Arbeit legen, die folgenden 5 M re und die M der Zopfnadel re str)

= 10 M nach li verkreuzen – re (5 M auf eine Zopfnadel vor die Arbeit legen, die folgenden 5 M re und die M der Zopfnadel re str)

= 11 M nach li verkreuzen – re/li/re (5 M auf eine Zopfnadel vor die Arbeit legen, die folgende M auf eine 2. Zopfnadel hinter die Arbeit legen, die folgenden 5 M re, die M der 2. Zopfnadel li und die M der 1. Zopfnadel re str)

Register

OZ creativ

Gestalte Deine Welt.

So macht Socken stricken Spaß!

In diesem Buch ist alles drin, was Sie wissen müssen: Von Informationen über das richtige Garn und Werkzeug über einen bebilderten Grundkurs Sockenstricken bis hin zu Größentabellen und Tipps zum Umrechnen.
Über 125 modische Designs für die ganze Familie. Da findet jeder seine Favoriten für warme Füße und modischen Schick!

€ (D) 12,90 / sFr. 23,50 / € (A) 13,30*
Gebunden, 96 Seiten, durchgehend Farbfotos
ISBN-10: 3-89858-718-5
ISBN-13: 978-3-89858-718-1

Superschick und hochmodern

sind die Stolen, Ponchos, Tücher und XXL-Schals in diesem Buch. Die tollen Strick- und Häkeldesigns von Ethno-Look bis City-Stil sind für Anfänger und Fortgeschrittene bestens geeignet. Ob wirkungsvolle Effektgarne oder wärmende Wollqualitäten, für jeden ist etwas dabei. Die Grundkurse „Häkeln" und „Stricken" sowie zweifarbigen Häkelschriften, übersichtliche Strickschriften und Schnittzeichnungen garantieren besten Erfolg.

€ (D) 16,90 / sFr. 29,90 / € (A) 17,40*
Gebunden, 80 Seiten, durchgehend Farbfotos
ISBN-10: 3-89858-861-0
ISBN-13: 978-3-89858-861-4

Das große Strickbuch

mit den schönsten Strickideen rund um die ganze Familie. Mit Hilfe von praktischen Lehrgängen sind alle Modelle schnell und einfach umzusetzen. Trendige Vielfalt für Baby, Kind, Sie und Ihn. Ethno-Look, Marine-Stil, Pferde-Motive, Streifen-Optik, diese und weitere Designs bilden die große Auswahl für schicke Wohlfühl-Accessoires.

€ (D) 12,90 / sFr. 23,50 / € (A) 13,30*
Gebunden, 112 Seiten, durchgehend Farbfotos
ISBN-10: 3-89858-930-7
ISBN-13: 978-3-89858-930-7